21世纪教师教育系列教材

物理教育系列

中学物理课程与教学设计

王　霞　主　编

秦　霞　杨建荣　黄　瑛　吕思妤　副主编

北京大学出版社
PEKING UNIVERSITY PRESS

图书在版编目(CIP)数据

中学物理课程与教学设计/王霞主编. —北京：北京大学出版社，2020.12

21世纪教师教育系列教材·物理教育系列

ISBN 978-7-301-31527-9

Ⅰ.①中… Ⅱ.①王… Ⅲ.①中学物理课—教学设计—师范大学—教材 Ⅳ.①G633.72

中国版本图书馆CIP数据核字(2020)第155501号

书　　名	中学物理课程与教学设计 ZHONGXUE WULI KECHENG YU JIAOXUE SHEJI
著作责任者	王　霞　主编
责任编辑	唐知涵
标准书号	ISBN 978-7-301-31527-9
出版发行	北京大学出版社
地　　址	北京市海淀区成府路205号　100871
网　　址	http://www.pup.cn　　新浪微博：@北京大学出版社
电子信箱	zyl@pup.pku.edu.cn
电　　话	邮购部010-62752015　发行部010-62750672　编辑部010-62753056
印刷者	河北滦县鑫华书刊印刷厂
经销者	新华书店
	787毫米×1092毫米　16开本　14.75印张　330千字
	2020年12月第1版　2020年12月第1次印刷
定　　价	49.00元

前　言

当前，关于课程、教学的理论与实践正经历着一场重大的变革。我国于 2001 年首次颁布了课程标准，并于 2011 年和 2017 年进行了修订，这标志着我国基础教育课程改革进入新的阶段。与此同时，教育普及化层面越来越广，国家亟须优秀的教师来发展教育事业，因此教师资格考试也就应运而生，并在全国全面开展。

作为物理教学教材，本书以中学教育的总目标为依据，着眼于培养师范生钻研中学物理教材的能力和教学设计的能力，将内容分为四部分：第一部分内容是物理学科专业知识，梳理中学物理重点知识，归纳中学物理的解题思路、方法和典型题；第二部分内容是物理教学设计，在分析课标、钻研教材、实验研究的基础上，以案例为依托，展开教学目标分析，教学模式、方法与策略的选择和设计等；第三部分内容是中学物理教学过程的基本形式研究，包括实验教学、概念教学和规律教学的具体教学实施；第四部分内容为中学物理教学技能训练，主要包括说课训练、微课训练、教学测量与评价训练、现代信息技术培训等。读者在参考时，请根据不同学校的不同情况，对本书的内容进行相应取舍。

笔者在上饶师范学院执教 25 年，从 2003 年至今，系统主讲“物理学科教学论”和“中学物理实验研究”课程。从 2012 年学院修改培养方案，开设“中学物理课程标准与教材研究”和“中学物理教学设计”课程后，笔者一直担任这两门课程的主讲教师并兼任实践辅导教师。除此之外，还参与了各级各类的微课、微格、模拟课堂、说课等实训和比赛。

由于笔者一直从事中学物理课堂教学、课外辅导教学以及大学的中学物理教学研究，积累了丰富的教学资源和教学案例，期间也从未间断与各中学合作进行的实地教学与考察，因此，笔者得以兼具师范类高等教育的专业理论基础及中学基础教学的实践经验。现将两者有机地整合起来，同时吸收了多本相同领域相关教材的长处，继承国内外的理论与研究成果并加以创新，最终形成了本教材。综合上述特点，本教材的受众更加广泛，既包含在读师范生，也包含希望参加教师资格考试的全体人员，以及即将开始教学实习的实习生。

从教多年来，笔者还指导了不少优秀的学生，他们的作品曾多次获得校级、省级以及国家级的嘉奖。本书选取了其中一些典型案例呈现给读者，希望读者在阅读本书时，理论知识与案例并重，能够从中获得自己所追寻问题的答案。

本书的编写得到了秦霞、杨建荣、吕思妤、黄瑛等人的大力支持。特别要感谢吕思妤为本书初稿的资料收集及编写付出的辛勤劳动。同时还要感谢北京大学出版社责任编辑唐知涵，她以专业人士的角度对本书提出了专业、中肯的建议。

限于编者水平，编写本书时间仓促，书中难免存在不完善之处，恳请读者批评指正。

王　霞

2020 年 8 月于上饶师范学院

目　　录

第一章

物理学科专业知识

知识框架

- 物理学科专业知识
  - 物理课程资源建设与有效习题开展
    - 课程资源建设
    - 课程资源建设的重要性
    - 有效习题的开展与建设
  - 力学
    - 运动的描述
    - 匀变速直线运动
    - 相互作用
    - 牛顿运动定律
    - 曲线运动
    - 万有引力定律
    - 机械能
    - 动量
  - 电磁学
    - 电场
    - 恒定电流
    - 磁场
    - 电磁感应
    - 交变电流
    - 传感器
  - 原子物理
    - 波粒二象性
    - 原子结构
    - 原子核
  - 热学
    - 分子动理论
    - 气体
    - 固体、液体和物态变化
    - 热力学定律和能量守恒定律
  - 光学
    - 机械振动
    - 机械波
    - 光学
    - 电磁振荡与电磁波
    - 狭义相对论

自2015年起，我国全面推行教师资格全国统考制度，将地方级考试统一为国家级考试，提高了教师资格的报考条件，增加了招考科目，加大了笔试难度。同时，师范院校毕业生不再被直接授予教师资格证书，而需经过资格统考。他们在积极应对教师资格考试时，还面临着来自学业、就业等各方面的压力。师范院校的教师教育类课程改革迫在眉睫。

本章内容首先对物理课程资源建设与有效习题开展进行了探讨，说明其在课程改革中的重要性。其次建构了中学物理知识体系，要求师范生重基础、重能力，掌握中学物理正确的解题思路和方法，熟悉习题课的讲授规律与技能。

第一章
物理学科专业知识课件

第一节　物理课程资源建设与有效习题开展

课程改革必须建立在丰富的课程资源之上，物理课程资源是形成物理课程的要素来源，它的提出与建设打破了传统物理教材的局限，拓展了课程资源的视野，超越了贫瘠的教育内容，使人们对课程功能、教育教学行为和学生学习方式有了崭新的认识。

一、 课程资源建设

初中物理教师资格考试面试真题题库

高中物理教师资格考试面试真题题库

1. 基本教学资源建设

基本教学资源指能反映课程教学思想与技能、教学目标与内容、教学方式与方法、教学活动与过程的核心资源，包括课程介绍、教学大纲、教学日历、教学设计和教学课件、重难点指导、习题库、参考资料目录和课程相关教学视频等，是教学活动必需的资源。

2. 拓展教学资源建设

拓展教学资源十分丰富，是多样性、交互性的辅助资源。拓展教学资源反映课程特点，支持课程教学和学习过程，应用于教学与学习的各个环节。例如，案例库，专题讲座库，素材源库，学科专业知识检索系统，演示/虚拟/仿真实验实训（实习）系统，试题库系统，作业系统，在线自测/考试系统，课程教学、学习和交流工具及综合应用多媒体技术建设的网络课程等。

3. 课程资源建设现状

受应试教育旧体制长期以来的影响，许多从传统师范教育模式走出来的中学物理教师还未能脱离“中考”“高考”这两个指挥棒的控制。在日常教学中，单一的中学物理课程资源结构和呆板的课堂教学模式，钝化了教师建设课程资源的主动意识和创造能力。如今，新课程改革在推进过程中给予了课程资源开发与利用充分的重视，鼓励和要求教师根据课程需求和学生需求进行课程建设，但是难以彻底改变教师建设课程资源的意识。

除此之外，目前高质量资源仍未普及，教师的技术培养滞后，资源的管理缺乏科学的整体规划，易出现重复建设、缺乏及时的更新维护、资源混杂、资源浪费等问题。综上所述，课程资源建设还有很长一段路要走。

二、 课程资源建设的重要性

初中物理教师资格考试笔试试题库

高中物理教师资格考试笔试试题库

在中学物理教学中引入课程资源的概念，在实践中进行课程资源的建设与利用，对实现优质物理教育具有重要的现实意义。

首先，丰富的课程资源可以将学生的生活、社会经验带入教学过程，这些资源以其生动形象、富有趣味的特质，让教学贴近学生，使课堂轻松活泼并具有鲜活的生命力。

其次，由于课程资源范围广泛、数量庞大，学生必须积极亲自参与进来，并逐步学会如何主动而高效地筛选并运用这些资源，才能发挥课程资源的优势。与此同时，学生也才能真正从被动接受知识转变为主动学习知识，完成知识的构建。

再次,课程资源建设对教师提出了新的要求,其广泛性拓宽了学生的知识面,带领师生走向新的领域。面临新的问题,教师需不断扩展与优化自己的知识结构、提高自己的能力与素质要求,不断推动自己的专业技能发展。

最后,新课程改革的设想也需要课程资源的支持,以转变为实际的教育成果。

三、 有效习题的开展与建设

教学资源对学生、教师和教育的发展都具有重大的价值。其中,习题建设是课程建设最重要的内容之一。下面我们将就如何进行有效习题的开展与建设进行讨论。

(一) 熟悉教材,熟练做题

中学阶段学生的学习往往伴随着大量的复习资料和习题集,其中不乏优秀内容。但是教师资格考试的受众是部分专业人群,由于其全国性铺开进行考核的时间较短,所以市场上现有资源相对而言没有那么丰富,因此师范生需在充分研究教师资格考试、考纲的基础上,参考历年真题、模拟题、习题集,将其作为基础,从低起点开展复习。

(二) 明确习题资源逻辑结构

习题资源是颗粒化的,具有原子性,即习题应能够相对独立地完成对某一知识技能的传授或检验。同时,物理习题属于结构良好的问题。如图 1-1 所示,“颗粒化”习题在功能上可以隶属于不同的课程章节,特定的课程章节也可以隶属于不同的知识体系,同时要允许游离于已有章节或体系的习题存在,以实现知识、技能的拓展学习。

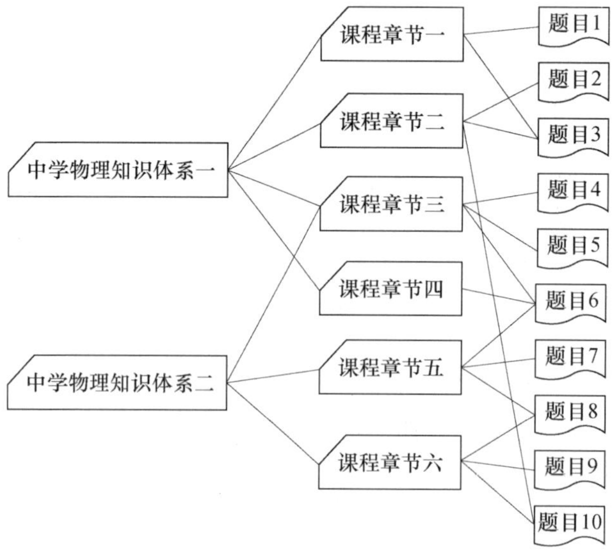

图 1-1 资源逻辑结构

一方面,教师只有明确习题资源所属的逻辑结构,才能依照不同的教学需要有效地对习题进行组织与整理。

另一方面，掌握习题资源逻辑结构有利于教师梳理解决物理问题的基本方法：对于本质相近或可清晰归为一类的习题，一般说来存在解决这类习题的强方法，教师应采用问题图示为教学目标；对于无法归类的习题，应采用弱方法，教师应围绕某一主题来组织习题。

同理，对物理过程的明确，物理规律的应用，物理问题的明晰、解决、讨论与检验等步骤，都可以从习题资源结构中得到。

知识卡片

物理问题解决方法

常用的物理问题解决的基本方法有建立模型法、等效处理法、微元法、近似处理法、对称处理法、叠加法、极端分析法等。

可使用强方法解决的问题，如共点力平衡问题，多档位电路类习题，带电粒子在电场中平抛，以及在磁场中做圆周运动、磁场中能量变化问题等。

物理问题解决中还有许多弱方法，如守恒法、等效法、整体法、隔离法、对称法、图像法、极端思维法、逆向思维法等。

（三）制定数据标准和质量标准

数据标准与质量标准的制定是习题库建设不可缺少的基础工作。它们对各知识点在习题库中的占比、习题格式等进行规划，对习题的教学适用性作出规定，指导着建设工作的进行，为习题库的质量提供了保障。许多习题库建成后，存在较多低级错误和偷工减料的现象，如错别字较多、题目图片素材不够清晰、答案错误等，这些都源于在建设过程中缺乏完整的数据标准和质量标准。

相应地，在习题库建设完毕后，需要第三方按照标准进行测试和评估，总结建设经验与教训，为今后习题库的改进和更新提供信息与方向，反馈出完善的评价体系。

（四）开发与收集素材

素材是优化习题内容呈现方式的基础。素材的来源有文字材料、多媒体课件、实物、实践活动场景或其他信息等途径。由于习题库建设的根本目的是提升教学质量，因此教师首先应以学生的需求为出发点，充分利用学校、社会甚至是自然界的有形条件或无形智慧，进行素材的创造开发与搜集，在此过程中尽力保证素材的质量、适用性、内容更新的及时性。

（五）制定习题资源

在获得素材后，经过素材信息的处理与整合，习题的制定已做好了准备。此阶段需要对参与建设的成员做好明确的分工并加以专项培训，使全体成员明确习题建设的要求与标准、任务分配与合作等。

如图 1-2 所示，建设团队应遵循经济性原则，在不影响教学质量的前提下，在实际允许投入的最大时间、精力、经费的限制下，达到追求高质量和节约资源投入两者的平衡。

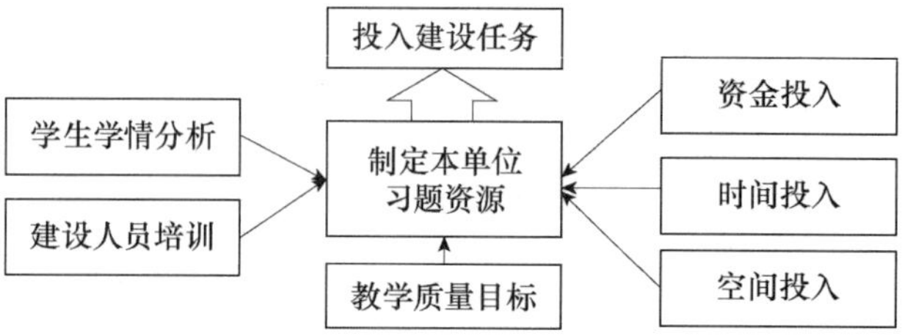

图 1-2　制定习题资源

(六) 对习题资源的利用与共享

在利用习题库进行教学时，教师应该成为习题资源的有效利用者，不仅要保证所使用习题资源本身的丰富性，还要注重资源的指导性与教育性，如注重解题策略与题量战术并重、问题提出与问题解决并重、加强对学生改错和复习的监督、培养学生归纳总结的能力等，引导学生不断思考。

习题资源的共享能使资源的效用最大化。信息时代，任何人了解的信息都是有限的，这决定了资源共享的必要性，同时，信息技术的发展也为资源共享提供了支持与可能性。习题资源的共享，使其价值能得到更加充分的展现，达到合作共赢的理想结果。

第二节　力　　学

必修1 知识点讲解教学视频

力学知识主要分布在高中物理必修 1 和必修 2，是高中物理核心内容，几乎贯穿整个物理知识体系，它与运动部分、能量部分都有密切的关系，因此，全面理解力学知识，能熟练地进行受力与运动分析，对于解决物理问题、学好物理是非常重要的。力学知识既是高考的考核重心，也是师范生教师资格考试“物理学科知识与教学能力”科目考试的考核重心。同时，根据历年教师资格面试环节的真题分析，力学知识也是面试题涉及较多的内容。

课程标准科学内容必修 1 和必修 2 主题中有相互作用与运动定律、机械能及其守恒定律、曲线运动与万有引力定律、牛顿力学的局限性与相对论初步。

运动的描述复习课件

运动的描述练习题及参考答案

一、 运动的描述

(一) 质点、参考系和坐标系

1. 质点

物体可被看成质点的条件：研究物体的运动时，物体的大小和形状对研究结果的影响可以忽略。物体是否能被看成质点，需要具体问题具体分析。

2. 参考系

参考系是描述一个物体的运动时，被选来作为标准的另外的物体。

运动是绝对的，静止是相对的。一个物体是运动的还是静止的，都是相对于参考系而言的。

参考系的选择是任意的，被选为参考系的物体，我们假定它是静止的。选择不同的物体作为参考系，可能得出不同的结论，但选择时要使运动的描述尽量简单。通常以地面为参考系。

3. 坐标系

为了定量描述物体的位置及位置的变化，需要在参考系上建立适当的坐标系。

（二）时间与位移

1. 时刻和时间

时刻是用时间轴上的一个点来表示的，它与状态量相对应；时间是指起始时刻到终止时刻之间的间隔，用时间轴上的线段来表示，它与过程量相对应。

2. 路程和位移

位移是表示质点位置变化的物理量。路程是质点运动轨迹的长度。

位移是矢量，可以用从初位置指向末位置的一条有向线段来表示。因此，位移的大小等于物体的初位置到末位置的直线距离。路程是标量，它是质点运动轨迹的长度，其大小与运动路径有关。

（三）运动快慢的描述——速度（v）

速度是表示物体运动快慢的物理量，它等于位移 s 跟发生这段位移所用时间 t 的比值，即 $v=s/t$。速度是矢量，既有大小也有方向，其方向就是物体运动的方向。在国际单位制中，速度的单位是米/秒（m/s）。

平均速度是描述做变速运动物体运动快慢的物理量。一个做变速运动的物体，如果在一段时间 t 内的位移为 s，则我们定义 $v=s/t$ 为物体在这段时间（或这段位移）的平均速度。平均速度也是矢量，其方向就是物体在这段时间内的位移的方向。

瞬时速度是指运动物体在某一时刻（或某一位置）的速度。从物理含义上看，瞬时速度指某一时刻附近极短时间内的平均速度。瞬时速度的大小叫瞬时速率，简称速率。

（四）加速度（a）

加速度的定义：加速度是表示速度改变快慢的物理量，它等于速度的改变量跟发生这一改变量所用时间的比值，定义式：$a=\frac{v_t-v_0}{t}$

（五）用电火花计时器（或电磁打点计时器）研究匀变速直线运动

1. 实验步骤

（1）把附有滑轮的长木板平放在实验桌上，将打点计时器固定在平板上，接好电路。

（2）把一根细绳拴在小车上，细绳跨过定滑轮，下面吊着重量适当的钩码。

（3）将纸带固定在小车尾部，并穿过打点计时器的限位孔。

（4）拉住纸带，将小车移动至靠近打点计时器处，先接通电源，后放开纸带。

（5）断开电源，取下纸带（如图 1-3 所示）。

（6）换上新的纸带，再重复做三次。

2. 常见计算

（1）$v_B=\frac{AB+BC}{2T}$，$v_C=\frac{BC+CD}{2T}$

（2）$a=\frac{v_C-v_B}{T}=\frac{CD-BC}{T^2}$

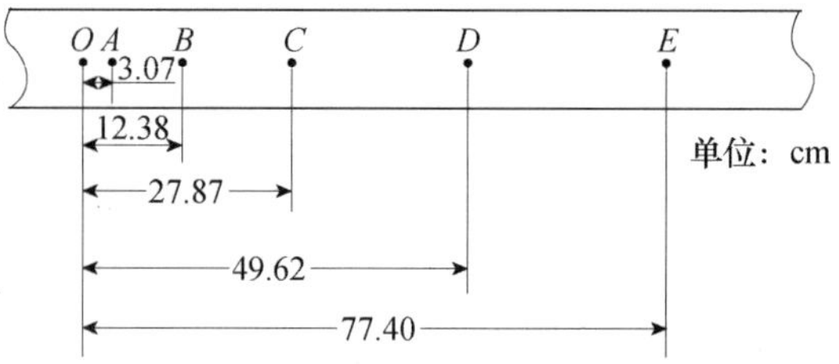

图 1-3　打点计时器研究匀速直线运动实验纸带

（六）运动图像的理解及应用

由于图像能直观地表示出物理过程和各物理量之间的关系，所以在解题的过程中被广泛应用。在运动学中，经常用到的有 $x-t$ 图像和 $v-t$ 图像。

二、匀变速直线运动

（一）匀变速直线运动的基本公式和推理

匀变速直线运动复习课件

匀变速直线运动练习题及参考答案

1. 基本公式

（1）速度-时间关系式：$v=v_0+at$

（2）位移-时间关系式：$x=v_0t+\frac{1}{2}at^2$

（3）位移-速度关系式：$v^2-v_0^2=2ax$

利用公式解题时注意：x、v、a 为矢量，正、负号所代表的是方向的不同。解题时要规定正方向。

2. 常用推论

（1）平均速度公式：$\bar{v}=\frac{1}{2}(v_0+v)$

（2）一段时间中间时刻的瞬时速度等于这段时间内的平均速度：$v_{\frac{t}{2}}=\bar{v}=\frac{1}{2}(v_0+v)$

（3）一段位移的中间位置的瞬时速度：$v_{\frac{x}{2}}=\sqrt{\frac{v_0^2+v^2}{2}}$

（4）任意两个连续相等的时间间隔（T）内位移之差为常数（逐差相等），即：

$$\Delta x=x_m-x_n=(m-n)aT^2$$

（二）对运动图像的理解及应用

1. 研究运动图像

（1）从图像识别物体的运动性质。

（2）能理解图像的截距（即图像与纵轴或横轴的交点坐标）的意义。

（3）能理解图像的斜率（即图像与横轴夹角的正切值）的意义。

（4）能理解图像与坐标轴所围面积的物理意义。

（5）能说明图像上任一点的物理意义。

2. $x-t$ 图像和 $v-t$ 图像的比较

能区别 $x-t$ 图像和 $v-t$ 图像的截距、斜率、与坐标轴所围的面积、与坐标轴的交点、图像拐点的不同物理意义。

(三) 追及和相遇问题

1. 追及、相遇的特征

追及的主要条件是：两个物体在追赶过程中处在同一位置。

两个物体恰能“相遇”，其临界条件是两个物体处在同一位置时，两个物体的速度恰好相同。

2. 解追及、相遇问题的思路

(1) 根据对两个物体的运动过程分析，画出物体运动示意图。

(2) 根据两个物体的运动性质，分别列出两个物体的位移方程，注意要将两个物体的运动时间的关系反映在方程中。

(3) 由运动示意图找出两个物体位移间的关联方程。

(4) 联立方程，求解。

3. 分析追及、相遇问题时应注意的问题

(1) 抓住一个条件：即两个物体的速度满足的临界条件，如两个物体距离最大、最小，恰好追上或恰好追不上等。抓住两个关系：即时间关系和位移关系。

(2) 若被追赶的物体做匀减速运动，注意在追上前，该物体是否已经停止运动。

4. 解决追及、相遇问题的方法

(1) 数学方法：列出方程，利用二次函数求极值的方法求解。

(2) 物理方法：即通过对物理情境和物理过程的分析，找到临界状态和临界条件，然后列出方程求解。

(四) 纸带问题的分析

1. 判断物体的运动性质

(1) 根据匀速直线运动特点，若纸带上各相邻的点的间隔相等，则可判断物体做匀速直线运动。

(2) 由匀变速直线运动的推论 $\Delta x=aT^2$，若所打的纸带上在任意两个相邻且相等的时间内物体的位移之差相等，则说明物体做匀变速直线运动。

2. 求加速度

(1) 逐差法。

$$a=\frac{(x_6+x_5+x_4)-(x_3+x_2+x_1)}{9T^2}$$

(2) $v-t$ 图像法。

利用匀变速直线运动在一段时间内的平均速度等于中间时刻的瞬时速度的推论，求出各点的瞬时速度，建立直角坐标系($v-t$ 图像)，然后进行描点连线，求出图像的斜率 $k=a$。

三、 相互作用

相互作用复习课件

相互作用练习题及参考答案

(一) 关于重力的问题

(1) 大小：① $G=mg$。② 用弹簧测力计测量。

(2) 方向：竖直向下。

(3) 作用点：重心。

(二)关于弹力的问题

1. 弹力的产生条件

(1) 物体间是否直接接触。

(2) 接触处是否有相互挤压或拉伸。

2. 弹力方向的判断

(1) 支持力的方向总是垂直于支持面指向被支持的物体(受力物体)。

(2) 绳的拉力是绳对所拉物体的弹力,方向总是沿绳指向绳收缩的方向(沿绳背离受力物体)。

补充:物体间点面接触时其弹力方向过点垂直于面,点线接触时其弹力方向过点垂直于线,两物体球面接触时其弹力的方向沿两球心的连线指向受力物体。

3. 弹力的大小

(1) 弹簧的弹力满足胡克定律:$F=kx$。其中 k 代表弹簧的劲度系数,仅与弹簧的材料有关,x 代表形变量。

(2) 弹力的大小与弹性形变的大小有关。在弹性限度内,弹性形变越大,弹力越大。

(三)关于摩擦力的问题

1. 对摩擦力认识的四个"不一定"

(1) 摩擦力不一定是阻力。

(2) 静摩擦力不一定比滑动摩擦力小。

(3) 静摩擦力的方向不一定与运动方向共线,但一定沿接触面的切线方向。

(4) 摩擦力不一定越小越好,因为摩擦力既可作为阻力,也可作为动力。

2. 静摩擦力用二力平衡来求解,滑动摩擦力用二力平衡或公式 $F=\mu F_N$ 来求解

3. 摩擦力存在及其方向判断

(1) 存在判断:判断摩擦力存在与否有条件判断法、假设法、状态法、力的相互作用法四种方法。

(2) 方向判断:静摩擦力的方向与相对运动趋势的方向相反;滑动摩擦力的方向与相对运动的方向相反。

(四)物体的受力分析

1. 物体受力分析的方法

(1) 整体法:以整个系统为研究对象进行受力分析,不涉及系统内部某物体的力(内力)和运动情况时选择整体法。

(2) 隔离法:将所确定的研究对象从周围物体中隔离出来进行分析,研究系统(连接体)内物体之间的作用和运动情况时选择隔离法。

2. 受力分析的顺序:先分析重力,再分析接触力,最后分析其他外力

3. 受力分析时应注意的问题

(1) 分析物体受力时,只分析周围物体对研究对象所施加的力。

(2) 受力分析时,不要多力或漏力。注意确定每个力的施力物体和受力物体,在力的合成和分解中,不要把实际不存在的合力或分力当作物体受到的力。

(3) 如果一个力的方向难以确定,可用假设法分析。

(4) 物体的受力情况会随运动状态的改变而改变,必要时根据学过的知识通过计算确定。

(5) 受力分析外部作用看整体,相互作用要隔离。

(五) 正交分解法在力的合成与分解中的应用

正交分解时建立坐标轴的原则：

(1) 以少分解力和容易分解力为原则，一般情况下应使尽可能多的力分布在坐标轴上。

(2) 一般使所要求的力落在坐标轴上。

四、 牛顿运动定律

牛顿运动定律复习课

牛顿运动定律练习题及参考答案

牛顿运动定律经典例题教学视频

(一) 对牛顿运动定律的理解

1. 对牛顿第一定律的理解

(1) 揭示了物体不受外力作用时的运动规律。

(2) 牛顿第一定律是惯性定律，它指出一切物体都有惯性，惯性只与质量有关。

(3) 肯定了力和运动的关系：力是改变物体运动状态的原因，不是维持物体运动的原因。

(4) 牛顿第一定律是用理想化的实验总结出来的一条独立的规律，并非牛顿第二定律的特例。

(5) 当物体所受合力为零时，从运动效果上说，相当于物体不受力，此时可以应用牛顿第一定律。

2. 对牛顿第二定律的理解

(1) 揭示了 a 与 F、m 的定量关系，特别是 a 与 F 的几种特殊的对应关系，即同时性、同向性、同体性、相对性、独立性。

(2) 牛顿第二定律进一步揭示了力与运动的关系，一个物体的运动情况取决于物体的受力情况和初始状态。

(3) 加速度是联系受力情况和运动情况的桥梁，无论是由受力情况确定运动情况，还是由运动情况确定受力情况，都需求出加速度。

3. 对牛顿第三定律的理解

(1) 力总是成对出现于同一对物体之间的，物体间的这对力一个是作用力，另一个是反作用力。

(2) 指出了物体间的相互作用的特点："四同"指大小相等，性质相等，作用在同一直线上，同时出现、消失、存在；"三不同"指方向不同，施力物体和受力物体不同，效果不同。

(二) 应用牛顿运动定律时常用的方法、技巧

(1) 理想实验法。

(2) 控制变量法。

(3) 整体与隔离法。

(4) 图解法。

(5) 正交分解法。

(6) 关于临界问题。

处理的基本方法是：根据条件变化或过程的发展，分析引起受力情况的变化和状态的变化，找到临界点或临界条件。

(三) 应用牛顿运动定律解决的典型问题

1. 动力学两类基本问题

(1) 物体所受合力的方向决定了其加速度的方向，合力与加速度的关系 $F=ma$，合力只

要不为零，无论速度是多大，加速度都不为零。

（2）合力与速度无必然联系，只有速度变化才与合力有必然联系。

（3）速度大小如何变化，取决于速度方向与所受合力方向之间的关系，当二者夹角为锐角或方向相同时，速度增加，否则速度减小。

（4）受力分析⇌合外力 $F_{合}$⇌加速度⇌运动情况。

2. 轻绳、轻杆、轻弹簧问题

（1）轻绳。

① 拉力的方向一定沿绳指向绳收缩的方向。

② 同一根绳上各处的拉力大小都相等。

③ 认为受力形变极微，看作不可伸长。

④ 弹力可做瞬时变化。

（2）轻杆。

① 作用力方向不一定沿杆的方向。

② 各处作用力的大小相等。

③ 轻杆不能伸长或压缩。

④ 轻杆受到的弹力形式有：拉力、压力。

⑤ 弹力变化所需时间极短，可忽略不计。

（3）轻弹簧。

① 各处的弹力大小相等，方向与弹簧形变的方向相反。

② 弹力的大小遵循 $F=kx$ 的关系。

③ 弹簧的弹力不能发生突变。

3. 超重和失重的问题

（1）物体超重或失重是物体对支持面的压力或对悬挂物体的拉力大于或小于物体的实际重力。

（2）物体超重或失重与速度方向和大小无关。根据加速度的方向判断超重或失重：加速度方向向上，则超重；加速度方向向下，则失重。

（3）物体处于完全失重状态时，物体与重力有关的现象全部消失。

① 与重力有关的一些仪器（如天平、台秤等）不能使用。

② 竖直上抛的物体再也回不到地面。

② 杯口向下时，杯中的水也不流出。

4. 模型问题

（1）斜面模型。

（2）滑块模型。

（3）传送带模型。

（4）二体模型。

（5）临界与数值模型。

（6）共点力动态分析模型。

五、曲线运动

（一）曲线运动

曲线运动复习课件　曲线运动练习题及参考答案

1. 曲线运动的特征

（1）曲线运动的轨迹是曲线。

（2）由于运动的速度方向总沿轨迹的切线方向，又由于曲线运动的轨迹是曲线，所以曲线运动的速度方向时刻变化。即使其速度大小保持恒定，但由于其方向不断变化，所以曲线运动也一定是变速运动。

（3）由于曲线运动的速度一定是变化的，至少其方向总是不断变化的，所以，做曲线运动的物体的速度必不为零，所受到的合外力必不为零，必定有加速度。（注意：合外力为零只有两种状态：静止和做匀速直线运动。）

曲线运动一定是变速运动，但变速运动不一定是曲线运动。

2. 物体做曲线运动的条件

（1）从动力学角度看：物体所受合外力方向跟它的速度方向不在同一条直线上。

（2）从运动学角度看：物体的加速度方向跟它的速度方向不在同一条直线上。

3. 匀变速运动

匀变速运动为加速度（大小和方向）不变的运动，也可以说是合外力不变的运动。运动按合外力变化情况分类如图 1-4 所示。

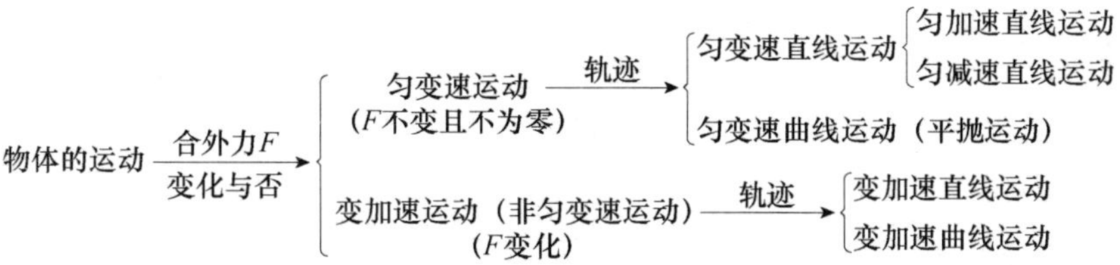

图 1-4　运动的分类

4. 曲线运动的轨迹、合力、速度之间的关系

（1）轨迹特点：轨迹在速度方向和合力方向之间，且向合力方向一侧弯曲。

（2）合力的效果：合力沿径向的分力 F_1 改变速度的方向，沿切线方向的分力 F_2 改变速度的大小。

① 当合力方向与速度方向的夹角为锐角时，物体的速率将增大（如图 1-5 左图所示）。

② 当合力方向与速度方向的夹角为钝角时，物体的速率将减小（如图 1-5 右图所示）。

③ 当合力方向与速度方向垂直时，物体的速率不变（举例：匀速圆周运动）。

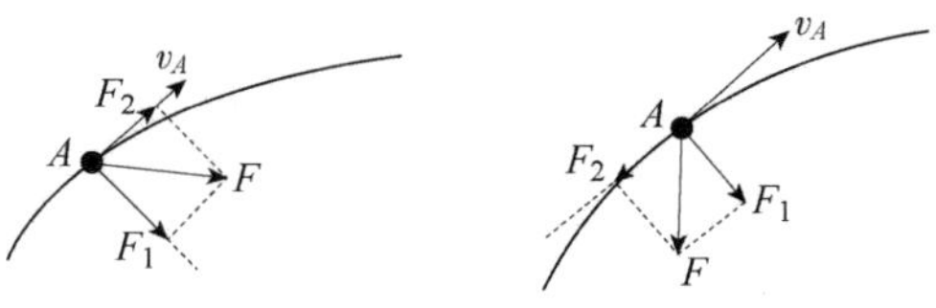

图 1-5　合力方向与速度方向关系

5. 绳拉物体

合运动：实际的运动对应的是合速度。

方法：把合速度分解为沿绳方向和垂直于绳方向(如图 1-6 所示)。

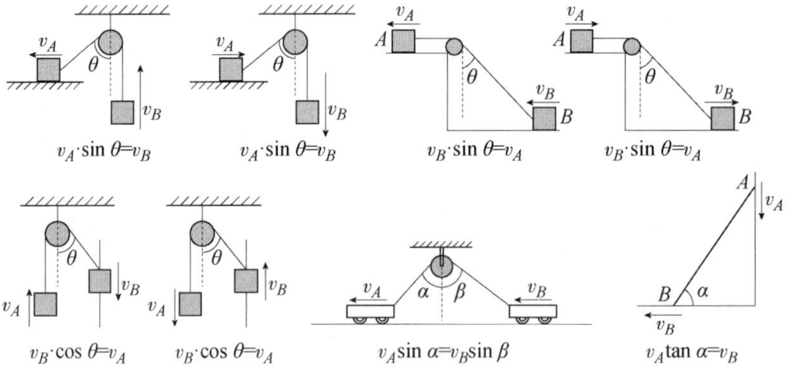

图 1-6　合运动的分解

6. 小船渡河

例：一艘小船在 200m 宽的河中横渡到对岸，已知水流速度是 5m/s，小船在静水中的速度是 4m/s，

求：(1) 欲使船渡河时间最短，船应该怎样渡河？最短时间是多少？船经过的位移多大？

(2) 欲使航行位移最短，船应该怎样渡河？最短位移是多少？渡河时间多长？

解：结论：欲使船渡河时间最短，船头的方向应该垂直于河岸(如图 1-7 所示)。

渡河的最短时间为：$t_{\min} = \dfrac{d}{v_{船}}$

合速度为：$v_{合} = \sqrt{v_{船}^2 + v_{水}^2}$

合位移为：$x = \sqrt{x_{AB}^2 + x_{BC}^2} = \sqrt{d^2 + (v_{水}\ t)^2}$ 或者 $x = v_{合} \cdot t$

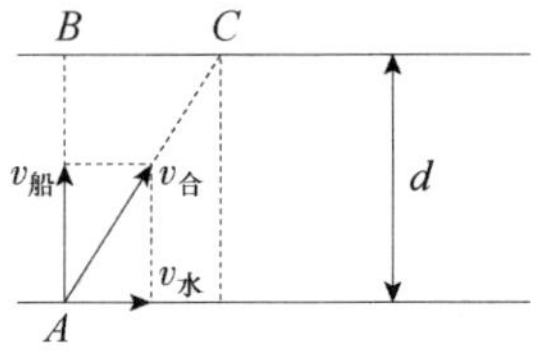

图 1-7　渡河时间最短情况

方法：以水速的末端点为圆心，以船速的大小为半径做圆，过水速的初端点做圆的切线，切线方向即为所求合速度方向(如图 1-8 所示)。

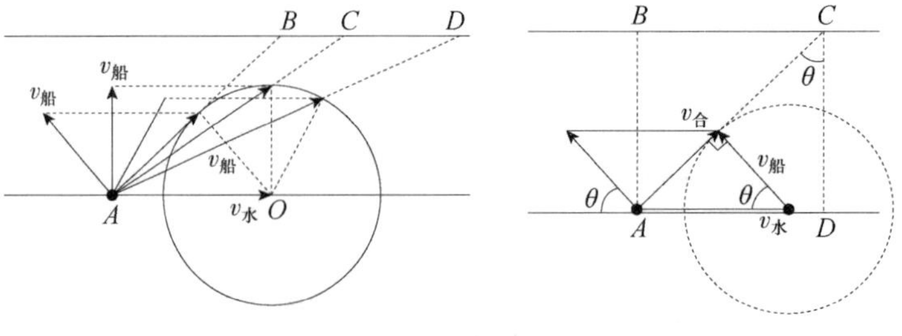

图 1-8　渡河位移最短情况

如图 1-8 右图所示：AC 即为所求的合速度方向。

相关结论：
$$\begin{cases}\cos\theta=\dfrac{v_{船}}{v_{水}}\\ v_{合}=\sqrt{{v_{水}}^2-{v_{船}}^2}=v_{水}\sin\theta\\ x_{\min}=x_{AC}=\dfrac{d}{\cos\theta}=\dfrac{dv_{水}}{v_{船}}\\ t=\dfrac{x_{\min}}{v_{合}}\ 或\ t=\dfrac{d}{v_{船}\sin\theta}\end{cases}$$

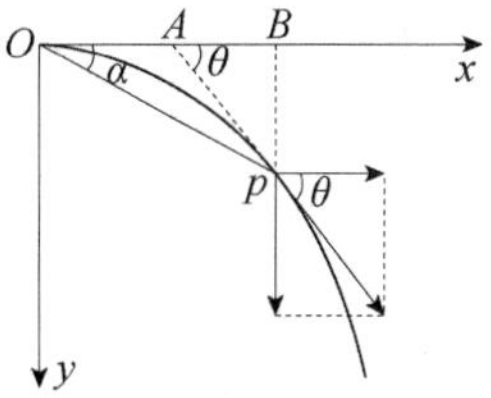

图 1-9　平抛运动轨迹

（二）平抛运动

平抛运动轨迹如图 1-9 图所示。

速度：$\begin{cases}v_x=v_0\\ v_y=gt\end{cases}$　　合速度：$v=\sqrt{v_x^2+v_y^2}$　方向：$\tan\theta=\dfrac{v_y}{v_x}=\dfrac{gt}{v_o}$

位移$\begin{cases}x=v_0t\\ y=\dfrac{1}{2}gt^2\end{cases}$　　合位移：$x_{合}=\sqrt{x^2+y^2}$　方向：$\tan\alpha=\dfrac{y}{x}=\dfrac{1}{2}\dfrac{gt}{v_o}$

时间由：$y=\dfrac{1}{2}gt^2$得 $t=\sqrt{\dfrac{2y}{g}}$（由下落的高度 y 决定）

平抛运动竖直方向做自由落体运动，匀变速直线运动的一切规律在竖直方向上都成立。

$\tan\theta=2\tan\alpha$ 速度偏向角的正切值为位移与水平方向夹角正切值的 2 倍。

平抛物体任意时刻瞬时速度方向的反向延长线与初速度方向延长线的交点到抛出点的距离都等于水平位移的一半（A 是 OB 的中点）。

（三）匀速圆周运动

1. 线速度

线速度为质点通过的圆弧长跟所用时间的比值。

$v=\dfrac{\Delta s}{\Delta t}=\omega r=\dfrac{2\pi}{T}r=2\pi fr=2\pi nr$　　单位：米/秒，m/s

2. 角速度

角速度为质点所在的半径转过的角度跟所用时间的比值。

$\omega=\dfrac{\Delta\varphi}{\Delta t}=\dfrac{2\pi}{T}=2\pi f=2\pi n$　　单位：弧度/秒，rad/s

3. 周期

周期为物体做匀速圆周运动一周所用的时间。

$T=\dfrac{2\pi r}{v}=\dfrac{2\pi}{\omega}$　单位：秒，s

4. 频率

频率为单位时间内完成圆周运动的圈数。

$f=\dfrac{1}{T}$　单位：赫[兹]，Hz

5. 转速

转速为单位时间内转过的圈数。

$n=\frac{N}{t}$ 单位：转/秒，$n=f$（条件是转速 n 的单位必须为转/秒）

6. 向心加速度

$$a=\frac{v^2}{r}=\omega^2 r=\omega v=\left(\frac{2\pi}{T}\right)^2 r=(2\pi f)^2 r$$

7. 向心力

$$F=ma=m\frac{v^2}{r}=m\omega^2 r=m\omega v=m\left(\frac{2\pi}{T}\right)^2 r=m(2\pi f)^2 r$$

8. 三种传动方式

三种传动方式如表 1-1 所示。

表 1-1 三种传动方式

传动形式	共轴传动	皮带传动	齿轮传动
类型	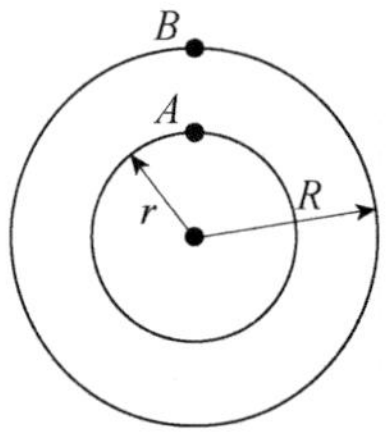	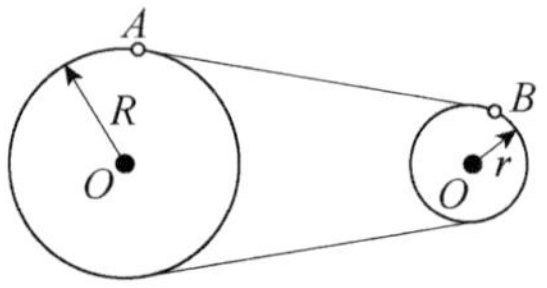	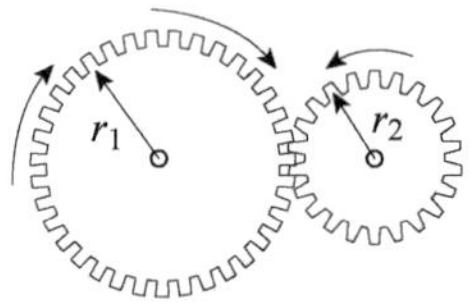
特点	角速度相同	轮缘上线速度大小相等	转动方向相反
角速度	$\omega_A=\omega_B$	$\nu_A=\nu_B$	$\nu_A=\nu_B$
周期	$T_A=T_B$	$\frac{T_A}{T_B}=\frac{R}{r}$	$\frac{T_1}{T_2}=\frac{r_1}{r_2}=\frac{n_1}{n_2}$
线速度	$\frac{\nu_A}{\nu_B}=\frac{r}{R}$	$\frac{\omega_A}{\omega_B}=\frac{r}{R}$	$\frac{\omega_1}{\omega_2}=\frac{r_2}{r_1}=\frac{n_2}{n_1}$

（四）生活中的圆周运动

1. “绳模型”，如图 1-10 左图所示，小球在竖直平面内做圆周运动过最高点情况分析注意：绳对小球只能产生拉力。

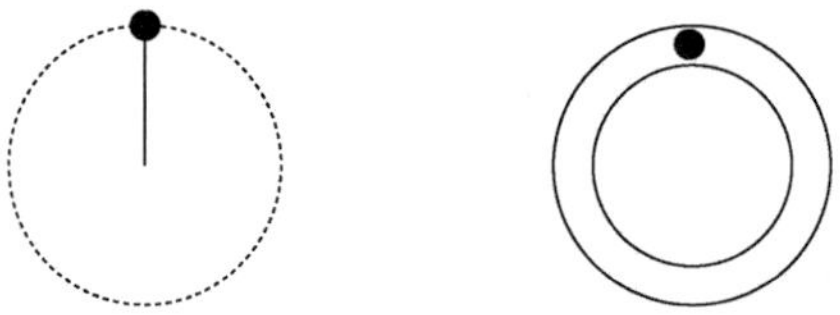

图 1-10 绳模型与管模型

（1）小球能过最高点的临界条件：绳子和轨道对小球刚好没有力的作用。

$$mg=m\frac{v^2}{R}\Rightarrow v_{临界}=\sqrt{Rg}$$

（2）小球能过最高点的条件：$v\geqslant\sqrt{Rg}$（当 $v>\sqrt{Rg}$时，绳对球产生拉力，轨道对球产生压力）。

（3）不能过最高点的条件：$v<\sqrt{Rg}$（实际上球还没有到最高点时，就脱离了轨道）。

2. “杆模型”“管模型”，小球在竖直平面内做圆周运动过最高点的情况

注意：轻杆和细线不同，轻杆对小球既能产生拉力，又能产生推力。

(1) 小球能过最高点的临界条件：$v=0, F=mg$ （F 为支持力）。

(2) 当 $0<v<\sqrt{Rg}$ 时，F 随 v 增大而减小，且 $mg>F>0$ （F 为支持力）。

(3) 当 $v=\sqrt{Rg}$ 时，$F=0$。

(4) 当 $v>\sqrt{Rg}$ 时，F 随 v 增大而增大，且 $F>0$ （F 为拉力）。

六、万有引力定律

万有引力与航天复习课件

万有引力与航天练习题及参考答案

（一）开普勒三定律

1. 开普勒第一定律（轨道定律）
2. 开普勒第二定律（面积定律）
3. 开普勒三定律

行星轨道半长轴的三次方与公转周期的二次方的比值是一个常量。

$$\frac{r^3}{T^2}=k \quad (k\text{ 值只与中心天体的质量有关})$$

（二）万有引力定律：$F_{万}=G\cdot\frac{m_1m_2}{r^2}$

1. 赤道上的万有引力

$F_{引}=mg+F_{向}=mg+ma_{向}$ （g 和 $a_{向}$ 是两个不同的物理量）

2. 两极上的万有引力

$F_{引}=mg$

3. 忽略地球自转，地球上的物体受到的重力等于万有引力

$$\frac{GMm}{R^2}=mg\Rightarrow GM=gR^2 \quad (\text{黄金代换})$$

4. 距离地球表面高为 h 的重力加速度

$$\frac{GMm}{(R+h)^2}=mg'\Rightarrow GM=g'(R+h)^2\Rightarrow g'=\frac{GM}{(R+h)^2}$$

5. 卫星绕地球做匀速圆周运动

万有引力提供向心力 $F_{万}=\frac{GMm}{r^2}=F_{向}$

$\frac{GMm}{r^2}=ma\Rightarrow a=\frac{GM}{r^2}$ （轨道处的向心加速度 a 等于轨道处的重力加速度 $g_{轨}$）

$$\frac{GMm}{r^2}=m\frac{v^2}{r}\Rightarrow v=\sqrt{\frac{GM}{r}}$$

$$\frac{GMm}{r^2}=m\omega^2r\Rightarrow \omega=\sqrt{\frac{GM}{r^3}}$$

$$\frac{GMm}{r^2}=m\left(\frac{2\pi}{T}\right)^2r\Rightarrow T=\sqrt{\frac{4\pi^2r^3}{GM}}$$

(三) 万有引力成就

1. 中心天体质量的计算

方法 1：$GM=gR^2 \Rightarrow M=\frac{gR^2}{G}$ （已知 R 和 g）

方法 2：$v=\sqrt{\frac{GM}{r}} \Rightarrow M=\frac{v^2 r}{G}$ （已知卫星的 v 与 r）

方法 3：$\omega=\sqrt{\frac{GM}{r^3}} \Rightarrow M=\frac{\omega^2 r^3}{G}$ （已知卫星的 ω 与 r）

方法 4：$T=\sqrt{\frac{4\pi^2 r^3}{GM}} \Rightarrow M=\frac{4\pi^2 r^3}{GT^2}$ （已知卫星的周期 T 与 r）

方法 5：已知$\begin{cases} v=\sqrt{\frac{GM}{r}} \\ T=\sqrt{\frac{4\pi^2 r^3}{GM}} \end{cases} \Rightarrow M=\frac{v^3 T}{2\pi G}$ （已知卫星的 v 与 T）

方法 6：已知$\begin{cases} v=\sqrt{\frac{GM}{r}} \\ \omega=\sqrt{\frac{GM}{r^3}} \end{cases} \Rightarrow M=\frac{v^3}{\omega G}$ （已知卫星的 v 与 ω，相当于已知 v 与 T）

2. 地球密度的计算

球的体积公式：$V=\frac{4}{3}\pi R^3$

$$G\frac{mM}{r^2}=m\left(\frac{2\pi}{T}\right)^2 r \Rightarrow \begin{cases} M=\frac{4\pi^2 r^3}{GT^2} \\ \rho=\frac{M}{V}=\frac{M}{\frac{4\pi R^3}{3}}=\frac{3\pi r^3}{GT^2 R^3} \end{cases}$$

近地卫星：$\rho=\frac{3\pi}{GT^2}$ （$r=R$）

(四) 宇宙航行

发射速度：是指采用多级火箭发射卫星时，卫星脱离最后一级火箭时的速度。

运行速度：是指卫星在进入运行轨道后绕地球做匀速圆周运动时的线速度，当卫星“贴着”地面运行时，运行速度等于第一宇宙速度。

第一宇宙速度(环绕速度)：7.9km/s，是指卫星环绕地球飞行的最大运行速度。该速度为地球上发射卫星的最小发射速度。

第二宇宙速度(脱离速度)：11.2km/s。该速度为使人造卫星脱离地球的引力束缚，不再绕地球运行，从地球表面发射所需的最小速度。

第三宇宙速度(逃逸速度)：16.7km/s。该速度为使人造卫星挣脱太阳引力的束缚，飞到太阳系以外的宇宙空间去，从地球表面发射所需要的最小速度。

$v=7.9$km/s	卫星绕地球匀速圆周运动
7.9km/s$<v<$11.2km/s	卫星绕地球运动，轨道是椭圆
11.2km/s$\leqslant v<$16.7km/s	卫星脱离地球束缚，成为太阳系的一颗小行星
$v\geqslant$16.7km/s	卫星脱离太阳束缚，飞出太阳系

七、机械能

机械能守恒定律复习课件

机械能守恒定律练习题及参考答案

（一）功与功率

1．功的计算

$W=Fx\cos\theta$　　$W_{合}=W_{F_1}+W_{F_2}+W_{F_3}+...+W_{F_n}=F_{合}\ x\cos\alpha$

2．平均功率和瞬时功率

平均功率：$P=\dfrac{W}{t}$ 或 $P=F\bar{v}\cos\theta$；瞬时功率：$P=Fv\cos\theta$

3．变力做功计算

(1) 微元法(分段法)。(2) 转换对象法。(3) 平均力法。(4) 作图法。

4．机车启动的两种方式

恒定加速度启动，这一过程的 $v-t$ 关系如图 1-11 所示。

恒定功率启动，这一过程的 $v-t$ 关系如图 1-12 所示。

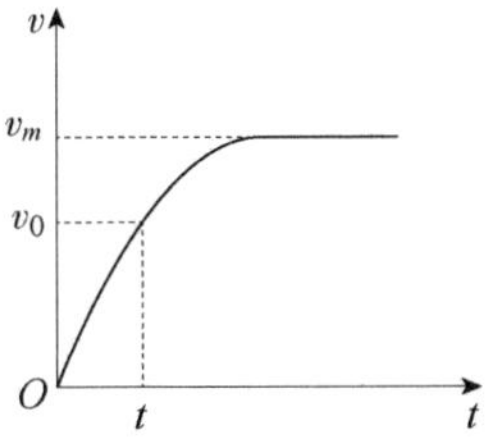

图1-11　恒定加速度启动 $v-t$

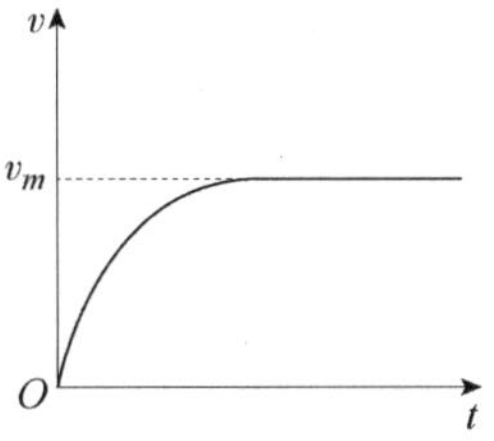

图 1-12　恒定功率启动 $v-t$

（二）能

1．重力势能：$E_P=mgh$

重力做功计算公式：$W_G=mgh_1-mgh_2=E_{P初}-E_{P末}$

重力势能变化量：$\Delta E_P=E_{P末}-E_{P初}=mgh_2-mgh_1$

重力做功与重力势能变化量之间的关系：$W_G=-\Delta E_P$

重力做功特点：重力做正功(A 到 B)，重力势能减小。重力做负功(C 到 D)，重力势能增加，如图 1-13 所示。

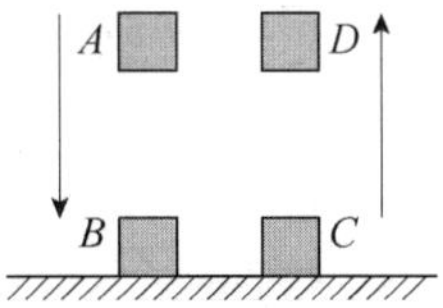

图 1-13　重力做功特点

2．弹簧弹性势能

$E_P=\dfrac{1}{2}kx^2$

$x=|l-l_0|$(弹簧长度的变化量)

弹簧弹力做的功等于弹性势能变化量的负值：$W_{弹}=-\Delta E_P=E_{P初}-E_{P末}$

特点：弹力对物体做正功，弹性势能减小。弹力对物体做负功，弹性势能增加。

3．动能和动能变化量

动能：$E_K=\dfrac{1}{2}mv^2$

动能变化量：$\Delta E_K=E_{K末}-E_{K初}=\dfrac{1}{2}mv_2^2-\dfrac{1}{2}mv_1^2$

(三) 动能定理

$W_{合}=\Delta E_K=E_{K末}-E_{K初}$

常用变形：$W_{F_1}+W_{F_2}+W_{F_3}+...+W_{F_n}=\Delta E_K=E_{K末}-E_{K初}$

(四) 机械能守恒定律

在只有重力或弹力做功的物体系统内，动能和势能会发生相互转化，但机械能的总量保持不变。

表达式：$E_{P1}+E_{K1}=E_{P2}+E_{K2}$（初状态的势能和动能之和等于末状态的势能和动能之和）

$\Delta E_K=-\Delta E_P$（动能的增加量等于势能的减少量）

$\Delta E_A=-\Delta E_B$（A 物体机械能的增加量等于 B 物体机械能的减少量）

八、 动量

动量守恒定律复习课件

动量守恒定律练习题及参考答案

(一) 动量定理

1. 冲量

冲量是物体所受外力和外力作用时间的乘积。冲量为矢量，也是一个过程量。$I=Ft$ 冲量的单位是 N·s。

2. 动量

动量是物体的质量与速度的乘积。动量为矢量，也是一个状态量。$p=mv$，动量的单位是 kg·m/s；1kg·m/s=1 N·s。

3. 动量定理

物体所受合外力的冲量等于动量的变化 $I=mv_{末}-mv_{初}$。

(二) 动量守恒定律

1. 动量守恒定律

一个系统不受外力或者所受外力之和为零，这个系统的总动量保持不变。

（内力：系统内物体之间的相互作用；外力：系统外物体对系统内物体的作用力）

表达式：$m_1v_1+m_2v_2=m_1v_1'+m_2v_2'$（规定正方向）$\Delta P_1=\Delta P_2$

2. 动量守恒定律成立的条件

(1) 系统不受外力或者所受外力的矢量和为零。

(2) 内力远大于外力。

(3) 如果在某一方向上合外力为零，那么在该方向上系统的动量守恒。

(三) 动量守恒定律的典型情况

1. 反冲

在系统内力作用下，系统内一部分物体向某方向发生动量变化时，系统内其余部分物体向相反的方向发生动量变化；系统动量守恒。

2. 碰撞

物体间相互作用持续时间很短，而物体间相互作用力很大；系统动量守恒。

(1) 弹性碰撞。

如果碰撞过程中系统的动能损失很小，可以略去不计，这种碰撞叫作弹性碰撞。

物体 m_1 以速度 v_0 与静止的物体 m_2 发生弹性碰撞，碰撞后两物体的速度分别为：

$$v_1=\frac{m_1-m_2}{m_1+m_2}v_0 \qquad v_2=\frac{2m_1}{m_1+m_2}v_0$$

（2）非弹性碰撞。

非弹性碰撞是在碰撞过程中需要计算损失的动能的碰撞。如果两物体碰撞后黏合在一起，这种碰撞损失的动能最多，因此叫作完全非弹性碰撞。

3. 人船模型

两个原来静止的物体（人和船）发生相互作用时，不受其他外力，对这两个物体组成的系统来说，动量守恒，且任一时刻的总动量均为零，由动量守恒定律，有$mv=MV$。

4. 爆炸

爆炸是指在极短时间内由于内力作用，物体分裂为两块或多块的过程。一般来说，作用过程位移很小，可认为爆炸之后能从爆炸位置以新的动量开始运动。此过程动量守恒，动能增加。

第三节　电磁学

电磁学是高中物理的核心内容。主要分布在选修3-1和选修3-2中。课程标准的科学内容主题有静电场、电路及其应用、电磁场与电磁波初步。

一、电场

静电场
复习课件

静电场
练习题及参考答案

（一）电场

（1）两种电荷、电荷守恒定律、元电荷（$e=1.60\times10^{-19}$）；带电体电荷量等于元电荷的整数倍。

（2）库仑定律：$F=K\frac{Q_1Q_2}{r^2}$（真空中的点电荷）。

（3）电场强度：$E=\frac{F}{q}$（定义式、计算式）。

（4）真空点（源）电荷形成的电场：$E=\frac{KQ}{r^2}$。

（5）匀强电场的场强：$E=\frac{U_{AB}}{d}$。

（6）电场力：$F=qE$。

（二）功和能

（1）电势与电势差：$U_{AB}=\varphi_A-\varphi_B$，$U_{AB}=W_{AB}/q=\frac{\Delta E_P}{q}$。

（2）电场力做功：$W_{AB}=qU_{AB}=qEd=\Delta E_{P减}$。

（3）电势能：$E_{PA}=q\varphi_A$。

（4）电势能的变化：$\Delta E_{P减}=E_{PA}-E_{PB}$。

（5）电场力做功与电势能变化：$W_{AB}=qU_{AB}=\Delta E_{P减}$。

注意：

第一，两个完全相同的带电金属小球接触时，电量分配规律：原带异种电荷的先中和后平分，原带同种电荷的总量平分。

第二,电场线从正电荷出发终止于负电荷,电场线不相交,切线方向为场强方向,电场线密处场强大,顺着电场线方向电势越来越低,电场线与等势线垂直。

第三,要求熟记常见电场的分布。

第四,电场强度(矢量)与电势(标量)均由电场本身决定,电场强度反映了电场的力的性质,电势反映了电场的能的性质。而电场力与电势能还与带电体带的电量多少和电荷正负有关。

第五,处于静电平衡的导体是个等势体,表面是个等势面,导体外表面附近的电场线垂直于导体表面,导体内部合场强为零,导体内部没有净电荷,净电荷只分布于导体外表面。

(三) 电容器

1. 电容器

两个彼此绝缘,而又互相靠近的导体,就组成了一个电容器。

2. 电容

电容表示电容器容纳电荷的本领。

(1) 定义式：$C=\frac{Q}{U}\left(=\frac{\Delta Q}{\Delta U}\right)$。

(2) 决定因素式：如平行板电容器 $C=\frac{\varepsilon S}{4\pi kd}$。

(3) 对于平行板电容器有关的 Q、E、U、C 的讨论要注意两种情况。

第一种情况：若电容器充电后再将电源断开,则表示电容器的电量 Q 为一定量,此时电容器两极的电势差将随电容的变化而变化。

第二种情况：若电容器始终和电源接通,则表示电容器两极板的电压 U 为一定量,此时电容器的电量将随电容的变化而变化。

(四) 带电粒子在匀强电场中的类平抛运动

(1) 带电粒子在加速电场中加速($v_0=0$)：$W=\Delta E_{K增}$ 或 $qU=\frac{1}{2}mv^2$。

(2) 带电粒子沿垂直电场方向以速度 v_0 进入匀强电场时的偏转(不考虑重力作用)：

类平抛运动(在带等量异种电荷的平行极板中)：$E=\frac{U}{d}$。

垂直电场方向：匀速直线运动 $L=v_0t$。

平行电场方向：初速度为零的匀加速直线运动 $d=\frac{1}{2}at^2$,$a=\frac{F}{m}=\frac{qE}{m}=\frac{qU}{md}$。

(3) 模型原题。质量为 m,带电量为正 q 的粒子从两极板的中部以速度 v_0 水平射入电压为 U 的竖直向下的匀强电场中,如图 1-14 所示,已知极板长度为 l,极板间距离为 d。

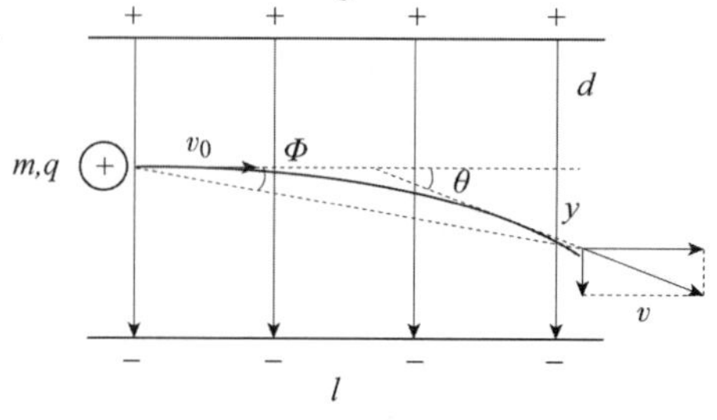

图 1-14　带电粒子在电场中的偏转

① 初始条件：带电粒子有水平初速度 v_0。

② 受力特点：带电粒子受到竖直向下的恒定的电场力$\frac{U}{d}\frac{q}{m}$。

③ 运动特点：水平方向为匀速直线运动，竖直方向为初速度为零的匀加速直线运动。

④ 运动时间：若带电粒子与极板不碰撞，则运动时间为 $t=\frac{l}{v_0}$；若带电粒子与极板碰撞，则运动时间可以从竖直方向求得$\frac{d}{2}=\frac{1}{2}\frac{U}{d}\frac{q}{m}t^2$，故 $t=d\sqrt{\frac{m}{Uq}}$。

(4) 模型特征。

① 特征描述：侧向位移 $y=\frac{1}{2}\frac{U}{d}\frac{q}{m}\left(\frac{l}{v_0}\right)^2$

② 能量特点：电场力做正功 $W=\frac{U}{d}qy$。电场力做多少正功，粒子动能就增加多少，电势能同时减少多少。

③ 重要结论：速度偏向角的正切 $\tan\theta=\frac{v_y}{v_0}=\frac{Uql}{dmv_0^2}$，位移偏向角的正切 $\tan\varphi=\frac{y}{l}=\frac{Uql}{2dmv_0^2}$，即 $\tan\theta=2\tan\varphi$，即带电粒子垂直进入匀强电场，它离开电场时，就好像是从初速度方向的位移中点沿直线射出来的。

二、恒定电流

恒定电流复习课件　　恒定电流练习题及参考答案

(一) 闭合电路欧姆定律

(1) 电流强度：$I=\frac{q}{t}$。

(2) 欧姆定律：$I=\frac{U}{R}$。

(3) 电阻定律：$R=\rho\frac{l}{S}$。

(4) 闭合电路欧姆定律：

$I=\frac{E}{R+r}$ 或 $E=Ir+IR$ （纯电阻电路）；$E=U_{内}+U_{外}=Ir+U_{外}$（普通适用）。

(二) 路端电压 U 随外电阻、电流变化曲线

1. 路端电压 U 与外电路电阻 R 的关系

对于纯电阻电路，路端电压 $U=IR=\frac{ER}{R+r}=\frac{E}{1+\frac{r}{R}}$，$U$-$R$ 关系如图 1-15 所示。

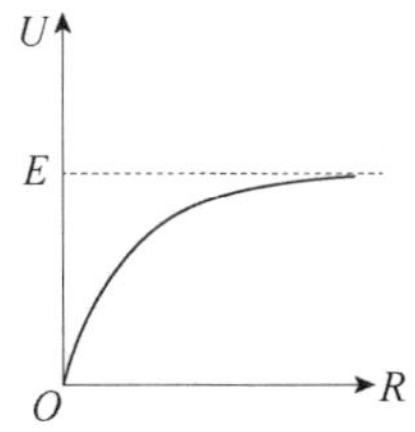

图 1-15　路端电压 U 与外电路电阻 R 的关系

(1) 当 R 增大时，I 减小，U 增大；反之，当 R 减小时，I 增大，U 减小。

(2) 当外电路断路时，$R=\infty$，$I=0$，$U=E$。

(3) 当外电路短路时，$R=0$，$I_{短}=\frac{E}{r}$，$U=0$。

2. 路端电压 U 与电流 I 的关系

表达式：$U=E-Ir$。$U-I$ 关系如图 1-16 所示。回路电流 I 越大，路端电压 U 就越小。

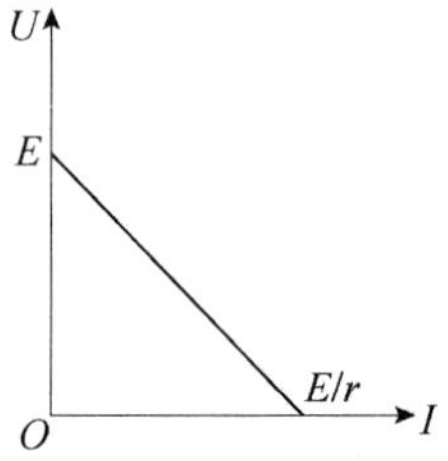

图 1-16 路端电压 U 与电流 I 的关系

(1) $U-I$ 图像的截距代表电源的电动势 E。

(2) 如果 U 轴坐标是从 0 开始的，$U-I$ 图像与 I 轴的交点代表短路电流 $I_{短}=\frac{E}{r}$。

(3) $U-I$ 图像的斜率代表电源的内阻 $r=\left|\frac{\Delta U}{\Delta I}\right|$。

(三) 动态电路分析

1. 电阻变化引起动态电路分析

(1) 闭合电路中只要有一个电阻的阻值发生变化，就会影响整个电路，使总电路和每一部分的电流、电压都发生变化。

(2) 外电阻 R 的变化由 $I=\frac{E}{R+r}$，$U=E-Ir$ 分析回路电流 I 的变化、路端电压 U 的变化，再根据 $I=\frac{U}{R}$ 分析各部分电流与电压的变化。

(3) I 随 R 变化情况：I 随滑动变阻器 R 变化，和滑动变阻器串联的电阻上的电压、电流、电功率变化趋势及滑动变阻器电阻值变化趋势相反；和滑动变阻器并联的电阻上的电压、电流、电功率及滑动变阻器电阻值变化趋势相同。简称“串反并同”。

2. 电路故障分析

(1) 断路。

①特点：电流为零，断点的同侧无电势差，若只有一个断点，断点的两端有电势差。

②影响：电路中的总电阻增大，干路上的电流减小，与其并联的用电器两端的电压增大。

(2) 短路。

①特点：被短路的用电器两端无电压，用电器无电流流过。

②影响：电路中总电阻减小，干路电流增大，被短路用电器不工作，与其串联的用电器两端电压增大。

3. 含容电路分析

分析含容电路的关键：与电容器 C 串联的电阻 R 可以看作导线；电容器 C 的电压 U_C 等于与之并联的电阻 R 的电压 U。

(四) 电能、电功与电功率

1. 焦耳定律

(1) 电功 W 与电功率 P。

电功 $W=UIt$，单位：焦[耳]，J；电功率 $P=\frac{W}{t}=UI$，单位：瓦[特]，W。

(2) 电热 Q。

电热 $Q=I^2Rt$，单位：焦[耳]，J；热功率 $P_Q=I^2R$，单位：瓦[特]，W。

其中：以上公式适用于任何电路，R 为用电器的内阻。

（3）纯电阻电路与非纯电阻电路。

① 纯电阻电路。消耗的电能全部转化为电热，即 $W=Q$；部分电路欧姆定律 $I=\frac{U}{R}$可以使用。

② 非纯电阻电路。消耗的电能转化为电热和其他形式的能量，即 $W=Q+Q_{其他}$；部分电路欧姆定律 $I=\frac{U}{R}$不能使用。由能量守恒可得，$P_{其他}=P-P_Q$。

2. 功率与效率

（1）电源。

① 电源的总功率：$P_{总}=EI$。

② 电源的输出功率：$P_{出}=UI$。

③ 电源的内热功率：$P_Q=I^2r$。

④ 电源的效率：$\eta=\frac{P_{出}}{P_{总}}\times 100\%=\frac{U}{E}\times 100\%$；由能量守恒可得，$P_{总}=P_{出}+P_Q$。对于纯电阻电路，$\eta=\frac{R}{R+r}\times 100\%$ 。电源的效率随着外电阻的增大而增大。

（2）电动机。

① 电动机消耗电能的功率：$P=UI$。

② 电动机的热功率：$P_Q=I^2r$。

③ 电动机输出的机械功率：$P_{机}=P-P_Q$。

④ 电动机的效率 $\eta=\frac{P_{机}}{P}\times 100\%=\frac{UI-I^2r}{UI}\times 100\%=\frac{U-Ir}{U}\times 100\%$。

注意：电动机正常工作时，电动机为非纯电阻电路，部分电路欧姆定律不能使用，即 $I\neq U/r$。由能量守恒可得，电动机的机械功率 $P_{机}=P-P_Q$。电动机不转动时，电动机可视为纯电阻电路，部分电路欧姆定律可以使用，即 $I=U/r$ 。

3. 电源的输出功率 $P_{出}$ 与回路电流 I 的关系

电源的输出功率 $P_{出}=P_{总}-P_Q=EI-I^2r$

$$=-r\left(I-\frac{E}{2r}\right)^2+\frac{E^2}{4r},$$

此公式适用于任何电路。

$P_{出}$-I 图像如图 1-17 所示。

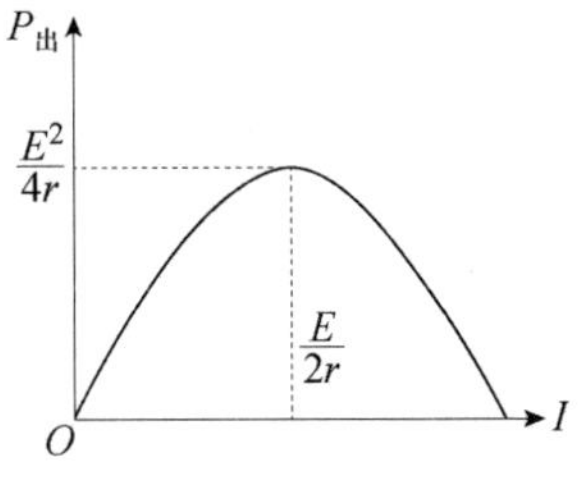

图 1-17　$P_{出}$-I 图像

当 $I=E/2r$ 时，电源的输出功率最大为 $P_m=E^2/4r$ 。此时电源的效率为：$\eta=\frac{U}{E}\times 100\%=\frac{E-Ir}{E}\times 100\%=50\%$。

4. 电源的输出功率 $P_{出}$ 与外电阻 R 的关系

如图 1-18 所示，对于纯电阻电路，电源的输出功率为：

$$P_{出}=UI=I^2R=\frac{E^2R}{(R+r)^2}=\frac{E^2}{\frac{(R-r)^2}{R}+4r}。$$

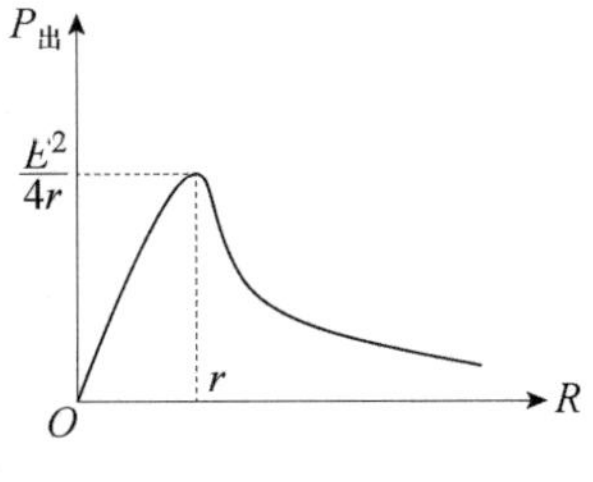

图 1-18　$P_{出}$-R 图像

当 $R=r$ 时，电源的输出功率最大为 $P_m=E^2/4r$ 。此时电源的效率为：$\eta=\frac{R}{R+r}\times 100\%=50\%$

(五) 本章重要实验

1. 多用电表

(1) 电流表的改装。

① 电流表的内部结构(如图 1-19 所示)。

图 1-19 电流表内部

② 当电流表的量程扩大 n 倍时,并联的分流电阻 $R=\frac{R_g}{n-1}$ 。此时,电流表的内阻为 $R_{内}=\frac{RR_g}{R+R_g}$ 。

(2) 电压表的改装。

① 电压表的内部结构(如图 1-20 所示)。

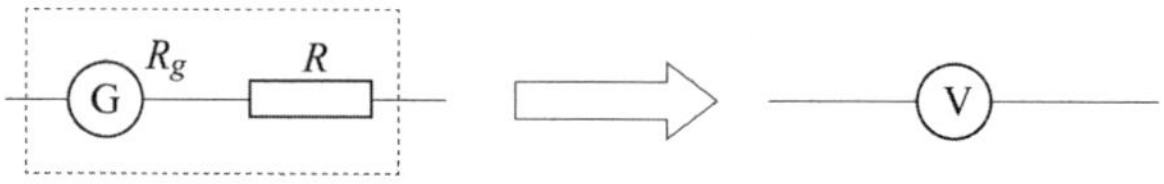

图 1-20 电压表内部

② 当电压表的量程扩大 n 倍时,串联的分压电阻 $R=(n-1)R_g$。此时,电压表的内阻为 $R_{内}=R+R_g$。

(3) 欧姆表的改装。

① 欧姆表的内部结构(如图 1-21 所示)。

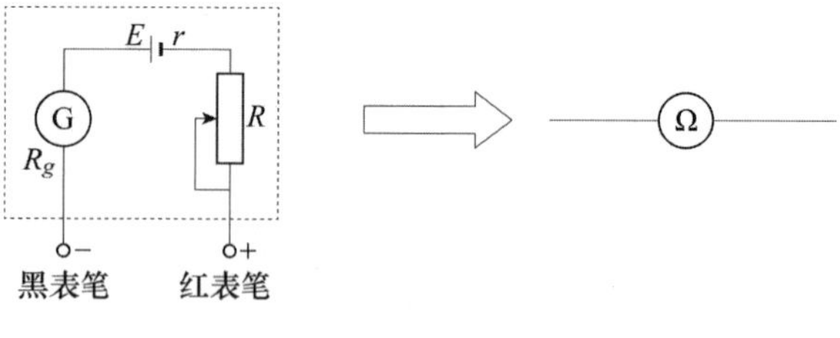

图 1-21 欧姆表内部结构

② 欧姆表调零之后,欧姆表的内阻为 $R_{内}=R_g+r+R$,由闭合电路欧姆定律可得,$I_g=\frac{E}{R_{内}}$。接上待测电阻 R_x 之后,由闭合电路欧姆定律可得,$I=\frac{E}{R_{内}+R_x}$ 。红表笔接在电源的负极;黑表笔接在电源的正极。

(4) 多用电表的使用。

① 红表笔插入多用电表的正插孔;黑表笔插入多用电表的负插孔。

② 电流总是从红表笔流入,从黑表笔流出。

③ 当测量电流、电压时，红表笔的电势高于黑表笔的电势；当测量电阻时，黑表笔的电势高于红表笔的电势。

④ 使用欧姆表时，被测电阻必须孤立出来。

⑤ 读数＝精度（每一小格代表的数值）×格数 n 。

⑥ 二极管的特性：二极管具有单向导通性。

2. 电路设计

（1）控制电路的设计。

① 限流式（如图 1-22 所示）：调压范围$\frac{ER_x}{R+R_x}\sim E$。

② 分压式：调压范围 $0\sim E$（如图 1-23 所示）。

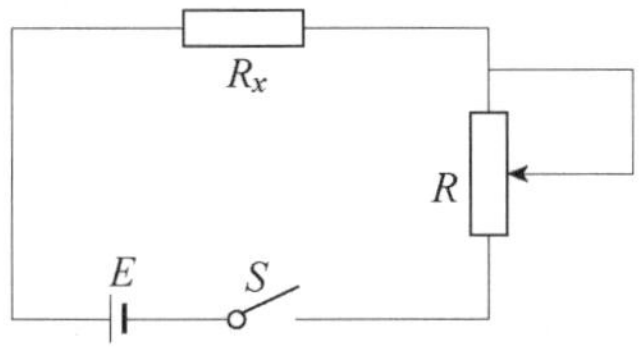

图 1-22 限流电路

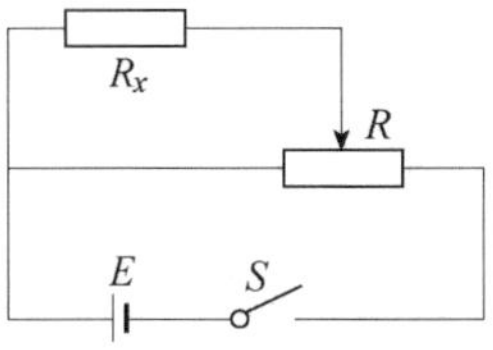

图 1-23 分压电路

③ 选择原则。

待测电阻 R_x 远大于滑动变阻器的总电阻 R，须用分压式接法；要求待测电阻 R_x 上电压或者电流变化范围较大，且从零开始连续可调，须用分压式接法；待测电阻 R_x 小于滑动变阻器的总电阻 R 或相差不多，且电压、电流变化不要求从零调起时，可采用限流式接法；两种电路均可使用的情况下，应优先采用限流式接法，因为限流式接法总能耗较小。一般情况下，当 $R>10R_x$ 时，选用限流式接法；当 $R<10R_x$ 时，选用分压式接法。

（2）测量电路的设计。

① 电流表外接法（如图 1-24 所示）。

误差分析：

由于电压表的分流导致电流的测量值偏大，由 $R=\frac{U}{I}$可知，$R_{测}<R_{真}$。R_x 越小，电压表分流越小，误差越小，即$\frac{R_V}{R_x}\gg 1$，因此外接法适合测量小电阻。

② 电流表内接法（如图 1-25 所示）。

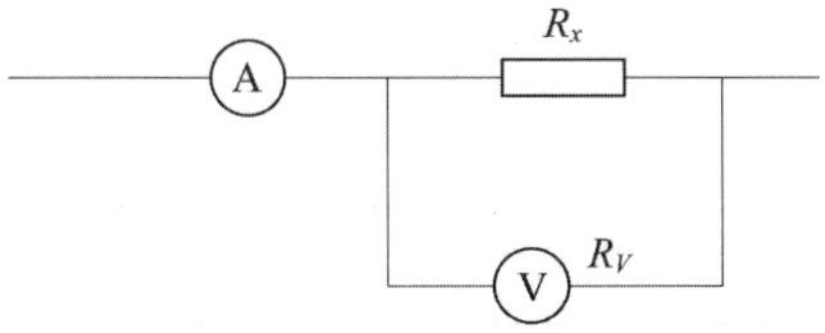

图 1-24 外接法

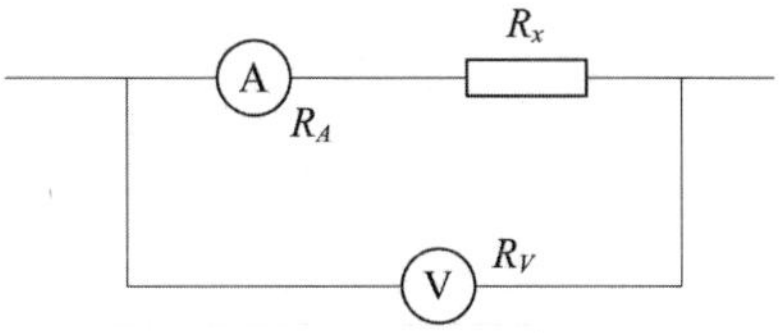

图 1-25 内接法

误差分析：

由于电流表的分压导致电压的测量值偏大，由 $R=\frac{U}{I}$ 可知，$R_{测}>R_{真}$。R_x 越大，电流表的分压越小，误差越小，即 $\frac{R_x}{R_A}\gg 1$，因此内接法适合测量大电阻。

③ 选择原则。

当 $\frac{R_V}{R_x}>\frac{R_x}{R_A}$ 时，即 $R_x<\sqrt{R_AR_V}$，选用电流表外接法；当 $\frac{R_V}{R_x}<\frac{R_x}{R_A}$ 时，即 $R_x>\sqrt{R_AR_V}$，选用电流表内接法。

3．描绘小灯泡的伏安特性曲线

小灯泡的实验电路图如图 1-26 所示，小灯泡的伏安特性曲线如图 1-27 所示。

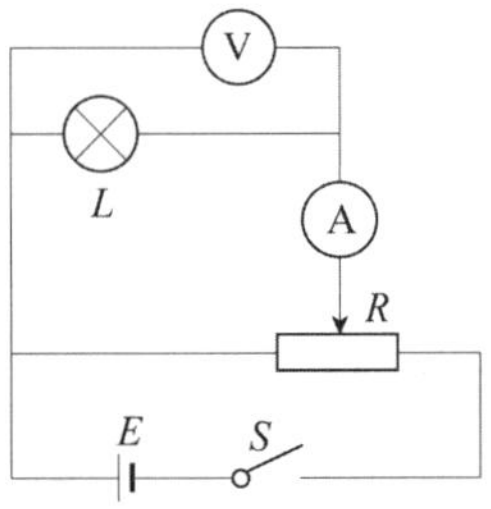

图 1-26　小灯泡的伏安特性实验电路图

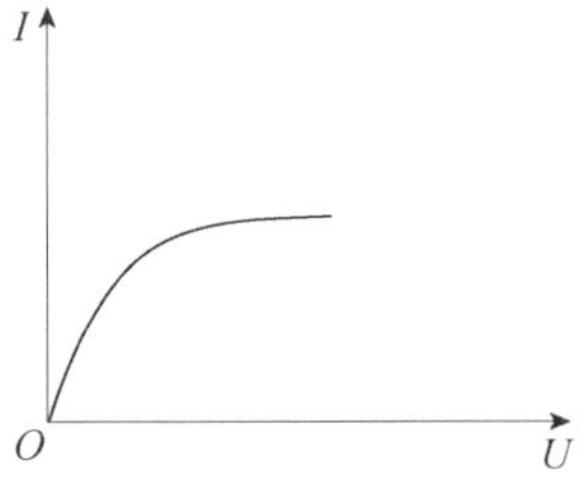

图 1-27　小灯泡的伏安特性曲线

注意：① 电压的变化范围较大，且从零开始连续变化，选择分压式控制电路。② 小灯泡的电阻一般较小，选择电流表外接法测量电路。③ 连接实物时，滑片应置于滑动变阻器的最左端。

4．测定电源的电动势和内阻

(1) 实验原理。

闭合电路欧姆定律 $E=U+Ir$ （伏安法），$E=IR+Ir$，$E=U+\frac{U}{R}r$。

(2) 实验电路图(如图 1-28 和图 1-29 所示)。

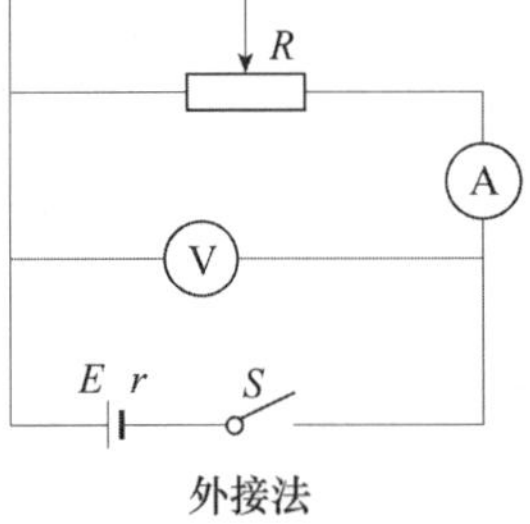

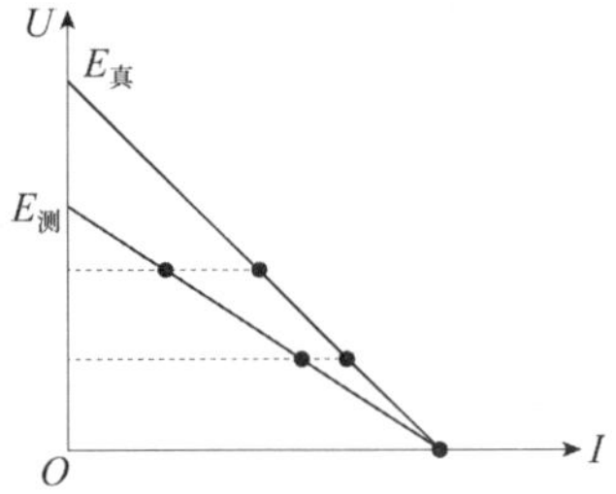

图 1-28　外接法测量电源电动势和内阻实验

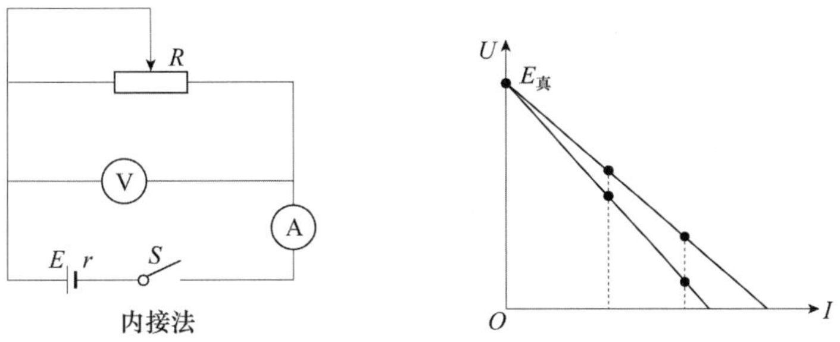

图 1-29　内接法测量电源电动势和内阻实验

注意：由 $E=U_1+I_1r$，$E=U_2+I_2r$ 可得，$\Delta U=-r\Delta I$，所以 $|\Delta U|=r|\Delta I|$。故电流变化量相同时，电源内阻大的路端电压的变化量较大。电池的内阻远远小于电压表的内阻，故此实验电路图应该选择外接法。

（3）实验误差分析。

① 外接法误差分析。

根据串联电路和并联电路的特点，电压表的示数 $U_{测}=U_{真}$；电流表的示数 $I_{测}=I_{真}-\dfrac{U_{测}}{R_V}$。所以，$I_{测}$ 总是小于 $I_{真}$，并且 $U_{测}$ 越小，$I_{测}$ 与 $I_{真}$ 的差别越小，如图 1-28 右图所示。当 $U_{测}=0$ 时，$I_{测}=I_{真}$。根据图像可以得到以下结论：（1）$E_{测}<E_{真}$；（2）$r_{测}<r_{真}$。

② 内接法误差分析。

根据串联电路和并联电路的特点，电压表的示数 $U_{测}=U_{真}-I_{测}R_A$；电流表的示数 $I_{测}=I_{真}$。所以，$U_{测}$ 总是小于 $U_{真}$，并且 $I_{测}$ 越小，$U_{测}$ 与 $U_{真}$ 的差别越小，如图 1-29 右图所示。当 $I_{测}=0$ 时，$U_{测}=U_{真}$。根据图像可以得到以下结论：（1）$E_{测}=E_{真}$；（2）$r_{测}>r_{真}$。

5. 测定金属的电阻率

实验原理：$\rho=\dfrac{RS}{l}=\dfrac{U\pi d^2}{4Il}$。

三、磁场

磁场
复习课件

磁场练习题
及参考答案

（一）基本概念

1. 磁场

磁场是存在于磁体、运动电荷周围的一种物质。它的基本特性是：对处于其中的磁体、电流、运动电荷有力的作用。

2. 磁现象的电本质

所有的磁现象都可归结为运动电荷之间通过磁场而发生的相互作用。

（二）磁感线

为了描述磁场的强弱与方向，人们想象在磁场中画出一组有方向的曲线。

（1）疏密表示磁场的强弱。

（2）每一点切线方向表示该点磁场的方向，也就是磁感应强度的方向。

（3）磁感线是闭合的曲线，在磁体外部由 N 极至 S 极，在磁体内部由 S 极至 N 极。磁线不相切不相交。

(4)匀强磁场的磁感线平行且距离相等。没有画出磁感线的地方不一定没有磁场。

(5)安培定则(右手螺旋定则):表示电流和电流激发磁场的磁感线方向间关系的定则。拇指指向电流方向,四指指向磁场的方向。注意这里的磁感线是一个个同心圆,每点的磁场方向是在该点的切线方向(定则一)。用右手握住通电螺线管,让四指指向电流的方向,那么大拇指所指的那一端是通电螺线管的 N 极(定则二)。

常用的几种磁场的磁感线如图 1-30 所示。

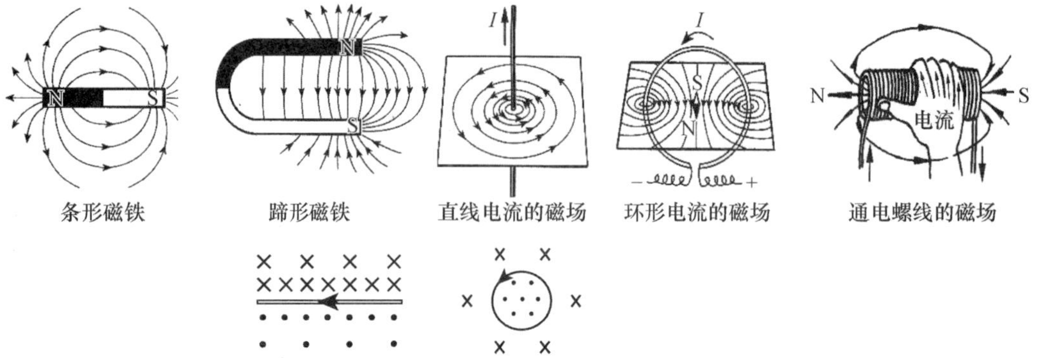

图 1-30 常见的磁场磁感应线

(三) 磁感应强度

(1) 磁场最基本的性质是对放入其中的电流或磁极有力的作用,电流垂直于磁场时受磁场力最大,电流与磁场方向平行时,磁场力为零。

(2) 在磁场中垂直于磁场方向的通电导线受到的磁场力 F 跟电流强度 I 和导线长度 L 的乘积 IL 的比值,叫作通电导线所在处的磁感应强度。

① 表示磁场强弱的物理量,是矢量。

② 大小:$B=\dfrac{F}{IL}$(决定式)(电流方向与磁感线垂直时的公式)。

③ 方向:是磁感线的切线方向;是小磁针 N 极受力方向;是小磁针静止时 N 极的指向。不是导线受力方向,不是正电荷受力方向,也不是电流方向。(根据实验得出的)

④ 单位:牛/(安·米),即特斯拉,国际单位制单位符号 T。

⑤ 点定 B 定。就是说磁场中某一点定了,则该处磁感应强度的大小与方向都是定值。

⑥ 匀强磁场的磁感应强度处处相等。

⑦磁场的叠加:空间某点如果同时存在两个以上电流或磁体激发的磁场,则该点的磁感应强度是各电流或磁体在该点激发的磁场的磁感应强度的矢量和,满足矢量运算法则。

(四) 磁通量与磁通密度

1. *磁通量* Φ

磁通量为穿过某一面积磁力线的条数,是标量。

2. *磁通密度* B

磁通密度为垂直磁场方向穿过单位面积磁力线的条数,即磁感应强度,是矢量。

3. 二者关系

$B=\frac{\Phi}{S}$(当 B 与面垂直时),$\Phi=BS\cos\theta$($S\cos\theta$ 为面积垂直于 B 方向上的投影,θ 是 B 与 S 法线的夹角)。

(五)磁场对电流的作用

1. 安培力

(1) 安培力:通电导线在磁场中受到的作用力叫作安培力。

说明:磁场对通电导线中定向移动的电荷有力的作用,磁场对这些定向移动电荷作用力的宏观表现即为安培力。

(2) 安培力的计算公式:$F=BIL\sin\theta$ (θ 是 I 与 B 的夹角)。

① 通电导线与磁场方向垂直时,即 $\theta=90°$,此时安培力有最大值;② 通电导线与磁场方向平行时,即 $\theta=0°$,此时安培力有最小值,$F=0\text{N}$;$0°<B<90°$时,安培力 F 介于 0 和最大值之间。

(3) 安培力公式的适用条件。

① $F=BIL$ 一般适用于匀强磁场中 $I\perp B$ 的情况,对于非匀强磁场只是近似适用(如对电流元),但对某些特殊情况仍适用。

如图 1-31 所示,电流 $I_1//I_2$,如 I_1 在 I_2 处磁场的磁感应强度为 B,则 I_1 对 I_2 的安培力 $F=BI_2L$,方向向左,同理 I_2 对 I_1,安培力向右,即同向电流相吸,异向电流相斥。

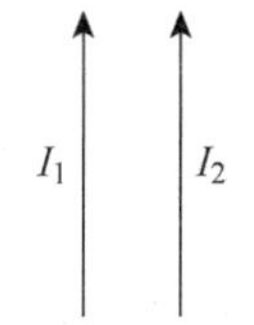

图 1-31　同向电流

② 根据力的相互作用原理,如果是磁体对通电导体有力的作用,则通电导体对磁体有反作用力。两根通电导线间的磁场力也遵循牛顿第三定律。

2. 左手定则

(1) 用左手定则判定安培力方向的方法:伸开左手,使拇指跟其余的四指垂直且与手掌都在同一平面内,让磁感线垂直穿过手心,并使四指指向电流方向,这时手掌所在平面跟磁感线和导线所在平面垂直,大拇指所指的方向就是通电导线所受安培力的方向。

(2) 安培力 F 的方向既与磁场方向垂直,又与通电导线垂直,即 F 跟 BI 所在的面垂直,但 B 与 I 的方向不一定垂直。

3. 规律方法

(1) 安培力的性质和规律。

① 在公式 $F=BIL$ 中,L 为导线的有效长度,即导线两端点所连直线的长度,相应的电流方向沿 L 由始端流向末端。如图 1-32 所示,左图中:$l'=\sqrt{2}l$,右图中:$l'=d$ (直径)$=2R$ (半圆环且半径为 R)。

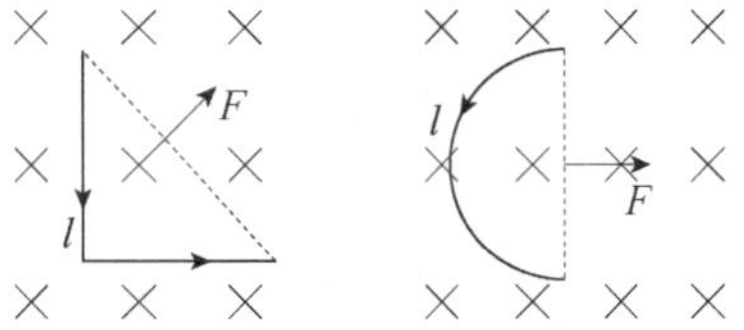

图 1-32　安培力中导线的等效长度

② 安培力的作用点为磁场中通电导体的几何中心。

(2) 安培力作用下物体的运动方向的判断。

分析在安培力作用下通电导体运动情况的一般步骤如下。

① 画出通电导线所在处的磁感线方向及分布情况。

② 用左手定则确定各段通电导线所受的安培力。

③ 由初速度方向结合牛顿定律确定导体的运动情况。

(3) 磁场对通电线圈的作用：若线圈面积为 S，线圈中的电流强度为 I，所在磁场的磁感应强度为 B，线圈平面跟磁场的夹角为 θ，则线圈所受磁场的力矩为：$M=BIS\cos\theta$。

(六) 磁场对运动电荷的作用

1. 洛伦兹力

(1) 磁场对运动电荷的作用力。

(2) 洛伦兹力的公式：$f=qvB\sin\theta$，θ 是 v、B 之间的夹角。

(3) 当带电粒子的运动方向与磁场方向互相平行时，$F=0$。

(4) 当带电粒子的运动方向与磁场方向互相垂直时，$f=qvB$。

(5) 只有运动电荷在磁场中才有可能受到洛伦兹力作用，静止电荷在磁场中受到的磁场对电荷的作用力一定为 0。

2. 洛伦兹力的方向

(1) 洛伦兹力 F 的方向既垂直于磁场 B 的方向，又垂直于运动电荷的速度 v 的方向，即 F 总是垂直于 B 和 v 所在的平面。

(2) 使用左手定则判定洛伦兹力方向时，伸出左手，让拇指垂直于其余四指，且处于同一平面内，让磁感线穿过手心，其余四指指向正电荷运动方向(当是负电荷时，其余四指指向与电荷运动方向相反)则拇指所指方向就是该电荷所受洛伦兹力的方向。

(七) 洛伦兹力与安培力的关系

(1) 洛伦兹力是单个运动电荷在磁场中受到的力，而安培力是导体中所有定向移动的自由电荷受到的洛伦兹力的宏观表现。

(2) 洛伦兹力一定不做功，它不改变运动电荷的速度大小，但安培力却可以做功。

(八) 带电粒子在匀强磁场中的运动

(1) 不计重力的带电粒子在匀强磁场中的运动可以分为三种情况：一是匀速直线运动；二是匀速圆周运动；三是螺旋运动。

(2) 不计重力的带电粒子垂直进入匀强电场和垂直进入匀强磁场时都做曲线运动，但有区别：带电粒子垂直进入匀强电场，在电场中做匀变速曲线运动(类平抛运动)；垂直进入匀强磁场，则做变加速曲线运动(匀速圆周运动)。

(3) 带电粒子在匀强磁场中的运动规律。

① 带电粒子的速度方向若与磁场方向平行，带电粒子不受洛伦兹力作用，将以入射速度做匀速直线运动。

② 带电粒子若垂直进入匀强磁场且只受洛伦兹力的作用，带电粒子一定做匀速圆周运动，其轨道平面一定与磁场垂直。

由洛伦兹力提供向心力，$qvB=m\dfrac{v^2}{r}$得轨道半径：$r=\dfrac{mv}{qB}$。

由轨道半径与周期的关系得：$T=\dfrac{2\pi r}{v}=\dfrac{2\pi m}{qB}$。

可见，周期与入射速度和运动半径无关。荷质比相同的带电粒子，当它们以不同的速度在磁场中做匀速圆周运动时，无论速度相差多大，由于其运动半径与速度成正比，所以它们运动的周期都相同。

(4) 带电粒子在磁场中运动的圆心、半径及时间的确定。

① 用几何知识确定圆心并求半径。

因为 F 方向指向圆心，根据 F 一定垂直于 v，画出粒子运动轨迹中任意两点(大多是入射点和出射点)的 F 或半径方向，其延长线的交点即为圆心，再用几何知识求其半径与弦长的关系。

② 确定轨迹所对应的圆心角，求运动时间。

先利用圆心角与弦切角的关系，或四边形内角和等于 360°(或 2π)计算出圆心角 θ 的大小，再由公式 $t=\frac{\theta}{360^\circ}T$ $\left(或\ t=\frac{\theta T}{2\pi}\right)$求出运动时间。

③ 注意圆周运动中有关对称的规律。

如从同一边界射入的粒子，从同一边界射出时，速度与边界的夹角相等。在圆形磁场区域内，沿径向射入的粒子，必沿径向射出。

(九) 专题：带电粒子在复合场中的运动

1. 复合场的分类

(1) 复合场：即电场与磁场有明显的界线，带电粒子分别在两个区域内做两种不同的运动，即分段运动，该类问题运动过程较为复杂，但对于每一段运动又较为清晰易辨，往往这类问题的关键在于分段运动连接点时的速度，该速度具有承上启下的作用。

(2) 叠加场：即在同一区域内同时有电场和磁场，此类问题看似简单，受力不复杂，但仔细分析其运动往往比较难以把握。

2. 带电粒子在复合电场运动的基本分析

(1) 当带电粒子在复合场中所受的合外力为 0 时，粒子将做匀速直线运动或静止。

(2) 当带电粒子所受的合外力与运动方向在同一条直线上时，粒子将做变速直线运动。

(3) 当带电粒子所受的合外力充当向心力时，粒子将做匀速圆周运动。

(4) 当带电粒子所受的合外力的大小、方向均是不断变化时，粒子将做变加速运动，这类问题一般只能用能量关系处理。

3. 电场力和洛伦兹力的比较

(1) 在电场中的电荷，不管其运动与否，均受到电场力的作用，而磁场仅仅对运动着的且速度与磁场方向不平行的电荷有洛伦兹力的作用。

(2) 电场力的大小 $F=qE$，其与电荷的运动速度无关，而洛伦兹力的大小 $f=qvB\sin d$，与电荷运动的速度大小和方向均有关。

(3) 电场力的方向与电场的方向相同或相反，而洛伦兹力的方向始终既和磁场垂直又和速度方向垂直。

(4) 电场力既可以改变电荷运动的速度大小，也可以改变电荷运动的方向，而洛伦兹力只能改变电荷运动的速度方向，不能改变速度大小。

(5) 电场力可以对电荷做功，能改变电荷的动能。洛伦兹力不能对电荷做功，不能改变电荷的动能。

(6) 匀强电场中在电场力的作用下，运动电荷的偏转轨迹为抛物线；匀强磁场中在洛伦兹力的作用下，垂直于磁场方向运动的电荷的偏转轨迹为圆弧。

4. 对于重力的考虑

(1) 对于微观粒子，如电子、质子、离子等一般不做特殊交代就可以不计其重力，因为其重力一般情况下与电场力或磁场力相比太小，可以忽略。而对于一些实际物体，如带电小球、液滴、金属块等不做特殊交代时就应当考虑其重力。

(2) 在题目中有明确交代是否要考虑重力的，这种情况比较正规，也比较简单。

(3) 对未知名的带电粒子其重力是否忽略又没有明确时，可采用假设法判断，假设重力计或者不计，结合题目给出的条件得出的结论若与题意相符则假设正确，否则假设错误。

四、 电磁感应

电磁感应复习课件

电磁感应练习题及参考答案

(一) 电磁感应现象

1. 产生感应电流的条件

感应电流产生的条件是：穿过闭合电路的磁通量发生变化。

2. 感应电动势产生的条件

感应电动势产生的条件是：穿过电路的磁通量发生变化。

3. 关于磁通量的变化

(1) 在匀强磁场中，磁通量 $\Phi=BS\sin\alpha$ （α 是 B 与 S 的夹角），磁通量的变化 $\Delta\Phi=\Phi_2-\Phi_1$ 有多种形式，主要有：

① S、α 不变，B 改变，这时 $\Delta\Phi=\Delta BS\sin\alpha$。

② B、α 不变，S 改变，这时 $\Delta\Phi=B\Delta S\sin\alpha$。

③ B、S 不变，α 改变，这时 $\Delta\Phi=BS\sin(\alpha_1-\alpha_2)$。

当 B、S、α 中有两个或三个一起变化时，就要分别计算 Φ_1、Φ_2，再求 $\Phi_2-\Phi_1$。

(2) 在非匀强磁场中，磁通量变化比较复杂。有几种情况需要特别注意：

① 如图 1-33 左图所示，矩形线圈沿 $a\to b\to c$ 在条形磁铁附近移动，试判断穿过线圈的磁通量如何变化？如果线圈 M 沿条形磁铁轴线向右移动，穿过该线圈的磁通量如何变化？

② 如图 1-33 中间图所示，环形导线 a 中有顺时针方向的电流，a 环外有两个同心导线圈 b、c 与环形导线 a 在同一平面内。当 a 中的电流增大时，穿过线圈 b、c 的磁通量各如何变化？在相同时间内哪一个变化更大？

③ 如图 1-33 右图所示，虚线圆 a 内有垂直于纸面向里的匀强磁场，虚线圆 a 外是无磁场空间。环外有两个同心导线圈 b、c 与虚线圆 a 在同一平面内。当虚线圆 a 中的磁通量增大时，穿过线圈 b、c 的磁通量各如何变化？在相同时间内哪一个变化更大？

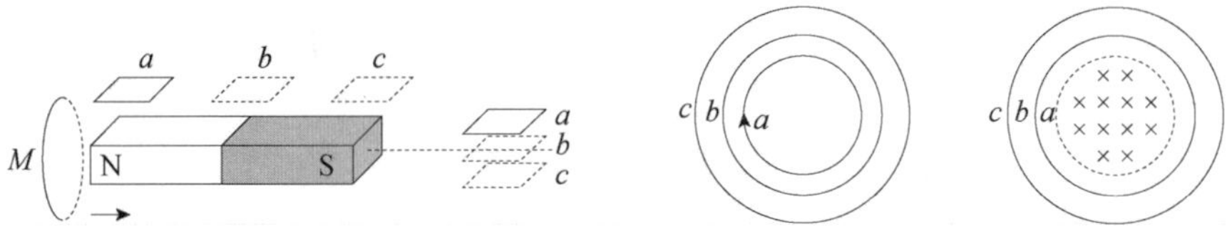

图 1-33　磁能量变化分析

(二) 楞次定律

1. 感应电流的方向

感应电流具有这样的方向,即感应电流的磁场总要阻碍引起感应电流的磁通量的变化。

楞次定律解决的是感应电流的方向问题。它关系到两个磁场:感应电流的磁场(新产生的磁场)和引起感应电流的磁场(原来就有的磁场)。前者和后者的关系不是“同向”或“反向”的简单关系,而是前者“阻碍”后者“变化”的关系。

2. 右手定则

对一部分导线在磁场中切割磁感线产生感应电流的情况,右手定则和楞次定律的结论是完全一致的。这时,用右手定则更方便一些。

3. 楞次定律的应用

楞次定律的应用应该严格按以下四步进行:① 确定原磁场方向;② 判定原磁场如何变化(增大还是减小);③ 确定感应电流的磁场方向(增反减同);④ 根据安培定则判定感应电流的方向。

(三) 法拉第电磁感应定律

1. 法拉第电磁感应定律

(1) 电路中感应电动势大小的平均值跟穿过这一电路的磁通量的变化率成正比,即$E=n\dfrac{\Delta\Phi}{\Delta t}$。

(2) 感应电流的电场线是封闭曲线,静电场的电场线是不封闭的,这一点和静电场不同。

(3) 在导线切割磁感线产生感应电动势的情况下,由法拉第电磁感应定律推导出感应电动势瞬时值大小的表达式是:$E=BLv\sin\alpha$ (α是B与v之间的夹角)。

2. 转动产生的感应电动势

(1) 转动轴与磁感线平行。如图1-34左图所示,$E=BL\cdot\omega\dfrac{L}{2}=\dfrac{1}{2}B\omega L^2$。

(2) 线圈的转动轴与磁感线垂直。如图1-34右图所示,$E=NBS\omega$。从图示位置开始计时,则感应电动势的瞬时值为$E=NBS\omega\cos\omega t$。该结论与线圈的形状和转动轴的具体位置无关(但是轴必须与B垂直)。

实际上,这就是交流发电机发出的交流电的瞬时电动势公式。

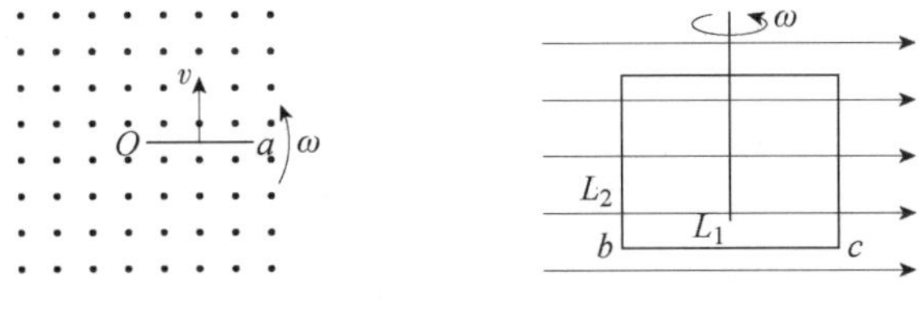

图1-34 转动产生的感应电动势

3. 电磁感应中的能量守恒

只要有感应电流产生,电磁感应现象中总伴随着能量的转化。电磁感应的题目往往与能量守恒的知识相结合。这种综合是很重要的,要牢记能量守恒的思想。

五、交变电流

交变电流复习课件

交变电流练习题及参考答案

（一）交变电流的产生

1. 原理：电磁感应

2. 两个特殊位置的比较

中性面：线圈平面与磁感线垂直的平面。

（1）线圈平面与中性面重合时（$S\perp B$）。此时磁通量 Φ 最大，$\frac{\Delta\Phi}{\Delta t}=0$，$e=0$，$i=0$，感应电流方向改变。

（2）线圈平面平行于磁感线时（$S/\!/B$）。此时 $\Phi=0$，$\frac{\Delta\Phi}{\Delta t}$最大，$e$ 最大，i 最大，电流方向不变。

3. 穿过线圈的磁通量与产生的感应电动势、感应电流随时间变化的函数关系

取中性面为计时平面。

磁通量：$\Phi=\Phi_m\cos\omega t=BS\cos\omega t$。

电动势表达式：$e=E_m\sin\omega t=NBS\omega\sin\omega t$。

路端电压：$u=U_m\sin\omega t=\frac{RE_m}{R+r}\sin\omega t$。

电流：$i=I_m\sin\omega t=\frac{E_m}{R+r}\sin\omega t$。

角速度、周期、频率、转速关系：$\omega=\frac{2\pi}{T}=2\pi f=2\pi n$。

（二）表征交变电流的物理量

瞬时值、峰值（最大值）、有效值、平均值的比较，如表 1-2 所示。

表 1-2 表征交变电流的物理量

物理量	物理含义	重要关系	适用情况及说明
瞬时值	交变电流某一时刻的值	$e=E_m\sin\omega t$，$i=I_m\sin\omega t$	计算线圈某时刻的受力情况
最大值	最大的瞬时值	$E_m=NBS\omega$，$E_m=N\Phi_m\omega$ $I_m=\frac{E_m}{R+r}$	讨论电容器的击穿电压（耐压值）
有效值	跟交变电流的热效应等效的恒定电流值	对正（余）弦交流电有： $E=\frac{E_m}{\sqrt{2}}$，$U=\frac{U_m}{\sqrt{2}}$，$I=\frac{I_m}{\sqrt{2}}$	（1）计算与电流的热效应有关的量（如功、功率、热量）等 （2）电气设备“铭牌”上所标的一般是有效值 （3）保险丝的熔断电流为有效值
平均值	交变电流图像中图线与时间轴所夹的面积与时间的比值	$\bar{E}=n\frac{\Delta\Phi}{\Delta t}$	计算通过电路截面的电荷量

（三）电感和电容对交变电流的作用

电感和电容对交变电流的作用如表 1-3 所示。

表 1-3　电感和电容对交变电流的作用

	电　感	电　容
对电流的作用	只对交变电流有阻碍作用	直流电不能通过电容器，交流电能通过但有阻碍作用
影响因素	线圈的电感越大，交流电频率越大，阻碍作用越大，即感抗越大	电容值越大，交流电频率越大，阻碍作用越小，即容抗越小
应　用	低频扼流圈：通直流、阻交流 高频扼流圈：通低频、阻高频	隔直电容：通交流、隔直流 旁路电容：通高频、阻低频

（四）变压器

1. 原、副线圈中的磁通量的变化率相等

$$\frac{U_1}{U_2}=\frac{n_1}{n_2},\ \frac{I_1}{I_2}=\frac{n_2}{n_1},\ P_{出}=P_{入},\ 即\ U_1I_1=U_2I_2。$$

2. 变压器只变换交流，不变换直流，更不变频

原、副线圈中交流电的频率一样：$f_1=f_2$。

（五）电能输送的中途损失

1. 功率关系

$P_1=P_2$，$P_3=P_4$，$P_2=P_{损}+P_3$。

2. 输电导线损失的电压

$U_{损}=U_2-U_3=I_{线}R_{线}$。

3. 输电导线损耗的电功率

$$P_{损}=P_2-P_3=U_{损}I_{线}=I_{线}^2R_{线}=\left(\frac{P_2}{U_2}\right)^2R_{线}。$$

（六）变压器工作时的制约关系

$$U_1\xrightarrow[\text{决定}]{\frac{U_1}{U_2}=\frac{n_1}{n_2}}U_2\xrightarrow[\text{决定}]{I_2=\frac{U_2}{R_{负载}}}I_2\xrightarrow[\text{决定}]{P_1=P_2(I_1U_1=I_2U_2)}I_1\xrightarrow[\text{决定}]{P_1=I_1U_1}P_1$$，如图 1-35 所示。

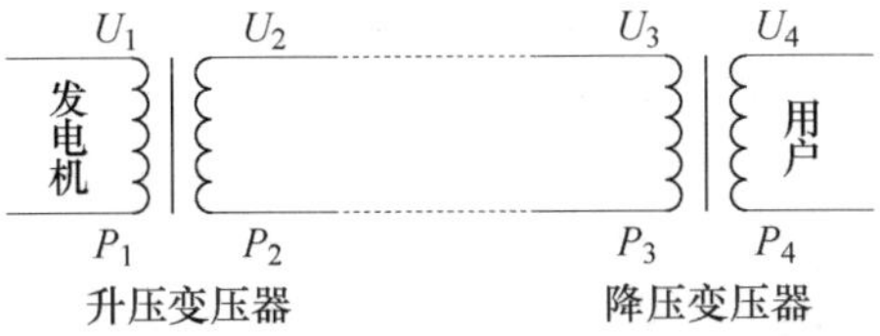

图 1-35　交变器工作时的制约关系

六、传感器

（一）传感器的作用

传感器是将被测量按一定规律转换成便于应用的某种物理量的装置。通常将传感器看作是一个把被测非电量转换成电量的装置。

传感器复习课件

传感器练习题及参考答案

(二) 传感器的组成

敏感元件：直接感受被测量，输出量与被测量成确定关系。

转换元件：敏感元件的输出就是转换元件的输入，它把输入转换成电量参量。

转换电路：把转换元件输出的电量信号转换为便于处理、显示、记录或控制的有用的电信号的电路。

(三) 传感器的常见类型

1. 光敏电阻

在光照下，光敏电阻的阻值会变化。因为有些物质(例如硫化镉，是一种半导体材料)在无光照时，载流子极少，导电性能不好；随着光照的增强，载流子增多，导电性变好。光照越强，光敏电阻阻值越小。

2. 热敏电阻和金属热电阻

热敏电阻的阻值随温度的升高而减小，且阻值随温度变化非常明显。金属导体的电阻一般随温度的升高而增大。

3. 电容式位移传感器

电容式位移传感器是一种非接触电容式原理的精密测量仪器，能够把物体的位移这个力学量转换为电容这个电学量，适合缓慢变化或微小量的测量。

4. 力电传感器

力电传感器是将力信号(位移、速度、加速度等)转化为电学信号(电压、电流等)的仪器。

5. 霍尔元件

霍尔元件是将电磁感应这个磁学量转化为电压这个电学量的元件。霍尔元件工作原理如图 1-36 所示。

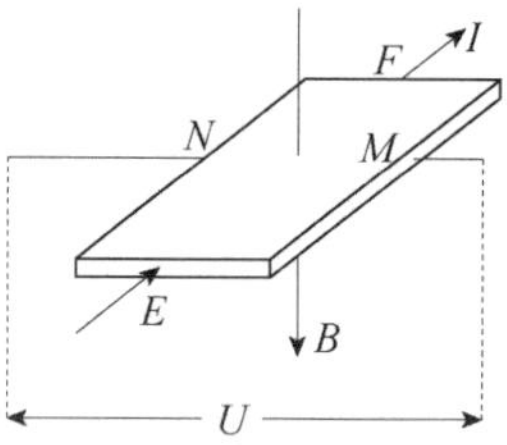

图1-36 霍尔元件工作原理图

外部磁场使运动的载流子受到洛伦兹力作用，在导体板的一侧聚集，在导体板的另一侧会出现多余的另一种电荷，从而形成横向电场。横向电场对电子施加与洛伦兹力方向相反的静电力，当静电力与洛伦兹力达到平衡时，导体板左右两侧会形成稳定的电压，该电压被称为霍尔电势差或霍尔电压 U_H，$U_H=\mathrm{k}\dfrac{IB}{d}$。

(式中，d 为薄片的厚度，k 为霍尔系数)。

(四) 传感器应用

力电传感器的应用——电子秤。温度传感器的应用——电熨斗、电饭锅、测温仪。

光传感器的应用——鼠标、火灾报警器。

第四节　原子物理

原子物理学与原子核物理学主要分布在选修 3-5。

波粒二象性
复习课件

波粒二象性
练习题及参考答案

一、波粒二象性

（一）量子理论的建立

1900 年德国物理学家普朗克（Max Planck）提出振动着的带电微粒的能量只能是某个最小能量值 ε 的整数倍，这个不可再分的能量值 ε 叫作能量子 $\varepsilon = h\upsilon$。h 为普朗克常数（$6.63\times10^{-34}\,\mathrm{J\cdot s}$）。

（二）光电效应、光子说、光电效应方程

1. 热辐射

一切物体都在辐射电磁波，这种辐射与物体的温度有关，所以叫作热辐射。

2. 黑体与黑体辐射

如果某种物体能够完全吸收入射的各种波长的电磁波而不发生反射，这种物质就是绝对黑体，简称黑体。黑体辐射的电磁波的强度按波长分布，只与黑体的温度有关。

3. 黑体辐射规律

一方面，随着温度升高各种波长的辐射强度都有增加；另一方面，辐射强度的极大值向波长较短的方向移动。

4. 光电效应

光电效应是一定频率的光照射到金属表面，使金属中的电子从表面逸出的现象。逸出的电子被称为光电子，电子脱离某种金属克服阻力所做功的最小值叫逸出功。每种金属都有发生光电效应的极限频率和相应的波长，光电子的最大初动能随入射光频率的增大而增大。

逸出的光电子的最大初动能 $E_{\mathrm{k}} = h\upsilon - W_0$（掌握 E_k/U_c 与 υ 图像的物理意义）。

（1）$E_{\mathrm{k}} = \frac{1}{2}m_e v^2$ 为最大初动能。

（2）$\frac{1}{2}m_e v^2 = eU_c$（$U_c$ 为遏止电压）。

（3）当 $E_{\mathrm{k}} = 0$ 时，入射光的频率为截止频率 $\upsilon_c = \frac{W_0}{h}$。

（4）电子一次性吸收光子的全部能量，不需要积累能量的时间。

（5）对于同种颜色（频率相同）的光，光较强时，包含的光子数较多，照射金属时产生的光电子较多，因而饱和电流大。

（6）对于不同颜色（频率不同）的光，频率越大，光子的能量越大，光电子获得的最大初动能越大，遏止电压越大。

5. 光的散射

光的散射是光在介质中与物质微粒相互作用，因而传播方向发生改变的现象。

6. 康普顿效应

在研究电子对X射线的散射时发现有些散射波的波长比入射波的波长略大，康普顿认为这是因为光子不仅有能量，还有动量。康普顿效应说明了光具有粒子性。

7. X光的产生

电热丝被普通的电源加热放出电子，电子被高压电源的电场加速，打到阳极上，可激发金属的原子核内层电子到激发态，激发态不稳定，电子会自动跃迁到基态，此时发出X光。

8. 光子的动量

由于光子的能量是 $h\nu$，由相对论知 $E=mc^2$，因此 $m=\frac{h\nu}{c^2}$，动量 $p=\frac{h\nu}{c}=\frac{h}{\lambda}$。式中 c 是光在真空中的传播速度，取 $c=3.0\times10^8\,\mathrm{m/s}$

（三）光的波粒二象性与物质波

1. 光的波粒二象性

干涉、衍射和偏振以无可辩驳的事实表明光是一种波；光电效应和康普顿效应又用无可辩驳的事实表明光是一种粒子，由于光既有波动性，又有粒子性，只能认为光具有波粒二象性。但不可把光当成宏观观念中的波，也不可把光当成宏观观念中的粒子。少量的光子表现出粒子性，大量光子运动表现为波动性；光在传播时显示波动性，与物质发生作用时，显示粒子性；频率小，波长大的波动性显著，频率大，波长小的粒子性显著。

2. 物质波

1924年法国物理学家德布罗意(Louis Victor de Broglie)提出，实物粒子和光子一样具有波动性，任何一个运动着的物体都有一种与之对应的波，波长 $\lambda=\frac{h}{p}$，这种波叫物质波，也叫德布罗意波。

从光子的概念上看，光波是一种概率波。

（四）不确定关系

不确定关系又称海森堡测不准原理，以 Δx 表示粒子位置的不确定量，以 Δp 表示粒子在 x 方向上动量的不确定量，那么 $\Delta x\Delta p\geqslant\frac{h}{4\pi}$。

二、原子结构

原子结构复习课件

原子结构练习题及参考答案

（一）电子的发现

1897年英国物理学家汤姆生(J. J. Thomson)发现了电子，提出原子的枣糕模型，说明原子可以再分。

（二）原子核式结构模型

1909年起英国物理学家卢瑟福(Ernest Rutherford)做了 α 粒子轰击金箔的实验（α 粒子散射实验），该实验得到出乎意料的结果：绝大多数 α 粒子穿过金箔后仍沿原来的方向前进，少数 α 粒子却发生了较大的偏转，并且有极少数 α 粒子偏转角超过了90°，有的甚至被弹回，偏转角几乎达到180°。

卢瑟福在1911年提出了原子的核式结构模型：在原子的中心有一个很小的核，叫作原子核，原子的全部正电荷和几乎全部质量都集中在原子核里，带负电的电子在核外空间里绕着核旋转。

这个学说能很好地解释 α 粒子散射实验的结果。α 粒子散射实验的数据还可以估计原子核的大小(数量级为 10^{-15} m)和原子核的正电荷数。

原子序数=核电荷数=质子数=核外电子数。

(三) 氢原子的光谱

氢原子的光谱分为发射光谱和吸收光谱两类。

氢原子的光谱是线状的,即辐射波长是分立的。

基尔霍夫开创了光谱分析的方法:利用元素的特征谱线(线状谱或吸收光谱)鉴别物质的分析方法。

(四) 原子的能级

1. 玻尔理论的假设

原子只能处于一系列不连续的能量状态中,在这些状态中原子是稳定的,电子虽然绕核运动,但并不向外辐射能量,这些状态叫作定态。氢原子的各个定态的能量值,叫作它的能级。原子处于最低能级时电子在离核最近的轨道上运动,这种定态叫作基态。原子处于较高能级时电子在离核较远的轨道上运动,这些定态叫作激发态。

原子从一种定态(设能量为 E_n)跃迁到另一种定态(设能量为 E_m)时,它辐射(或吸收)一定频率的光子,光子的能量由这两种定态的能量差决定,即 $h\upsilon=E_n-E_m$。

原子的不同能量状态跟电子沿不同的圆形轨道绕核运动相对应。原子的定态是不连续的,因此电子的可能轨道的分布也是不连续的。

2. 轨道与能级

选定离核无限远处的电势能为零,电子从离核无限远处移到任一轨道上,都是电场力做正功,电势能减少,所以在任一轨道上,电子的电势能都是负值,而且离核越近,电势能越小、动能越大、总能量越小。

电子运动轨道量子化假说,即原子的不同能量状态对应于电子的不同运行轨道。

轨道公式:$r_n=n^2r$。

能级公式:$E_n=\frac{1}{n^2}E_1$。

氢原子轨道:$r_1=0.53\times10^{-10}\text{m}$　(r_n 满足 $r_n=n^2r$)

氢原子能级:$E_1=-13.6\text{eV}$,E_n 满足 $E_n=\frac{1}{n^2}E_1$　($n=1,2,3,\cdots$)。

3. 原子跃迁

原子只发出或吸收特定频率的光,可能发生直接跃迁或间接跃迁,两种情况辐射或吸收的光子的频率不同。一群处于 $n=k$ 能级的氢原子向基态或较低激发态跃迁时,可能产生的光谱线条数 $N=\frac{k(k-1)}{2}$。

4. 电离

若想把处于某一定态上的原子的电子电离出去,就需要给原子一定的能量,如氢原子基态电子电离的电离能是 13.6eV,只要等于或大于 13.6eV 的光子都能使基态的氢原子吸收而发生电离。入射光的能量越大,原子电离后产生的自由电子的动能越大。

三、原子核

原子核
复习课件

原子核练习题
及参考答案

（一）原子核的组成

1. 质子的发现

1919年卢瑟福用α粒子轰击氮原子核发现质子即氢原子核。核反应方程：${}^{14}_{7}N+{}^{4}_{2}He \longrightarrow {}^{17}_{8}O+{}^{1}_{1}H$。

2. 中子的发现

卢瑟福预想到原子内存在质量跟质子相等的不带电的中性粒子，即中子。查德威克(James Chadwick)经过研究证明，用α射线轰击铍时，会产生一种看不见的贯穿能力很强(10～20厘米的铅板)的不带电粒子，用其轰击石蜡时，竟能从石蜡中打出质子，此贯穿能力极强的射线即为设想中的中子。核反应方程${}^{9}_{4}Be+{}^{4}_{2}He \longrightarrow {}^{12}_{6}C+{}^{1}_{0}n$。

3. 原子结构

原子由原子核与核外电子构成。原子核中的质子和中子统称核子，原子核的电荷数等于其质子数，原子核的质量数等于其质子数与中子数的和。具有相同质子数的原子属于同一种元素；具有相同的质子数和不同的中子数的原子互称同位素。

4. 天然放射现象

(1) 人类认识到原子核有复杂的结构和变化规律是从天然放射现象开始的。

(2) 用磁场来研究放射线的性质。

① α射线带正电，偏转较小，α粒子就是氦原子核，其贯穿本领很小，电离作用很强，使底片感光作用很强。② β射线带负电，偏转较大，是高速电子流，其贯穿本领很强(几毫米的铝板)，电离作用较弱。③ γ射线显电中性的，无偏转，是波长极短的电磁波，贯穿本领最强，其电离作用最小。

（二）原子核的衰变与半衰期

1. 原子核的衰变

原子核由于放出某种粒子而转变为新核的变化叫作原子核的衰变。在衰变中电荷数和质量数都是守恒的(注意：质量并不守恒)。γ射线是伴随α射线或β射线产生的，没有单独的γ衰变。β衰变本质是原子核中的中子变成质子和电子。

2. 衰变方程

(1) α衰变：${}^{A}_{Z}X \longrightarrow {}^{A-4}_{Z-2}Y+{}^{4}_{2}He$；${}^{238}_{92}U \longrightarrow {}^{234}_{90}Th+{}^{4}_{2}He$。

(2) β衰变：${}^{A}_{Z}X \longrightarrow {}^{A}_{Z+1}Y+{}^{0}_{-1}e$；${}^{234}_{90}Th \longrightarrow {}^{234}_{91}Pa+{}^{0}_{-1}e$。

(3) γ衰变：${}^{83}_{36}Kr^{*} \longrightarrow {}^{83}_{36}Kr+\gamma$。

3. 半衰期

放射性元素的原子核有半数发生衰变所需的时间叫这种元素的半衰期。放射性元素衰变的快慢是由核内部本身的因素决定，与原子所处的物理状态或化学状态无关，它是对大量原子的统计规律：$\lambda \times T=\ln 2$ (λ为衰变常数，T为半衰期)。

（三）放射性同位素的应用与防护

1. 放射性同位素的应用

放射性同位素的应用通常分为示踪应用、辐射应用和衰变能的应用三大类。

2. 放射性同位素的防护

过量的射线对人体组织有破坏作用，这些破坏往往是对细胞核的破坏，因此，在使用放射性同位素时，必须注意人身安全，同时要注意放射性物质对空气、水源等的破坏。

(四) 核力与核能、质量亏损

1. 核力与核能

核子间存在着强大的作用力，被称为核力。其特点如下：① 核力与核子是否带电无关。② 核力是短程力，只有相邻的核子间才发生作用。

核子结合为原子核时释放的能量或原子核分解为核子时吸收的能量叫原子核的结合能，亦称核能。

2. 质量亏损

核子结合生成原子核，所生成的原子核的质量比生成它的核子的总质量要小些，这种现象叫作质量亏损。根据质量亏损可以计算核能。爱因斯坦在相对论中得出物体的质量和能量间的关系式为质能方程 $E=mc^2$ 或 $\Delta E=\Delta mc^2$（1u＝931.5MeV）。

(五) 原子核的人工转变

1. 核反应中的守恒量

原子核在其他粒子的轰击下产生新核的过程，被称为核反应(原子核的人工转变)。在核反应中电荷数和质量数都是守恒的。

2. 重要的核反应方程

1919 年卢瑟福发现质子：${}^{14}_{7}N+{}^{4}_{2}He \longrightarrow {}^{17}_{8}O+{}^{1}_{1}H$。

1932 年查德威克发现中子：${}^{9}_{4}Be+{}^{4}_{2}He \longrightarrow {}^{12}_{6}C+{}^{1}_{0}n$。

1934 年约里奥·居里夫妇(Frederic Joliot - Curie，Irene Joliot - Curie)发现正电子：${}^{27}_{13}Al+{}^{4}_{2}He \longrightarrow {}^{30}_{15}P+{}^{1}_{0}n$，${}^{30}_{15}P \longrightarrow {}^{30}_{14}Si+{}^{0}_{1}e$。

(六) 重核的裂变与轻核的聚变

1. 核子的平均质量

凡是释放核能的核反应都有质量亏损。核子组成不同的原子核时，平均每个核子的质量亏损是不同的，所以各种原子核中核子的平均质量不同。核子平均质量小的，每个核子平均放的能多。铁原子核中核子的平均质量最小，所以铁原子核最稳定。凡是由平均质量大的核，生成平均质量小的核的核反应都是释放核能的。

2. 裂变

1938 年德国化学家哈恩(Otto Hahn)和斯特拉斯曼(F. Strassmann)发现重核裂变，即一个重核在俘获一个中子后，分裂成几个中等质量的核的反应过程。此发现向核能的利用迈出了第一步。

铀核裂变的方程：${}^{235}_{92}U+{}^{1}_{0}n \longrightarrow {}^{144}_{56}Ba+{}^{89}_{36}Kr+3{}^{1}_{0}n$。裂变的应用如原子弹。

3. 聚变

把轻核结合成质量较大的核，释放出核能的反应被称为聚变。聚变反应又叫热核反应。

氢的聚变方程：${}^{2}_{1}H+{}^{3}_{1}H = {}^{1}_{0}n+{}^{4}_{2}He$。

发生聚变的条件是温度达到几百万度。太阳的能量产生于热核反应。聚变的应用如氢弹。

第五节 热　　学

热学知识主要分布在选修 3-3。

分子动理论
复习课件

分子动理论
练习题及参
考答案

一、 分子动理论

(一) 物质的组成

1. 物质组成的描述

物质由大量分子构成，描述物质组成的物理量如下。

(1) 微观量：分子体积 V_0、分子直径 d、分子质量 m_0

(2) 宏观量：物质体积 V、摩尔体积 V_A、物体质量 m、摩尔质量 M、物质密度 ρ。

(3) 联系桥梁：阿伏伽德罗常数($N_A=6.02\times10^{23}\,\mathrm{mol^{-1}}$)，$\rho=\dfrac{m}{V}=\dfrac{M}{V_A}$。

2. 相关量的计算公式

(1) 分子质量：$m_0=\dfrac{m}{N}=\dfrac{M}{N_A}=\dfrac{\rho V_A}{N_A}$。

(2) 分子体积：$V_0=\dfrac{V}{N}=\dfrac{V_A}{N_A}=\dfrac{M}{\rho N_A}$ (V_0 应为气体分子占据的空间大小)。

(3) 分子大小(数量级 $10^{-10}\,\mathrm{m}$)。

球体模型：$V_0=\dfrac{V_A}{N_A}=\dfrac{M}{\rho N_A}=\dfrac{4}{3}\pi\left(\dfrac{d}{2}\right)^3$。

直径：$d=\sqrt[3]{\dfrac{6V_0}{\pi}}$ (固体、液体一般用此模型)。

油膜法估测分子大小：$d=\dfrac{V}{S}$ (S——单分子油膜的面积，V——滴到水中的纯油酸的体积)。

立方体模型：$d=\sqrt[3]{V_0}$ (气体一般用此模型；d 应理解为相邻分子间的平均距离)。

注意：固体、液体分子可估算分子质量、大小(认为分子一个挨一个紧密排列)。

气体分子间距很大，大小可忽略，不可估算大小，只能估算气体分子所占空间、分子质量。

(4) 分子的数量：$N=nN_A=\dfrac{m}{M}N_A=\dfrac{\rho V}{M}N_A$，或 $N=nN_A=\dfrac{V}{V_A}N_A=\dfrac{\rho V}{M}N_A$。

(二) 分子永不停息地做无规则运动

1. 扩散现象

扩散现象为不同物质彼此进入对方的现象。温度越高，扩散越快。扩散现象直接说明了组成物体的分子总是不停地做无规则运动，温度越高分子运动越剧烈。

2. 布朗运动

布朗运动为悬浮在液体中的固体微粒的无规则运动。

布朗运动发生的原因是固体微粒受到包围微粒的液体分子无规则运动产生的不平衡撞击。因而间接说明了液体分子在永不停息地做无规则运动。

(1) 布朗运动是固体微粒的运动而不是固体微粒中分子的无规则运动。

(2) 布朗运动反映液体分子的无规则运动但不是液体分子的运动。

(3) 课本中所示的布朗运动路线，不是固体微粒运动的轨迹。

(4) 微粒越小，布朗运动越明显；温度越高，布朗运动越明显。

(三) 分子间存在相互作用的引力和斥力

1. 分子力的特点

分子间引力和斥力一定同时存在，且都随分子间距离的增大而减小，随分子间距离的减小而增大，但斥力变化快，实际表现出分子力是分子引力和分子斥力的合力。

2. 分子力的变化

分子力的表现及变化如图 1-37 所示，曲线应注意两个距离，即平衡距离 r_0(约 10^{-10} m)与 $10r_0$。

(1) 当分子间距离为 r_0 时，引力等于斥力，分子力为零。

(2) 当分子间距 $r>r_0$ 时，引力大于斥力，分子力表现为引力。当分子间距离由 r_0 增大时，引力与斥力同时减小，斥力减小得更快，分子力表现为引力。

(3) 当分子间距 $r<r_0$ 时，斥力大于引力，分子力表现为斥力。当分子间距离由 r_0 减小时，引力与斥力同时增大，斥力增大得更快，分子力表现为斥力。

(4) 当分子间距 $r=10r_0$ 时，分子之间几乎没有作用力。

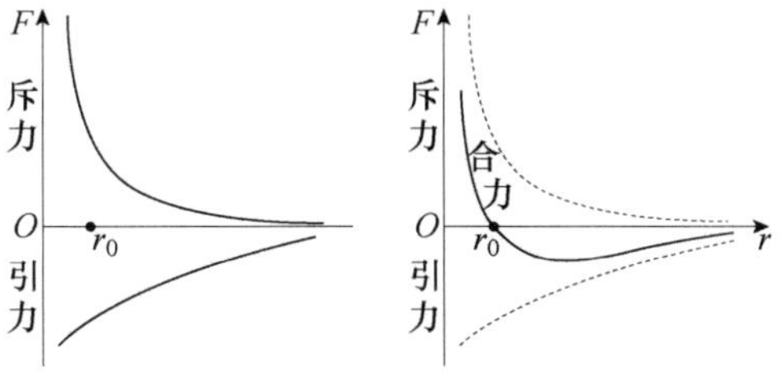

图 1-37　分子间的相互作用与分子间距离的关系

(四) 温度和内能

1. 统计规律

单个分子的运动都是不规则的、带有偶然性的，大量分子的集体行为受到统计规律的支配。多数分子速率都在某个值附近，满足“中间多，两头少”的分布规律。

2. 分子平均动能

分子平均动能是物体内所有分子动能的平均值。

温度是分子平均动能大小的标志。温度相同时任何物体的分子平均动能相等，但平均速率一般不等(分子质量不同)。

3. 分子势能

一般规定无穷远处分子势能为零。分子力做正功分子势能减少，分子力做负功分子势能增加。

分子势能与分子间距离 r_0 关系(类比弹性势能)如图 1-38 所示。

(1) 当 $r>r_0$ 时，r 增大，分子力为引力，分子力做负功分子势能增大。

(2) 当 $r<r_0$ 时，r 减小，分子力为斥力，分子力做负功分子势能增大。

(3) 当 $r=r_0$（平衡距离）时，分子势能最小（为负值）。

(4) 决定分子势能的因素。

① 从宏观上看：分子势能跟物体的体积有关（注意体积增大，分子势能不一定增大）。

② 从微观上看：分子势能跟分子间距离 r 有关。

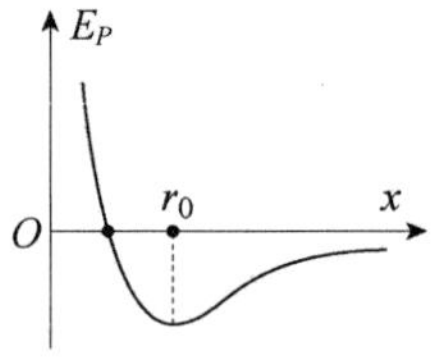

图 1-38 分子势能与分子间距离关系

4. 内能

内能是物体内所有分子无规则运动的动能和分子势能的总和。$E_{内}=N\overline{E}_K+E_P$。

(1) 内能是状态量。

(2) 内能是宏观量，只对大量分子组成的物体有意义，对个别分子无意义。

(3) 物体的内能由物质的量（分子数量）、温度（分子平均动能）、体积（分子间势能）决定，与物体的宏观机械运动状态无关。内能与机械能没有必然联系。

二、 气体

（一）分子热运动速率的统计分布规律

气体复习课件　气体练习题及参考答案

分子热运动速率的统计分布规律如图 1-39 所示。

气体分子间距较大，分子力可以忽略，因此分子间除碰撞外不受其他力的作用，故气体能充满它能达到的整个空间。

分子做无规则的运动，速率有大有小，且时而变化，大量分子的速率按“中间多，两头少”的规律分布。

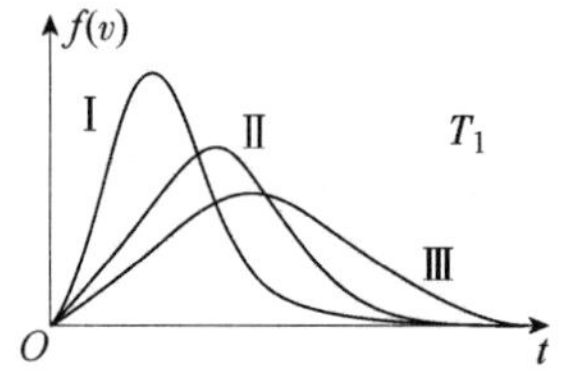

图 1-39 分子热运动速率的统计分布规律

温度升高时，速率小的分子数减少，速率大的分子数增加，分子的平均速率将增大（并不是每个分子的速率都增大），但速率分布规律不变。

（二）气体实验定律

1. 波义耳定律：$pV=C$ （C 为常量）→等温变化

微观解释：一定质量的理想气体，温度保持不变时，分子的平均动能是一定的，在这种情况下，体积减小时，分子的密集程度增大，气体的压强就增大。

适用条件：压强不太大，温度不太低。

图像表达如图 1-40 所示，$p-V$ 图与 $p-\frac{1}{V}$ 图。

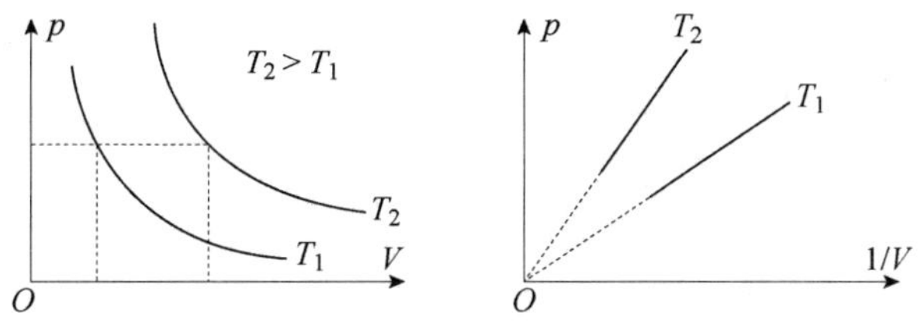

图 1-40 等温变化

2\. 查理定律：$\frac{p}{T}=C$ （C 为常量）→ 等容变化

微观解释：一定质量的气体，体积保持不变时，分子的密集程度保持不变，在这种情况下，温度升高时，分子的平均动能增大，气体的压强就增大。

适用条件：压强不太大，温度不太低。

图像表达如图 1-41 所示，$p-T$ 图与 $p-t$ 图。

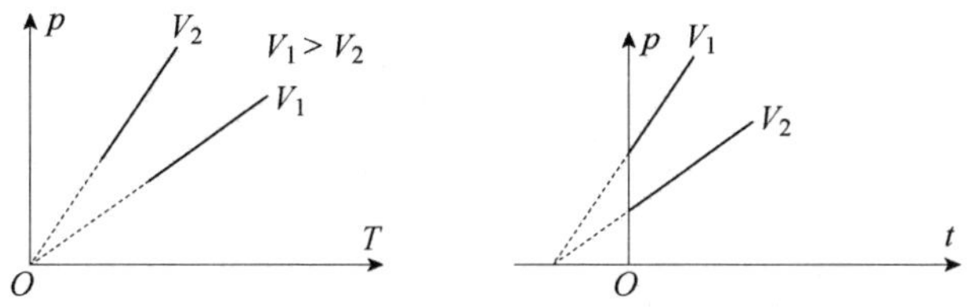

图 1-41 等容变化

3\. 盖-吕萨克定律：$\frac{V}{T}=C$ （C 为常量）→ 等压变化

微观解释：一定质量的气体，温度升高时，分子的平均动能增大，只有气体的体积同时增大，使分子的密集程度减少，才能保持压强不变。

适用条件：压强不太大，温度不太低。

图像表达如图 1-42 所示，$V-T$ 图与 $V-t$。

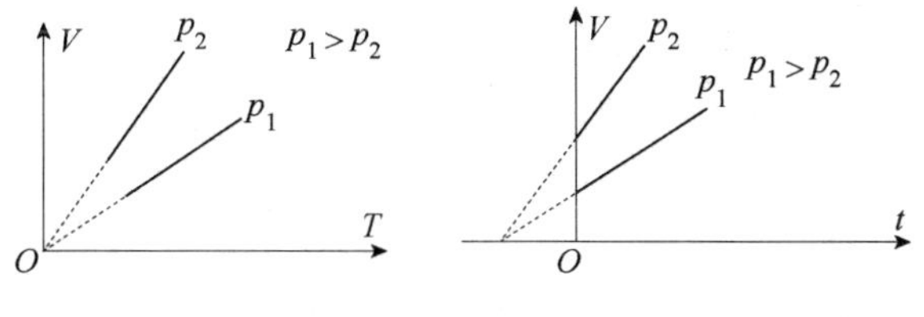

图 1-42 等压变化

（三）理想气体状态方程

宏观上：严格遵守三个实验定律的气体，在常温常压下（压强不太大、温度不太低）实验气体可以看成理想气体。

微观上：理想气体的分子间除碰撞外无其他作用力，分子本身没有体积，即它所占据的空间认为都是可以被压缩的空间，故一定质量的理想气体的内能只与温度有关，与体积无关（即理想气体的内能只看所用分子动能，没有分子势能）。

理想气体状态方程：（m 一定）包含气体的三个实验定律：

$$\frac{pV}{T}=C\begin{cases}\text{当温度 } T \text{ 保持不变时}, p_1V_1=p_2V_2 & \text{（波义耳定律）}\\ \text{当温度 } V \text{ 保持不变时}, p_1/T_1=p_2/T_2 & \text{（查理定律）}\\ \text{当温度 } T \text{ 保持不变时}, V_1/T_1=V_2/T_2 & \text{（盖-吕萨克定律）}\end{cases}$$

（四）气体压强的微观解释

压强大小与气体分子单位时间内对器壁单位面积的碰撞次数有关。决定因素有两个：第一，气体分子的平均动能，从宏观上看由气体的温度决定。第二，单位体积内的分子数（分子密度），从宏观上看由气体的体积决定。

三、固体、液体和物态变化

（一）晶体和非晶体

固体、液体和物态变化复习课件

固体、液体和物态变化练习题及参考答案

晶体内部的微粒排列有规则，具有空间上的周期性，因此不同方向上相等距离内微粒数不同，物理性质不同（各向异性）。由于多晶体是由许多杂乱无章排列着的小晶体（单晶体）集合而成的，因此不显示各向异性，形状也不规则。

晶体达到熔点后由固态向液态转化，分子间距离要加大。此时晶体要从外界吸收热量来破坏晶体的点阵结构，所以吸热只是为了克服分子间的引力做功，只增加了分子的势能。分子平均动能不变，温度不变。

晶体与非晶体的区别如表 1-4 所示。

表 1-4　晶体与非晶体的区别

	晶　体		非晶体
	单晶体	多晶体	
外　形	规　则	不规则	不规则
熔　点	确　定		不确定
物理性质	各向异性	各向同性	

（二）液晶：介于固体和液体之间的特殊物态

具有晶体的光学各向异性：在某个方向上看其分子排列比较整齐。

具有液体的流动性：从另一方向看，分子的排列是杂乱无章的。

（三）液体的表面张力现象、浸润和不浸润现象及毛细现象

1. 表面张力现象

表面层（与气体接触的液体薄层）分子比较稀疏，$r>r_0$，分子力表现为引力，在这个力作用下，液体表面有收缩到最小的趋势，这个力就是表面张力。表面张力方向跟液面相切，跟这部分液面的分界线垂直。

2. 浸润和不浸润现象

浸润与不浸润特点如表 1-5 所示。

表 1-5　液体浸润与不浸润

	附着层的液体分子比液体内部	分子力表现	附着层趋势	毛细现象
浸润	密	排斥力	扩张	上升
不浸润	稀疏	吸引力	收缩	下降

3. 毛细现象

对于一定液体和一定材质的管壁，管的内径越细，毛细现象越明显。管的内径越细，液体越高。土壤锄松，破坏毛细管，可保存地下水分；压紧土壤，毛细管变细，可将水引上来。

（四）物态变化

1. 饱和气与饱和气压

在单位时间内回到液体中的分子数等于从液面飞出去的分子数，这时蒸气的密度不再增大，液体也不再减少，液体和蒸气之间达到了平衡状态，这种平衡叫作动态平衡。我们把跟液体处于动态平衡的蒸气叫作饱和气，把没有达到饱和状态的蒸气叫作未饱和气。在一定温度下，饱和气的压强一定，叫作饱和气压。未饱和气的压强小于饱和气压。

2. 饱和气压影响因素

饱和气压与温度有关，温度升高，饱和气压增大 。饱和气压与饱和气的体积无关。

3. 空气的湿度

(1) 空气的绝对湿度：用空气中所含水蒸气的压强来表示的湿度叫作空气的绝对湿度。

(2) 空气的相对湿度：$相对湿度=\frac{水蒸气的实际气压}{同温度下水的饱和气压}$。

相对湿度更能够描述空气的潮湿程度，影响蒸发快慢以及影响人们对干爽与潮湿的感受。

四、 热力学定律和能量守恒定律

热力学定律复习课件

热力学定律练习题及参考答案

（一）改变系统内能的两种方式：做功和热传递

热传递有三种不同的方式：热传导、热对流和热辐射。

做功和热传递这两种方式改变系统的内能是等效的。

做功和热传递的区别：做功是系统内能和其他形式能之间发生转化；热传递是不同物体（或物体的不同部分）之间内能的转移。

（二）热力学第一定律

1. 定律内容

一个热力学系统的内能增量等于外界向它传递的热量与外界对它所做的功的和。

2. 定律表达式 $\Delta U=W+Q$ （如表 1-6 所示）

表 1-6 热力学第一定律相关参数

符号	W	Q	ΔU
+	外界对系统做功	系统从外界吸热	系统内能增加
−	系统对外界做功	系统向外界放热	系统内能减少

3. 几种特殊情况

(1) 若过程是绝热的，则 $Q=0$，$W=\Delta U$，外界对物体做的功等于物体内能的增加量。

(2) 若过程中不做功，即 $W=0$，则 $Q=\Delta U$，物体吸收的热量等于物体内能的增加量。

(3) 若过程的始末状态物体的内能不变，即 $\Delta U=0$，则 $W+Q=0$ 或 $W=-Q$，外界对物体做的功等于物体放出的热量。

（三）热力学第二定律

1. 常见的两种表述

（1）克劳修斯表述(按热传递的方向性来表述)：热量不能自发地从低温物体传到高温物体。

（2）开尔文表述(按机械能与内能转化过程的方向性来表述)：不可能从单一热源吸收热量使之完全变成功，而不产生其他影响。

“自发地”指明了热传递等热力学宏观现象的方向性，不需要借助外界提供能量的帮助。

“不产生其他影响”的含义是发生的热力学宏观过程只在本系统内完成，对周围环境不产生热力学方面的影响，如吸热、放热、做功等。

2. 热力学第二定律的实质

热力学第二定律的每一种表述，都揭示了大量分子参与宏观过程的方向性，进而使人们认识到自然界中进行的涉及热现象的宏观过程都具有方向性。

（四）能量守恒定律

1. 能量守恒定律

能量既不会凭空产生，也不会凭空消失，它只能从一种形式转化成另一种形式，或者从一个物体转移到另一个物体，在转化和转移的过程中其总量不变。

第一类永动机不可制成是因为其违背了热力学第一定律。

第二类永动机不可制成是因为其违背了热力学第二定律(一切自然过程总是沿着分子热运动的无序性增大的方向进行的)。

熵是分子热运动无序程度的定量量度，在绝热过程或孤立系统中，熵是增加的。

2. 能量耗散

能量耗散是指系统的内能流散到周围的环境中，没有办法把这些内能收集起来加以利用的现象。

第六节　光　学

光学知识主要分布在选修 3-4。

一、机械振动

选修3-4
复习课件

选修3-4
练习题及
参考答案

机械振动是物体在某一中心位置两侧所做的往复运动。条件是物体离开平衡位置就受到回复力作用并且阻力足够小。

1. 回复力

回复力是振动物体离开平衡位置受到指向平衡位置的力。回复力可以是几个力的合力或某个力的分力，不一定等于合外力。

2. 振动的位移

振动的位移指偏离平衡位置的位移，方向由平衡位置指向振动质点所在位置。振动位移是矢量。

3. 振幅

振幅是物体离开平衡位置的最大距离，标量。

4. 周期

周期是物体完成一次全振动所需要的时间。

5. 频率

频率是单位时间内完成的全振动的次数。频率与周期互为倒数。

6. 简谐振动

简谐振动是物体在跟位移大小成正比并且总是指向平衡位置的回复力作用下的振动。回复力与位移关系为 $F=kx$。

7. 弹簧振子

弹簧振子是忽略摩擦、弹簧质量的理想化模型。其周期和频率由弹簧劲度系数和振子质量决定。弹簧振子可以水平放置和竖直放置。

8. 单摆

单摆是一条不可伸长、忽略质量的细线下端拴一可视为质点的小球的装置。其回复力是重力沿切线方向的分力。当摆角很小时，单摆的摆动是简谐振动，周期 $T=2\pi\sqrt{\frac{L}{g}}$。

9. 简谐振动的图像

简谐振动的图像表示振动质点在各个时刻相对于平衡位置的位移，不表示运动轨迹。

10. 阻尼振动

阻尼振动是振幅逐渐减小的振动，减小的机械能等于克服摩擦所做的功。

11. 受迫振动

受迫振动是在外界周期性驱动力作用下的振动。受迫振动的频率等于驱动频率，与固有频率无关。驱动频率越接近固有频率，振幅越大，相等时共振。

二、 机械波

1. 机械波

机械波是机械振动在介质中传播形成的波。它的产生与传播需要波源和弹性介质。波动由振动引起，但振动不一定就有波动。机械波分为纵波和横波。

2. 纵波

纵波是质点振动方向与波的传播方向在同一直线上的波。

3. 横波

横波是质点振动方向与波的传播方向垂直的波。高中阶段主要研究横波。

4. 波长

波长是在波动中，振动相位总是相同的两个相邻质点间的距离。横波的波长为两个相邻的波峰或波谷之间的距离。振动在一个周期里传播的距离，用 λ 表示。

5. 波速

波速是波的传播速率，只与介质有关。在同一种均匀介质中，波速是定值，与波源无关。

6. 频率

波传播的频率与波源的振动频率相同。

7. 描述机械波物理量的关系

机械波在介质中传播的速度公式：$v=\frac{\Delta x}{\Delta t}$；$v=\frac{\lambda}{T}=\lambda f$。

8. 机械波的特点

每个质点都以各自的平衡位置为中心做振动，不随波而动。传播的是振动形式和能量。后一质点的振动总是落后于带动它的前一质点，每个质点开始振动的方向与波源开始振动的方向一致。各质点的振动周期都与波源相同。

9. 机械波的图像

机械波的图像反映波在传播的过程中，某一时刻介质中各质点的位移在空间中的分布。如果波的图像是正弦曲线，这样的波叫正弦波，也叫简谐波。

10. 波的叠加

几列波相遇时，每列波都能够保持各自的状态继续传播而不受干扰，只是在重叠的区域里，任意质点的总位移等于各列波分别引起的位移的矢量和。

11. 波的反射

波遇到障碍物会返回来继续传播，反射角等于入射角，且波长、频率、波速不变。

12. 波的折射

波从一种介质进入另一种介质时，传播方向会发生改变，频率不变，波长和波速改变。

13. 波的衍射

波的衍射是波绕过障碍物继续传播的现象。产生明显衍射现象的条件是障碍物或孔的尺寸比波长小或与波长相差不多。

14. 波的干涉

波的干涉是频率相同的两列波叠加，使某些区域的振动加强，某些区域的振动减弱，并且振动加强和振动减弱的区域相互间隔的现象。

15. 多普勒效应

多普勒效应是由于波源和观察者之间的相对运动，使观察者感到波的频率发生变化的现象。相对接近，频率增大，相对远离，频率减小。

16. 声波

声波是纵波。常温下，声音在空气中的传播速度是 340m/s。人耳能听到的声波频率范围是 20Hz～20000Hz，低于 20Hz 的声波是次声波，高于 20000Hz 的声波是超声波。能把原声和回声区分开来的最小时间间隔为 0.1s。

17. 驻波

驻波是当两列沿相反方向传播的振幅相同、频率相同的波叠加时，形成的波形随时间改变，但不向任何方向移动的现象。驻波是特殊的干涉现象，也是管弦乐器发声的原理。

三、光学

1. 光的折射

光的折射是光线从一种介质进入另一种介质，传播方向发生改变的现象。

2. 折射定律

折射光线跟入射光线和法线在同一平面内，折射光线、入射光线分居法线的两侧，入射角的正弦与折射角的正弦成正比。光路是可逆。

3. 折射率

光从真空射入某种介质，入射角的正弦与折射角的正弦之比 $n=\frac{\sin\theta_1}{\sin\theta_2}$，$n=\frac{c}{v}$。任何介质的折射率都大于 1。光密介质和光疏介质是相对的。

4. 全反射

全反射是光照射到两种介质的界面上时，光线全部被反射回原介质的现象。全反射的条件是光从光密介质射向光疏介质且入射角大于或等于临界角，临界角是折射角等于 90°时的入射角，$\sin C=\frac{1}{n}$。

5. 光的色散

光的色散是当光线照射到棱镜的一个侧面上时，经两个侧面折射后，出射光线向棱镜的底边偏折的现象。

6. 光的色散说明的情况

白光是复色光。同种介质对不同色光的折射率不同，频率越大折射率越大。不同色光在同种介质中的传播速率不同。

7. 光的干涉

光的干涉是频率相同的两列光波相叠加，某些区域的光被加强，某些区域的光被减弱，并且光被加强和减弱的区域互相间隔的现象。

8. 双缝干涉

在用单色光做双缝干涉实验时，若双缝处两列光的振动情况完全相同，则在光屏上距双缝的路程差为波长整数倍的地方光被加强，将出现明条纹；光屏上距双缝的路程差为半波长的奇数倍的地方光被减弱，将出现暗条纹。相邻两条明条纹的间距 $\Delta x=\frac{l}{d}\lambda$，若用白光做实验，则光屏上只有中间是白色，两侧均为彩色条纹。

9. 薄膜干涉

薄膜干涉是当光照射到薄膜上时，薄膜的前后表面反射的两列光相叠加发生的干涉现象。同一级明条纹出现在膜的厚度相同处，故也称等厚干涉。

10. 光的衍射

光的衍射是光离开直线路径而绕到障碍物阴影里的现象。障碍物或孔的尺寸小于或等于光的波长时会发生明显的衍射现象。泊松亮斑是光的衍射现象。

11. 偏振现象

偏振现象是横波只沿某一特定的方向振动的现象。

12. 自然光

自然光包含在垂直于光传播方向上沿一切方向振动的光。沿各个方向振动的光波的强度都相同。

13. 偏振光

偏振光是在垂直于光的传播方向的平面上只沿一个特定方向振动的光。自然光通过偏振片就得到偏振光。光的偏振说明光是横波。除了光源直接发出的光，其余光几乎都是偏振光。

四、电磁振荡与电磁波

1. 电磁振荡

电磁振荡是在振荡电路产生振荡电流的过程中，电容器极板上的电荷量、极板上的电压、电路中的电流、跟电荷有关的电场和磁场都发生周期性变化的现象。在电磁振荡的过程中，电场能和磁场能同时发生周期性变化。振荡中的电流、极板上的电荷量、电压、电场能和磁场能之间有一定的对应关系。

2. LC 回路

LC 回路是由自感线圈和电容器组成的电路，也是最简单的振荡电路，$T=2\pi\sqrt{LC}$。

3. 麦克斯韦电磁场理论

变化的电场产生磁场，变化的磁场产生电场。均匀变化的电场产生稳定的磁场，均匀变化的磁场产生稳定的电场。振荡电场产生同频率的振荡磁场，振荡磁场产生同频率的振荡电场。

4. 电磁波的形成

变化的电场和磁场总是相互联系的，二者可形成电磁场，电磁场由近及远的传播形成了电磁波。

5. 电磁波的发射条件

电磁波的发射条件是开放的电路和足够高的频率。

6. 调制

通常人们用的电信号频率很低，不能直接发射电磁波，必须把这些电信号“加”到高频电磁波上，使电磁波随这些信号而改变，这一过程叫作调制。使高频振荡的电磁波振幅随信号改变的过程叫调幅，使高频振荡的电磁波的频率随信号改变的过程叫调频。

7. 无线电波的发射

由振荡器产生高频振荡电流，用调制器将需传送的电信号调制到振荡电流上，再耦合到一个开放电路中激发出无线电波，向四周发射出去，这一过程叫作无线电波的发射。

8. 电磁波的传播

电磁波的传播不需要介质，其以横波形式传播，速度 $c=\lambda f$。

9. 电谐振

当接收电路的固有频率跟接收到的电磁波的频率相同时，接收电路产生的振荡电流最强，这种现象叫作电谐振。

10. 调谐

调谐是接收电路产生电谐振的过程。

11. 检波

检波是从接收到的高频振荡中分离出所携带的信号的过程，这一过程也叫解调。

12. 电磁波的接收

天线接收到所有的电磁波，经调谐选择出所需要的电磁波，再经检波提取出携带的信号，放大后再还原，这一过程叫作电磁波的接收。

13. 电磁波的应用

收音机、手机、电视、雷达等都是应用了电磁波。

14. 电磁波谱

按电磁波的波长或频率大小的顺序排列成谱叫电磁波谱。电磁波谱的波长由大到小是无线电波、微波、红外线、可见光、紫外线、伦琴射线、伽马射线。

五、狭义相对论

1. 惯性系

如果牛顿运动定律在某个参考系中成立，这个参考系叫作惯性系。相对这个惯性系做匀速直线运动的另一个参考系也是惯性系。

2. 爱因斯坦相对论

狭义相对论研究惯性系，广义相对论适用任何参考系。

3. 狭义相对论的两个基本假设

狭义相对论的两个基本假设是狭义相对论原理和光速不变原理。

4. 狭义相对论原理

在不同的惯性参考系中，一切物理定律都是相同的。

5. 光速不变原理

真空中的光速在不同的惯性参考系中都是相同的。

6. 时间间隔的相对性

在相对论物理学看来，两个事件在不同的惯性参考系中观察，它们的时间间隔不同，同时发生的事件也可能不同时；$\Delta t=\dfrac{\Delta t_0}{\sqrt{1-\left(\dfrac{v}{c}\right)^2}}$，即运动的时钟变慢效应。

7. 长度的相对性

一根沿自身长度方向运动的杆，其长度总比静止时的小，$l=l_0\sqrt{1-\left(\dfrac{v}{c}\right)^2}$，即运动的尺子变短效应。

8. 相对论的时空观

时间和空间不能脱离物质和物质的运动状态，时间变慢、空间的长度会变短，这都与物质的运动速度有关。

9. 相对论速度变换公式

设高速火车的速度为 u，车上的人以速度 u' 沿火车前进的方向相对火车运动，则此人相对地面的速度为 $u=\dfrac{u'+u}{1+\dfrac{u'u}{c^2}}$。

10. 相对论的质量

物体以速度 v 运动时的质量 m 和静止时的质量 m_0 之间的关系为 $m=\dfrac{m_0}{\sqrt{1-\left(\dfrac{v}{c}\right)^2}}$。

11. 质能方程

物体是具有能量的，并且物体的能量与其本身的质量有关：$E=mc^2$，$\Delta E=\Delta mc^2$。

【思考与讨论】

1. 建构高中物理力学模块思维导图，并完成相应章节电子版练习题。
2. 建构高中物理电磁学模块思维导图，并完成相应章节电子版练习题。

3. 建构高中物理原子物理学模块思维导图，并完成相应章节电子版练习题。

4. 建构高中物理热学模块思维导图，并完成相应章节电子版练习题。

5. 建构高中物理光学模块思维导图，并完成相应章节电子版练习题。

6. 完成初级或高级物理教师资格笔试试题库中一份试卷，并分析讨论教师资格笔试的题型特点、内容比例和分值分布。

7. 综合比较近年来教师资格面试题目，分析面试题型和内容分布特点。

【技能训练】

设计习题课教学。在下列课题中选择其一，设计典型题型和题目，编写习题课教案，并在小组内讨论和评估。

初中物理（生活中的透镜、气化与液化、质量、串并联电路、伏安法测电阻、焦耳定律），高中物理（摩擦力、圆周运动、库仑定律、动量守恒定律、法拉第电磁感应定律）。

第二章

中学物理教学设计

知识框架

- 中学物理教学设计
  - 教学设计
    - 教学设计的发展历史
    - 教学设计概述
    - 中学物理教学设计的原则
    - 教学设计的内容
  - 教学设计的撰写
    - 任务分析设计
    - 教学目标设计
    - 重点、难点设计
    - 教学资源设计
    - 设计思路设计
    - 教学流程设计
  - 单元与课堂教学设计案例
    - 单元教学设计案例
    - 课堂教学设计案例

教学设计是指教育实践工作者为达成一定的教学目标，根据学生的认知结构，对教学活动进行全面考虑、系统规划、安排与决策，并根据实际反馈的信息不断地调整教学活动的过程。它把教学思想转化为教学行为，在教育理念和教学实践之间架起一座桥梁，既是教学活动预案的构建，也是教育理念和教育方向的体现，直接决定着教学活动的成败。因此，教学设计是现代教育的一项应用技术，也是现代教师必备的专业技能。

在新课程背景下，中学物理课堂教学设计要突出物理课程标准提出的“知识与技能”“过程与方法”“情感、态度与价值观”及“STS”①的课程目标，体现物理学科核心素养。物理教学设计需依据物理学科特点、学生的实际情况、教学的目的要求，通过对教学过程中各种相关要素的系统分析，优化教学活动的模式，形成有序的操作流程。

第二章
中学物理教学设计课件

第一节　教学设计

教学设计
教学视频

一、教学设计的发展历史

教学设计孕育于第二次世界大战期间，源自为满足战争期间为军队和工厂输送大批合格的士兵和工人的需要。战争结束后，教育心理学家试图开发一系列正式的教学系统，继续为解决教学问题而工作。

美国哲学家、教育家杜威(John Dewey)在1900年提出关于建立一门“桥梁科学”的构想，希望建立学习理论与教学实践的联系。

---

① STS(Science，Technology&Society)是20世纪60年代末兴起的交叉学科，它是对社会生活中的科学技术进行多学科研究的学科，意在把握科学、技术和社会的相互作用规律。

1954 年斯金纳(Burrhus Skinner)发表了《学习的科学与教学的艺术》，把教学设计建立在实验的基础上。20 世纪 50 年代，斯金纳改进和发展了教学机器，以新行为主义心理学的连接学习理论为基础，创造了程序教学法。程序设计也是教学设计的最初尝试。他认为“教育就是塑造行为”，提出引导学习者运用教学机器开展个别化学习、自我控制学习进度的自学教学法，运用教学技术来设计改进教学形态。

1962 年格拉泽(Günther Glaser)首次使用“教学系统”这一术语分析了教学系统设计的主要构成。这表示教学设计作为一门正式学科的产生。

20 世纪 70 年代后，加涅(Robert Gagne)在《教学设计原理》中提道，教学系统本身是对资源和程序做出有利于学习的安排。任何组织机构，如果其目的旨在开发人的才能均可以被纳入教学系统中。按照学习的类型、学习的结果和学习的过程，加涅推导出他的教学设计原理。

我国教学设计专家乌美娜在 1994 年主编出版了《教学设计》。乌美娜认为，教学设计是运用系统方法分析教学问题和确定教学目标，建立解决教学问题的策略方案、试行解决方案、评价试行结果和对方案进行修改的过程。

从整个教学设计发展可知，教学设计的学说整合应用了：教学理论——系统分析、组织发展、实施管理研究；教学技术(教育技术)——传播学、视听媒体、信息科学；心理学理论——行为主义心理学、社会心理学、认知心理学。教学设计是在现代媒体和各种学术理论(如传播学、学习与教学理论，特别是系统科学)被综合应用于教育、教学的过程中，在教育技术学形成发展过程中派生出来的。

目前，新课程改革已经把教学设计作为对教师的专业要求。新课程所倡导的教学设计与传统的教学设计比较，有以下几点突出转变：① 从知识定向到三维目标的多元定向；② 从教学内容定向到教学活动定向；③ 从教学结果定向到问题、过程定向；④ 从教师定向到学生定向或师生交互作用定向；⑤ 从学术定向到实际问题定向；⑥ 从单一课时设计到单元教学设计；⑦ 从课堂教学设计到课内外结合的设计；⑧ 从教案完成到活动任务及组织方式的设计。

二、 教学设计概述

(一) 教学设计的界定

一般认为，教学设计是教师运用系统方法分析教学现状、确定教学目标、选择策略手段、制定教学流程、评价教学效果，以达到课堂教学最优化的编制教学预案的过程。中学物理课堂教学设计可以分为教学目标设计、教学内容设计、教学时间设计、教学策略设计、教学媒体设计和教学评价设计，根据学生现实发展水平确定教学起点设计。

(二) 教学设计的意义

1. 明确教学目标

教学目标规定着教学活动的方向、进程和预期结果，起着支配和指导教学的作用。在教学设计中科学、合理地确定好具体的教学目标，对于保证教学活动的顺利进行具有十分重要的作用。

2. 提高课堂教学质量

教学设计最终将落实到课堂教学。由于教师在进行教学设计的过程中需要考虑到很多因素，如具体教学目标、学生知识掌握能力与情况、媒体选择、教学流程等，教师将不断根据教学过程中出现的新问题加以修改。解决这些问题，便于有效地控制教学过程，保证了一定质量的教学过程，最终将优化教学效果、提高教学绩效。

3. 促进教师专业发展

教学设计要求教师具备良好的理论基础。通过教学设计原理和方法的学习、运用，可以督促教师把握前沿的学习理论、教育理论和教学理论，同时培养他们的科学思维以提高科学分析问题、解决问题的能力。在此过程中，教师得以将教学经验上升为教学科学，促进教师向专业化方向发展。

4. 促进学生的学习质量

教学设计以帮助学生学习为出发点。为了解决学生所面临的问题，需要从学生原有的知识水平、逻辑思维和学习能力，以及学生的心态、智趣、信念等个性因素入手，予以认真考虑、分析。应充分注意到学生在教学活动中的主体地位，着眼于学生的发展，促进学生学习质量的提高。

5. 推动物理课程改革，深化物理教育应用

科技的进步改变了人们的生活方式、工作方式和学习方式。中学物理教育作为中学生物理学习的主要知识输出部分，要求中学物理教师顺应时代新需求，充分利用先进技术作为课堂教育的传播媒介，有意识地推动物理课程结构的深化改革，促使物理学科教育的发展。

（三）教学设计的分类

1. 按教学层次分类

按教学层次分类，教学设计可分为：课程教学设计、单元教学设计和课堂教学设计。

（1）课程教学设计。课程教学设计是指课程教材编制或选择，教学大纲、培养方案设计，课时分配和考核方式设计。

（2）单元教学设计。教学单元就是教学内容或教学过程中具有相近性质和内在联系、相对完整独立的知识块或过程链。教师需对每个单元的知识框架与脉络有清晰的把握与认识，可以视一个单元为一个整体，从整体、宏观的角度分析、设计教学，从而引导学生了解该单元在该学科中的存在价值，以及与其他单元甚至是其他学科之间的关联，理清知识结构、建立知识网络，在学习的过程中能够有目的、有条理地循序渐进。

（3）课堂教学设计。课堂教学设计是指一个课时的教学设计。单元设计与课堂设计是轮廓与细节、全局与部分、指导与实施的关系。

2. 按教学模式分类

按教学模式分类，教学设计可分为基于实验的中学教学设计、基于翻转课堂的中学教学设计、基于建构主义的中学教学设计、基于科学方法论的中学教学设计、基于建模的中学教学设计、基于思维导图的中学教学设计等。

三、中学物理教学设计的原则

1. 以“三维目标”为导向的原则

“三维目标”也称作“三基论”，分别指知识与技能，过程与方法，情感、态度与价值观。它改变了知识本位的价值取向，与“双基论”相比，涵盖了素质教育的更多方面，是当今世界各国课程标准或教学大纲的共同元素。

“三维目标”的教学设计是新课程改革不可回避的核心课题。中学物理教学设计必须以三维目标为导向，以保障学生能力与品格的提高为根本，同时也为进一步向核心素养发展提供基础与可能性。

2. 以学定教的原则

教学设计包含教学起点的设计。以学生学习为中心展开教学设计，通过分析学生已掌握什么知识、还需补充什么知识、学习倾向等各方面的学习情况，为学生找准真实的学习起点，再通过学习起点确定教学起点。

3. 以理解概念为前提的原则

整个物理学知识体系都建立在物理概念上。学生是否能学好物理，与是否清晰地掌握并理解了物理概念有莫大的关系。物理教学设计需以理解概念为前提，注重物理概念教学，使学生对概念的学习不停留在逐字逐句地死记硬背或者仅从数学公式来理解概念，达到物理概念真正地“内化”。具体而言，教师在概念教学的过程中可利用“认知冲突”纠正错误的前概念；还原原始问题，使学生发现、体验概念的形成过程；“创设物理情境”激起学生学习兴趣等方式，加深学生对概念的理解。后续物理概念教学章节会对此部分做进一步讲解。

4. 以揭示规律为重心的原则

物理规律反映的是物理概念之间的联系，是物理知识结构体系的枢纽。极为可贵的是，它蕴含着人们在探寻真理的过程中所运用的物理方法、物理思想。教学设计应重视物理规律的揭示，使学生不仅知道物理规律本身及其应用范围，还能了解这些规律反映了哪些物理关键枢纽、枢纽中的联系与制约关系，体会到不同的物理研究方法和严谨的物理研究精神。

5. 以反思评价促发展的原则

教师不断收集、反馈来自亲身体会、课堂情况、外界评价等信息，对已有的教学设计方案进行总结与反思，以进行进一步修改完善，不断革新更加科学有效的方案版本，是教学设计必不可少的重要环节。以反思评价促发展的基本原则，是教师教学认识能力提高、教学设计不断进步的必经途径，是对教师专业发展直接有效的促进。

四、 教学设计的内容

中学物理课堂教学设计的内容包括以下九个方面。

(1) 任务分析：总体把握教学的任务。教师对教材进行分析理解，并了解学生的基本学情。

(2) 教学目标：说明学生学习本课后要达到的效果。

(3) 教学重点和难点：重点是本课待解决的关键性问题，难点是学生在进行学习中不易掌握、理解困难的地方。这些知识点在教学设计中应予以重视。

(4) 教学模式、方法与策略：说明这节课所采用的教学方法是在什么理论支撑下设计完成的。

(5) 实验设计：物理是一门实验科学，物理实验是物理教学设计中特别需要思考、准备和说明的内容。教师在教学设计前需要做验证性实验，设计开创性实验、学生实验、演示实验、小实验等。

(6) 教学资源：说明辅助教学手段使用的工具。

(7) 教学过程：说明教学进行的内容、方法、步骤。

(8) 板书设计：板书是上课时准备写在黑板上的关键知识内容。

(9) 评价与反思：自我评价与教学反思是有益的思维活动和再学习活动，用于检查是否达到教学目标，分析教学中的不足，记录教学中的困惑，提升教师的教学水平。

第二节　教学设计的撰写

教学设计的
撰写教学视频

教学设计的撰写从六个方面展开：任务分析设计，教学目标设计，重点、难点设计，教学资源设计，设计思路设计，教学流程设计。

一、 任务分析设计

任务分析设计主要从以下四个方面展开。

(一) 课程标准分析

学科课程标准是由教育部颁布的教学大法，是开展教学活动的依据和基石，必须认真学习和贯彻。课程标准包括以下四大核心内容：① 课程性质和定位；② 新课程的核心理念；③ 内容标准解读；④ 课程目标要素。教师需熟读课程标准，明确课程标准对本教学部分内容的要求及建议。

(二) 教材分析

教材、教师、学生是课堂教学活动的三大基本要求，也是教学质量生成的三大基本要素。其中，教材是达成教学目标、承载教学内容的载体，也是教师和学生用以开展教学活动的核心材料。它包含教科书(主体部分)及其他与教科书有关的教学资源。

教材不仅是陈述性知识的汇总，还包含程序性和策略性的知识。教师需钻研教材，了解其意图、内容和结构，才能做到“用教材教，而不是教教材”，使教材成为师生间传递信息的良好媒介和桥梁。

在完成课标分析的前提下，根据其提出的要求和建议进行教材分析。应重点关注以下几个方面。

1. 教材内容的知识类型

不同类型的教学内容应采用不同的教学策略和教学方法。

2. 教材内容的相互联系

首先，分析本部分内容与前后教材内容之间的相互联系，明确本部分内容在教材中的地位和作用，以准确把握所学内容的深度和广度。其次，分析和研究教材内容和其他学科内容间的联系，进行学科间的综合。

3. 参阅资料，确定可用的教学素材

进行教学设计前要查阅大量的资料，主要是以下三类① 学科专业类；② 教学理论类；③ 教学经验类。

4. 分析和挖掘教材内容的认识功能

从教材内容上分析和挖掘认识知识与技能功能、认识方法功能、认识过程功能和认识科学态度功能。

(三) 学生情况分析

中学物理教学设计的原则之一是以学生学习为中心。教师需要从教学任务角度出发，考虑学生的初始状态、知识基础、学习规范、学习风气及其兴趣爱好等。

学生情况分析的重点是明确学生已有的认知基础与所学知识之间的差距，分析学生的认识脉络，确定问题线索，确定学生解决问题需要的证据等，为选取教学策略、设计教学活动提供依据。

（四）完成教学目标的策略和方法分析

教学目标的策略与方法的分析与制定是有效达成教学目标的必经途径。教师应根据教学目标、教学内容和中学生特点，再结合物理知识特点和学生的能力培养要求，分析并制定出恰当的教学策略，合理利用和开发教学资源，采用适合的教学方法激发学生学习的积极性。

案例 2-1　密度的教学任务分析

密度是人教版八年级第六章“质量与密度”的一个核心概念，它是一个反映物质特性的物理量。

从课程标准的“课程内容”来看，密度是科学内容一级主题“物质”下的二级主题内容：物质的属性。课标要求是：“通过实验，理解密度，会测量固体和液体的密度。解释生活中一些与密度有关的物理现象。”

本节学习密度及物质密度的测定。完成本节内容的学习需要有质量、体积等知识基础，以及有质量测量和体积测量等实验基础。同时，密度是学习压强、浮力的重要知识基础。

本节从学生已有的“体积相同的不同物质质量不同”这一经验切入，通过经历“探究物质质量与体积的关系”这个过程，得出“同种物质质量与体积成正比，且比值是一定值”和“不同的物质质量与体积的比值不同”，在此基础上形成密度的概念。通过“测定物质的密度”实验，进一步巩固天平和量筒的使用，加深对密度概念的理解，体会密度是物质的特性之一，了解生活中利用密度鉴别物质的一般方法。要让学生理解密度概念的确切含义，理解密度公式的适用条件以及它们在简单情况下的应用。要能认识物理概念和规律的不同表达形式（文字表达、数学表达、表格表达和图像表达）。

本节教学要求学生主动参与，让学生经历密度概念的建立过程。这是一个比较完整的探究活动，学生可以从中体会用控制变量的方法来研究物理量之间的关系，初步理解用比值定义物理量的方法。学生在实验活动中，还可以培养科学严谨的态度和实事求是的作风。在实验过程中，学会通过客观现象探究其背后隐含的客观事实，认识形成物理概念的科学探究方法，了解合作探究和小组间的分享对于科学探究的重要性。

二、教学目标设计

以三维目标为标准，教学目标的设计需要遵循以下要求。

第一，教学目标陈述的是学生的学习结果，陈述通过一定的教学活动后学生行为的变化，不应陈述教师的教学行为。

第二，教学目标的陈述应力求明确、具体，可以观察和测量。

第三，教学目标的陈述应反映学习结果的多样性和层次性。

第四，教学目标陈述使用的行为动词应符合课程标准"关于目标要求的说明"的规定。表 2-1 展示了常见的规范用词。

表 2-1　教学目标陈述常见的规范用词

知识与技能目标的规范用词：
了解(了解、知道、描述、说出、举例说明、列举、表述、识别、比较、简述、对比) 认识(认识) 理解(阐述、解释、估计、理解、计算、说明、判断、分析、区别) 应用(评估、使用、验证、运用、掌握) 独立操作(测量、测定、操作、会、能、制作设计)
过程与方法目标的规范用词：
经历、感受、参加、参与、尝试、寻找、讨论、交流、合作、分享、参观、访问、考察、接触、体验
情感、态度与价值观目标的规范用词：
经历(观察、收集、调查、交流、讨论、阅读、尝试、实验、学习、预测、考虑、经历、体验、参加、参观、查阅) 反应(体会、关注、注意、关心、乐于、敢于、勇于、发展、保持) 领悟(形成、养成、具有、领略、体会、思考)

案例 2-2　液体内部的压强教学目标

1. 知识与技能

(1) 知道液体对容器底部、侧壁有压强，理解液体内部压强的规律。

(2) 会使用 U 形管压强计研究液体内部压强。

(3) 知道连通器的原理。

2. 过程与方法

(1) 经历探究液体内部压强规律的过程，感悟控制变量、归纳方法。

(2) 经历液体压强表达式的推导，感悟建模、演绎的科学方法。

3. 情感、态度与价值观

(1) 通过液体压强规律的实验探究，懂得合作学习的重要性。

(2) 通过了解液体压强规律在技术上的应用，感受生活与物理的紧密联系。

三、重点、难点设计

教学的重点是指学科或教材内容中最基本、最重要的知识和技能，即基础知识和基本技能，具有相对稳定的内在逻辑联系。学科或教材的教学重点具有相对的稳定性。

教学的难点一般是指教师较难阐述清晰、学生较难理解或容易产生错误的那部分知识体系。学科或教材的教学难点具有相对的不稳定性。

重点是对教材而言，难点则是对学生和教师而言。重点、难点不宜太多。

案例 2-3　液体压强和密度的教学难点与重点

1. 液体内部的压强

重点：液体内部压强规律的探究。

难点：液体压强计算公式的推导。

2. 密度

重点：密度的概念。

难点：密度概念的形成过程。

四、教学资源设计

明确本节课教学所需资源的种类、从何处获取资源、如何获取资源和如何有效地应用这些资源。教学资源很广泛，主要包括：硬件——设备、器材、仪表、学具、生活中用到的工具；软件——课件、幻灯、应用软件、网络资源；主件——主要设备；附件——支架、轨道、器皿、材料，等等。

五、设计思路设计

教学设计思路主要包括：① 本设计的依据和理由。② 突出重点的策略或方法。③ 突破难点的策略和方法。④ 本设计的特色或亮点。

案例 2-4　密度教学设计思路

对重点——密度的概念进行教学的思路。通过体验、演示、探究等递进式的实验，强化密度概念的形成过程；通过与比值定义得出的速度概念的类比、各物理量之间关系的辨析，加深对密度是物质的一种特性的理解；通过"测定物质的密度"实验和密度知识的应用，进一步强化对密度概念的理解。

对难点——密度概念的形成过程进行教学的思路。通过观察演示实验的现象，发现并提出问题；通过学生实验自主探究物质质量与体积的关系，在实验过程中经历讨论、小组间交流、实验数据记录、分析和进一步处理实验数据，得到单位体积的质量可以反映物质的特性，从而形成密度的概念。

本设计注重调动学生学习的积极性和主动性，关注对学习兴趣的激发和物理知识与生活、其他自然科学的紧密联系，重视学生的自主实验探究和教师在课堂教学中的引领、启发和点拨作用，进而养成探究意识和通过实验获取数据、分析处理实验数据、归纳实验结论的能力。

完成本设计的内容约需 2 课时。

六、教学流程设计

1. 教学流程的定义

教学流程指按照教学逻辑和时间顺序，设计编排的所有教学环节的序列。

2. 教学流程的设计要点

教学流程的设计要点包括环节设置、逻辑结构、师生活动、衔接过渡、流程图示、评价方法。

3. 教学流程的主要环节

(1) 情境：能影响和调动学生的学习情绪和情感的外部环境及事物。

(2) 问题：通过激发学生的认知冲突而呈现的课堂学习任务。

(3) 探究或讲授：类似科学研究过程的学习活动；教师用生动又富有启发性的语言表述。

(4) 应用：依赖所学知识技能解决实际和理论问题的活动。

4. 教学流程图(如图 2-1 所示)

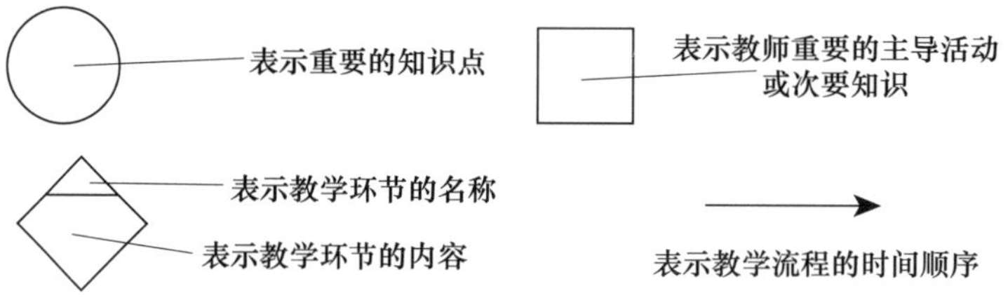

图 2-1　教学流程图规范

5. 教学流程图说明

详细说明流程图中每个环节的名称、内容和形式。

案例 2-5　牛顿第一定律

本设计可分为两个主要的教学环节：第一环节，自主活动、探究固有属性：通过小组设计实验及演示实验，知道一切物体具有惯性及惯性与质量的关系。第二环节，实验思考，逻辑推理定律：通过学生动手做实验、教师演示实验，推理得出牛顿第一定律。如图 2-2 所示。

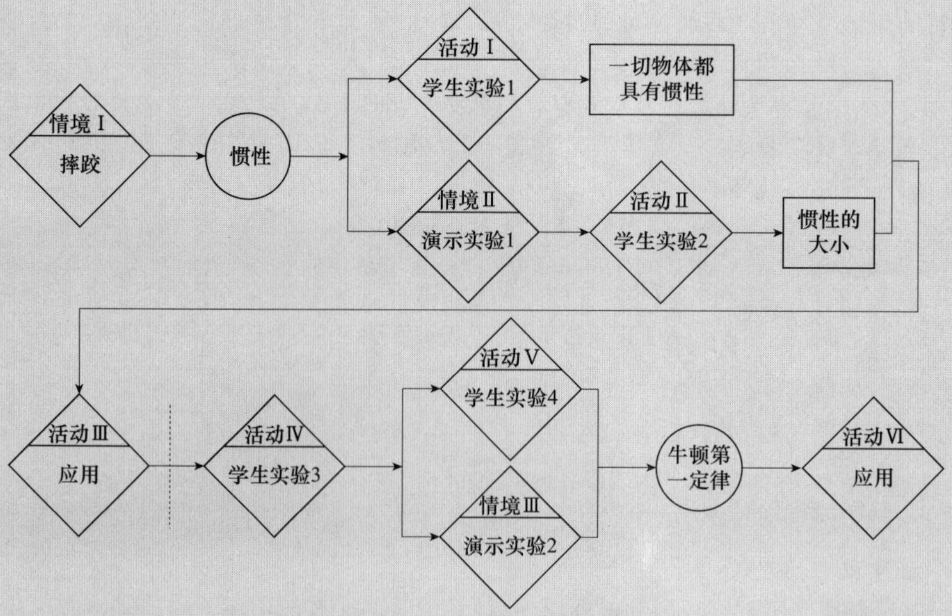

图 2-2　教学流程图说明

● 情境Ⅰ：视频播放“摔跤和脚被绊倒摔跤”片段，提出“为什么会摔跤，为什么脚踩西瓜皮是向后摔跤，脚被绊倒是向前摔跤”的问题，引入惯性。

活动Ⅰ：学生实验1。

利用给定的器材设计实验证明一切物体（固、液、气）都具有惯性。拍打衣服，衣服上的灰尘会掉落；球被扔出手后，仍能向前移动；洗完手后，甩一甩，手上的水会少很多。

● 情境Ⅱ：演示实验1。

通过男生与女生同速度相撞的演示实验，探究惯性与质量的关系。

活动Ⅱ：学生实验2。

利用给定的器材玩具小车、木块、钩码设计实验证明惯性与质量的关系。

活动Ⅲ：应用生活实例解读。

小组讨论解释生活中的实例。列举惯性的利弊。

活动Ⅳ：学生实验3。

利用给定的器材设计实验，进一步探究物体运动状态改变的原因。

活动Ⅴ：学生实验4。

利用给定的器材做木块由斜面同一高度下滑、在不同材料表面滑行距离不同的实验。

● 情境Ⅲ：演示实验2。

教师演示伽利略实验。

活动Ⅵ：应用。

解释现象：锤头（或其他工具）松了，在石块上敲几下就紧了；小狗等动物身体潮湿后，会不自觉地甩掉身上的水分；坐公交车时，要抓好扶手；坐车时要系好安全带，否则急刹车时容易受伤。

第三节　单元与课堂教学设计案例

单元与课堂教学设计案例教学视频

一、单元教学设计案例

下面以光现象单元教学设计为具体案例，给大家一个直观的感受。案例包含明确教学目标（课程标准的要求）、教学设计的建议、课时分配建议等。

教学单元名称	第四章 光现象	设计者姓名	
选用教材	人教版八年级上册第四章	课　时	7
教学设计理念	1. 教师的作用主要体现在对学生学习的引导，效果体现在学生对知识的探究和追求。教与学的理念全面结合从而体现出新课程改革的意义所在。 2. 本部分的内容多采用实验讲授的方法进行教授，用多媒体形式来指导学生学习。让学生分成几大组，提高团队的合作能力和自我探究的能力，达到双赢的效果。 3. 让学生课前预习，查阅相关资料，大体了解本单元知识在我们现实生活中的重要性。老师也应多举一些生活中相关的例子，以便加深学生的理解，为学生构建该部分内容的知识构架，以达到教授新知识的目的。		

续表

<table>
<tr><td>教学单元名称</td><td colspan="3">第四章 光现象</td><td colspan="2">设计者姓名</td><td colspan="2"></td></tr>
<tr><td rowspan="2">学习者分析</td><td>需求分析</td><td colspan="6">本单元主要让学生对光有进一步的认识。光现象与我们的生活息息相关，是学生必备的常识。了解它的本质可为学生今后的学习奠定良好的基础，以便解释自然现象。</td></tr>
<tr><td>学情分析</td><td colspan="6">在日常生活中学生已经初步了解了光，知道太阳光、灯光、烟火等。但对于光的原理及折射、反射等系统知识不了解。</td></tr>
<tr><td rowspan="3">学习任务分析</td><td>本模块包含的教学内容</td><td colspan="6">1. 观察并总结光在同一均匀介质中是沿直线传播的，光速为 $c=3\times10^8$ m/s。
2. 通过实验，探究光的反射定律。
3. 通过移动蜡烛，观察总结平面镜所成的像的规律。
4. 通过观察，探究光的折射定律。
5. 光的色散。</td></tr>
<tr><td>新课程标准的内容标准</td><td colspan="6">1. 通过实验，探究光在同种均匀介质中传播的特点。
2. 探究并了解光的反射和折射的规律。
3. 通过实验，探究平面镜成像时像与物的关系。
4. 认识凸透镜的会聚作用和凹透镜的发散作用。
5. 通过观察和实验，知道白光是由色光组成的，比较色光混合与颜料混合的不同现象。</td></tr>
<tr><td>教学重点
教学难点</td><td colspan="6">本单元的重点：1. 光的反射定律和折射定律。2. 平面镜成像。
本单元的难点：作图题。</td></tr>
<tr><td rowspan="3">教学目标阐明</td><td>知识与技能</td><td colspan="6">1. 通过动手操作小孔成像实验，培养学生良好的学习兴趣、动手操作能力。
2. 通过对光的反射、光的折射现象的观察，提高学生的观察能力。
3. 通过对整章内容的学习和复习，学生可学会自己总结归纳知识点。
4. 具有初步的实验操作技能，会使用简单的实验仪器和测量工具，能测量一些基本的物理量。</td></tr>
<tr><td>过程与方法</td><td colspan="6">1. 经历观察物理现象的过程，能简单描述所观察物理现象的主要特征。有初步的观察能力。
2. 通过参与科学探究活动，学习拟订简单的科学探究计划和实验方案，能利用不同渠道收集信息。
3. 有初步的信息收集能力。能书面或口头表述自己的观点，初步具有评估和听取反馈意见的意识。有初步的信息交流能力。</td></tr>
<tr><td>情感、态度与价值观</td><td colspan="6">1. 能保持对自然界的好奇，初步领略自然现象中的美妙与和谐，对大自然有亲近、热爱并与之和谐相处的情感。
2. 养成实事求是、尊重自然规律的科学态度，不迷信权威，具有判断大众传媒是否符合科学规律的初步意识。</td></tr>
<tr><td rowspan="4">教学策略制定</td><td rowspan="2">本模块课程安排</td><td>新授课</td><td>(2)节</td><td>实验课</td><td>(2)节</td><td>测试课</td><td>(1)节</td></tr>
<tr><td>复习课</td><td>(1)节</td><td>探究课</td><td>(0)节</td><td>习题课</td><td>(1)节</td></tr>
<tr><td>教学方法</td><td colspan="6">讲授法、讨论法、探究法、实验法等。</td></tr>
<tr><td>教学媒体</td><td colspan="6">人教版物理八年级上册、实验所需仪器、课件、激光笔等。</td></tr>
</table>

本单元教学计划			
教学安排	基本内容	教学方法	教学媒体
第一节	光的直线传播	探究法、实验法	演示实验、课件
第二节	实验：光的反射、平面镜成像	实验法、观察法、授课法	模拟实验、课件
第三节	习题课	教师提问、学生提问，讲解习题	课件、黑板
第四节	光的折射	实验法、观察法、授课法	模拟实验课件
第五节	光的色散 看不见的光的介绍	授课法	课件
第六节	复习本章内容	师生互动、归纳总结典型题	课件、黑板
第七节	测试课	学生做测试卷	

本单元知识结构图

一、光的直线传播
1. 光在同种均匀介质中沿直线传播。
2. 光的直线传播的应用：小孔成像、影的形成、获得直线、限制视线、日食和月食。
3. 光速的大小和表示：$c=3\times10^8\ \mathrm{m/s}$，且 $v_{气}>v_{液}>v_{固}$。

二、光的反射
1. 光的反射定律：在反射现象中，反射光线、入射光线和法线都在同一平面内；反射光线、入射光线分居法线两侧；反射角等于入射角。
2. 性质：光路是可逆的。
3. 两种反射：镜面反射和漫反射。
4. 利用反射定律画光路图。
5. 潜望镜的工作原理：光的反射。

三、面镜成像
1. 平面镜成像的特点：① 正立的虚像；② 像和物的大小相等；③ 像和物关于镜面对称(轴对称图形)；④ 像和物对应点的连线和镜面垂直，到镜面距离相等；⑤ 像和物上下相同，左右相反。
2. 利用平面镜特点画光路图。
3. 凸面镜使平行光束发散。
4. 凹面镜使平行光束会聚。

四、折射定律
1. 折射的定义：光从一种介质进入另一种介质时，传播方向发生偏折，这种现象叫作光的折射。
2. 性质：光从空气斜射入水中或其他介质时，折射光线向法线偏折。
3. 光的折射现象及其应用。

五、光的色散
1. 光被分成红、橙、黄、绿、蓝、靛、紫七色。
2. 彩虹是光的色散现象，其基本原理是光的折射。
3. 光的三原色为红、绿、蓝。

六、看不见的光
1. 光谱：把太阳光分解成红、橙、黄、绿、蓝、靛、紫，并且按这样的顺序依次排列起来就形成了光谱。
2. 红外线的应用：红外线夜视仪(摄影)、红外遥控器。
3. 紫外线的应用：荧光效应的验钞机，紫外杀菌。

本单元的评价方式：
课堂提问、课后作业、测试卷等

二、 课堂教学设计案例

本部分以滑轮的课堂教学设计为具体案例，该案例包含教材、训练项目、教学目标、重点、难点、教学用具、教学过程等。①

12.2滑轮参赛视频

课　题	§12.2 滑轮	课　时	2
教材	人教版物理八年级下册	课型	新授
训练项目	综合技能	主讲人	肖杉
教学目标	1. 知识与技能 ① 认识定滑轮和动滑轮。 ② 知道滑轮的作用。 ③ 会根据要求使用和组装滑轮组。 2. 过程与方法 在认识滑轮的过程中，体会对比的探究方法。 3. 情感、态度与价值观 ① 经历观察、实验及探究等，培养学生尊重客观事实、实事求是的科学态度。 ② 通过指导学生动手参与实验，提升学生对参与物理学习活动的兴趣。		
重点	① 认识定滑轮和动滑轮。 ② 了解定滑轮和动滑轮的特点、作用和本质。		
难点	使用和组装滑轮组。		
教学用具	铁架台、细绳、钩码、滑轮、弹簧测力计、多媒体设备、刻度尺		
教学过程	教师活动	学生活动	教学方法技能
问题情境 问题分析	  1. 需要解决的问题：拉力向下为什么红旗却向上升？ 学生回答问题：因为在旗杆顶部有滑轮装置。 2. 引入本节知识。 拉力向下红旗却上升是因为在旗杆的顶部安装了滑轮，引入今天要研究的课题——滑轮。	学生仔细观察实验现象。	

① 本案例为上饶师范学院物理与电子信息学院 14(1)班肖杉的作品，该作品获得上饶师范学院 2017 年校级教师基本功大赛三等奖。扫描二维码可获取本案例视频。

续表

<table>
<tr>
<td>新知导入
概念讲解</td>
<td>
1.【滑轮结构】
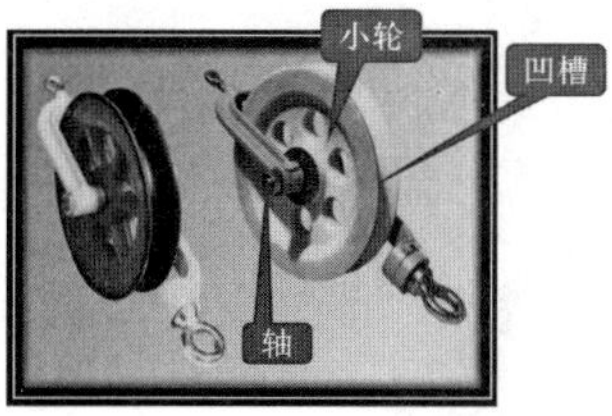

【构建概念】
滑轮：边缘有凹槽，能绕轴转动的小轮。
2.【应用举例】
举例生活中除了升国旗之外的对滑轮的应用。
3.【探究实验】
① 学生尝试组装滑轮。鼓励学生尝试利用铁架台、滑轮、钩码、细绳等工具提升钩码。
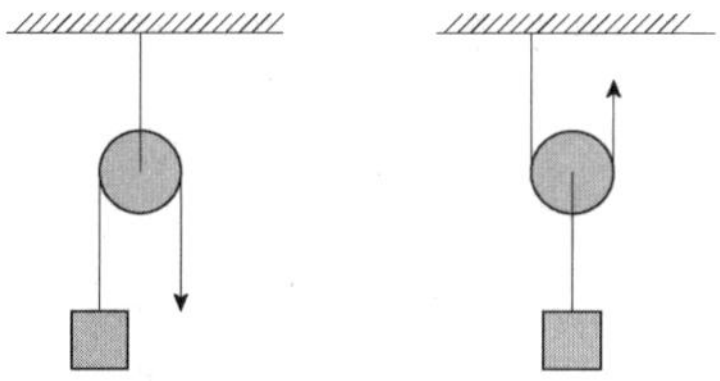
定滑轮（轴固定不动的滑轮）　动滑轮（轴随物体一起运动的滑轮）
② 探究定滑轮与动滑轮的特点和实质。
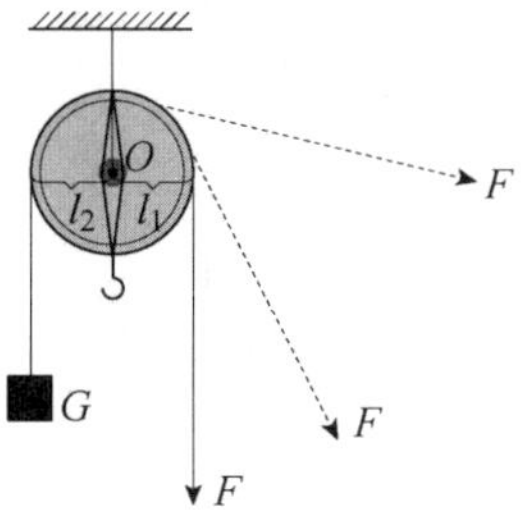

<table>
<tr><th>物重</th><th>拉力</th><th>物体移动方向</th><th>拉力移动方向</th><th>物体移动距离</th><th>拉力移动距离</th></tr>
<tr><td></td><td></td><td></td><td></td><td></td><td></td></tr>
<tr><td></td><td></td><td></td><td></td><td></td><td></td></tr>
<tr><td></td><td></td><td></td><td></td><td></td><td></td></tr>
</table>
</td>
<td>学生举例滑轮在生活中的应用：卷帘、吊机、升降晾衣竿、悠悠球。</td>
<td>问答法：
理论联系实际生活。</td>
</tr>
</table>

续表

<table>
<tr>
<td>新知导入
概念讲解</td>
<td>
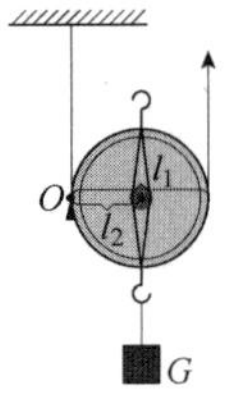

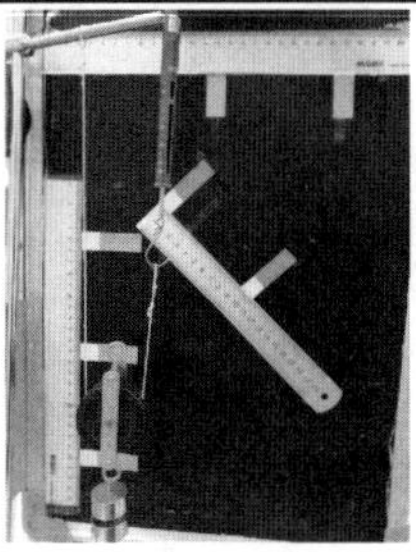

<table>
<tr><td>物重</td><td>拉力</td><td>物体移动方向</td><td>拉力移动方向</td><td>物体移动距离</td><td>拉力移动距离</td></tr>
<tr><td></td><td></td><td></td><td></td><td></td><td></td></tr>
<tr><td></td><td></td><td></td><td></td><td></td><td></td></tr>
<tr><td></td><td></td><td></td><td></td><td></td><td></td></tr>
</table>

<table>
<tr><td>定滑轮</td><td>动滑轮</td></tr>
<tr><td>特点：改变力的方向</td><td>不改变力的方向</td></tr>
<tr><td>不省距离</td><td>费距离</td></tr>
<tr><td>不省力</td><td>省力</td></tr>
<tr><td>实质：等臂杠杆</td><td>省力杠杆</td></tr>
</table>

4.【滑轮组】

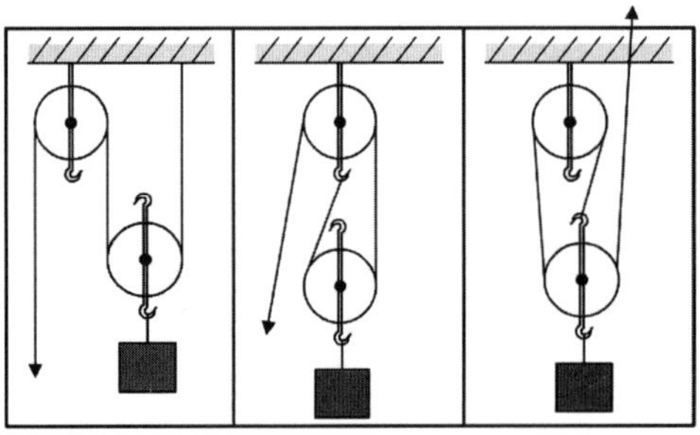

如果我们既想要改变力的方向，又想要省力该怎么办？

2 段绳子承担 2 段绳子承担 3 段绳子承担

$F=(1/2)G$ $F=(1/2)G$ $F=(1/3)G$

① 动滑轮用几段绳子吊起物体，将物体提升的力等于物重的几分之一，即($F=G/n$)。

② 手拉绳子通过的距离等于物体上升距离的 n 倍，即($s=nh$)。
</td>
<td>学生利用器材开始设计组装方式。</td>
<td>探究法：
引导学生动手实践并探索规律。</td>
</tr>
</table>

续表

巩固练习	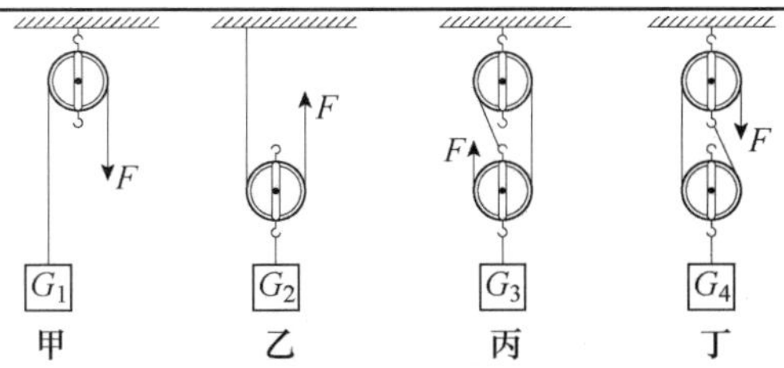 如图所示，人对绳的拉力都是 F，将各重物匀速提起，不计动滑轮重，物重最大的是(　　) A. G_1　　B. G_2　　C. G_3　　D. G_4
作业	探究两个以上滑轮构成的滑轮组要如何组装？
板书设计	§12.2 滑轮 一、滑轮 1. 定义：边缘有凹槽，能绕轴转动的小轮。 2. 定滑轮：不省力、不省距离、改变力的方向；实质是等臂杠杆。 3. 动滑轮：省力、费距离、不改变力的方向；实质是省力杠杆。 二、滑轮组 1. 动滑轮用几段绳子吊起物体，将物体提升的力等于物重的几分之一，即(　　)。 2. 手拉绳子通过的距离等于物体上升的距离的 n 倍，即(　　)。
教学反思	

以下展示同一主题的另一个案例，该案例为上饶师范学院物理与电子信息学院14(1)班兰迎坤的作品，该作品获2017年校级比赛一等奖。扫描二维码可获取相关资源，此处不再赘述。通过对比同一主题的不同案例，读者可以进一步认识和理解本部分内容。

12.2滑轮参赛视频　　12.2滑轮参赛教学设计　　12.2滑轮参赛PPT

【思考与讨论】

1. 简述物理教学设计的定义。
2. 简述物理教学设计的意义。
3. 简述物理教学设计要遵循的原则。
4. 简述教学设计的基本环节和内容。
5. 简述物理教学设计撰写的注意事项。
6. 就本章中案例“光现象”单元教学设计进行有效分析。
7. 就本章中案例“滑轮”课堂教学设计进行有效分析。

【技能训练】

1. 在下列课题中选择一个编写单元教学设计，并在小组内讨论和评估。

初中物理(机械运动、透镜及其应用、力、简单机械、欧姆定律)，高中物理(运动的描述、牛顿运动定律、磁场)。

2. 在下列课题中选择一个编写课堂教学设计，并在小组内讨论和评估。

初中物理(压强、弹力、密度、杠杆、比热容、焦耳定律、电功率)，高中物理(力的合成、牛顿第一定律、平抛运动、动量定理)。

第三章

中学物理教学目标

知识框架

- 中学物理教学目标
  - 教学目标概述
    - 教学目标的含义
    - 国内外教学目标的分类理论
    - 教学目标的功能
  - 中学物理课程目标与教学目标
    - 中学物理课程目标
    - 中学物理教学目标
  - 中学物理教学目标设计与案例
    - 中学物理教学目标设计存在的主要问题及案例
    - 课堂教学目标设计问题成因分析
    - 教学目标设计的原则
    - 物理学科核心素养下教学目标设计案例
  - 教学目标设计的基本步骤及方法
    - 基本步骤及方法
    - 案例“电流与电路”

第一节　教学目标概述

一、 教学目标的含义

第三章中学物理教学目标课件

中学物理教学目标教学视频

关于教学目标的含义，不同学者给出了不同的观点。综合起来可以概括为两种类型：一类强调教学使学生在学习后产生行为结果上的变化，把对这种变化的预期看作是教学目标；另一类强调教学过程的方向性，把教学朝什么方向进行看作是教学目标。综合而言，教学目标可界定为以学生为主体，经过教师的引导，对具体教学活动之下学生学习过程和学习结果的预测。

二、 国内外教学目标的分类理论

教学目标的分类理论可以具体地、合理地指导教学实践活动。为了帮助师范生从更深层次认识并了解教学目标，下面将分别就国内外情况，简要介绍典型的教学目标的分类理论 。

1. 国外教学目标理论

目前，国外教学目标理论具有代表性的有两种：一种是布鲁姆(B. Bloom)的教学目标分类系统，该系统将目标分为三大领域——认知领域、情感领域和动作技能领域；另一种是加涅(R. M. Gagne)的学习结果分类系统，该系统提出了五种学习结果，即言语信息、智力技能、认知策略、动作技能和态度。表 3-1 分别列出了这两种理论各自的优点。

表 3-1　布鲁姆的教学目标分类系统和加涅的学习结果分类系统的优点比较

布鲁姆的教学目标分类系统的优点	加涅的学习结果分类系统的优点
用明确、具体的行为动词来表述目标，为教学提供了评价的标准	第一次把认知策略作为教学目标的重要组成部分，使人们对教学目标的认识迈上了一个新的台阶
克服了传统目标存在的抽象、笼统、模糊的弊端，用学生外显行为来陈述教学目标，把教学目标具体化、细化，使得教学目标可观察、可测量，便于教师制定教学目标，进行教学评价	强调从学生的角度表述教学目标。认为教师的教学目标应改为学习者的学习目标或学习结果，学习目标不应该说明教师将做什么，而应该描述学习者的学习结果
兼顾教学领域中的认知、情感和动作技能三大层面，有利于纠正传统教学只重视认知层面的失误或偏差。西方教育心理学界普遍认为，布鲁姆的教学目标分类系统是描述性的，适合于评价和课程开发	更加简明实用，加涅的学习结果分类系统是处方性的，适合于实际的教学设计和教学评价

布鲁姆教学目标分类系统在国内外极具权威性，但不太适合中学物理教师使用。因为它过于烦琐、复杂，忽略了学生学习行为的不可预知性、能动性和创造性。同时因其人为地将原本完整的目标体系分割为三大领域，领域之下更分成了不同部分，在实现教学目标的过程中没有有效的机制来联系各部分，缺乏目标体系的整体性和和谐性。

2. 中国教学目标理论

中国对教学目标的研究开始于布鲁姆来华演讲。① 20 世纪 90 年代前，我国的研究主要以引进的外国理论成果为依据，在此基础上不断地学习与借鉴。研究的范围也局限于中小学。近些年，我国学者对于教学目标不断进行了创新发展研究，积极地构建自己的教学目标理论。2017 年版课程标准提出学科核心素养，对三维目标进行了融合。“三维教学目标”是我国新课程改革中的产物，得到了广泛的应用。物理学科核心素养主要包括“物理观念”“科学思维”“科学探究”“科学态度与责任”四个方面。

三、 教学目标的功能

一般来说，教学目标具有导向功能、评价功能和激励功能，如图 3-1 所示。这三大功能使教学目标影响整个教学过程，使教学活动具有较高的起点和理想的归宿。

1. 导向功能

教学目标所表达的教学效果和最终行为，给整个教学过程提供了一个方向。由于这些明确、合理目标的存在，教师在教学设计和教学过程中，对教学方法、教学内容以及教学策略的选择都能够脱离盲目性。同时，教学目标指导学生学习行为，为学生提供一个明确的学习目标，学生朝着这个目标有计划地努力、有动力地坚持，避免被不必要的干扰分散注意力。

2. 评价功能

教学目标作为预先规定的教学结果，是评价教学活动成功与否的有效标准。在教学活动中或教学活动一个周期结束后，需要根据反馈信息对教学效果进行评价，评价教学目标是否达到、教学任务是否完成，以便及时发现问题，不断加以改进，逐渐完善。具体、明确的教学目标就是评价和反思教学的依据。

---

① 1989 年，布鲁姆应华东师范大学的邀请来华演讲。

3. 激励功能

在学习目标和教学目标确定后，学生和教师都会产生想要达到目标的强烈愿望和兴趣。对于学习者而言，目标能够体现其先前学习所积累的知识储备和新的知识需求之间的差异，这种认知不平衡可激发学生的求知欲，增强其主观能动性。对于教师而言，看到自己教育的学生向着目标不断发展与进步，能够提高自我认可度与职业信心，激发前进的动力。

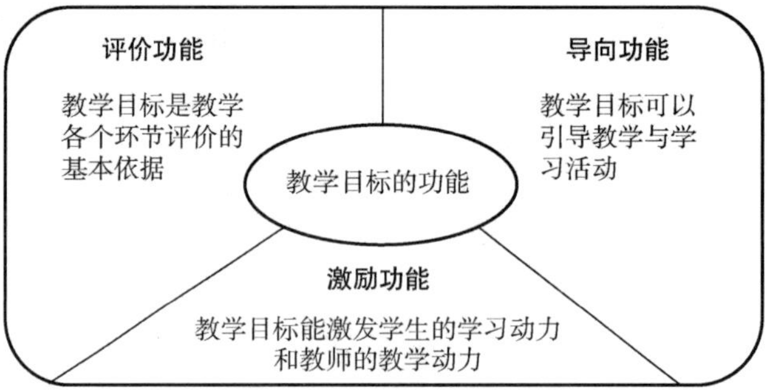

图 3-1　教学目标的功能

第二节　中学物理课程目标与教学目标

一、中学物理课程目标

我国新世纪基础教育课程改革将提高全体学生的科学素养作为自然科学课程的总目标，中学生的科学素养包括以下四个方面：科学知识与技术，科学探究（过程、方法与能力），科学态度、情感与价值观，对科学、技术与社会关系的认识。

温馨提示

> 国际上对公众科学素养的评价包括三个方面的内容，一是对科学术语和基本概念的认识，二是对科学研究过程和方法的认识，三是对科学、技术与社会相互关系的认识。

作为自然科学之一，中学物理课程的总目标顺应课程改革的要旨，力求通过物理课程提高学生的科学素养。表 3-2 分别对义务教育阶段和普通高中阶段的物理课程标准规定的课程目标进行了罗列，读者可通过表格探索两者之间的关联与区别。

表 3-2　义务教育阶段和普通高中阶段的物理课程标准规定的课程目标

义务教育物理课程标准（2011 年版）	普通高中物理课程标准（2017 年版）
学习终身发展必需的物理基础知识和方法，养成良好的思维习惯，在分析问题和解决问题时尝试运用科学知识和科学研究方法	形成物质观念、运动与相互作用观念、能量观念等，能用其解释自然现象和解决实际问题

续表

义务教育物理课程标准(2011 年版)	普通高中物理课程标准(2017 年版)
经历科学探究过程,具有初步的科学探究能力,乐于参加与科学技术有关的活动,有运用研究方法的意识	具有科学探究意识,能在观察和实验中发现问题、提出合理猜想与假设;具有设计探究方案和获取证据的能力,能正确实施探究方案,使用不同方法和手段分析、处理信息,描述并解释探究结果和变化趋势;具有交流的意愿与能力,能准确表述、评估和反思探究过程与结果
保持探索科学的兴趣与热情,在认识自然的过程中获得成就感,能独立思考、敢于质疑、尊重事实、勇于创新	具有建构模型的意识和能力;能运用科学思维方法,从定性和定量两个方面对相关问题进行科学推理、找出规律、形成结论;具有使用科学证据的意识和评估科学证据的能力,能运用证据对研究的问题进行描述、解释和预测;具有批判性思维的意识,能基于证据大胆质疑,从不同角度思考问题,追求科技创新
关心科学技术的发展,具有环境保护和可持续发展的意识,树立正确的世界观,有振兴中华、将科学服务于人类的使命感与责任感	能正确认识科学的本质;具有学习和研究物理的好奇心与求知欲,能主动与他人合作,尊重他人,能基于证据和逻辑发表自己的见解,实事求是,不迷信权威;关心国内外科技发展现状与趋势,了解物理研究和物理成果的应用应遵循道德规范,认识科学、技术、社会、环境的关系,具有保护环境、节约资源、促进可持续发展的责任感

二、 中学物理教学目标

问题的提出

中学物理课程目标是确定中学物理教学目标的依据,教学是实施课程目标的主要途径,教学目标是对课程目标的具体化。

教学目标要求学生学习物理时不仅着重把握其知识与技能,同时能够对探究的过程与方法有切身的体会,在这个过程中使良好的情感、态度与价值观潜移默化地扎根,这将有利于学生长远的、全面的发展,为其终生学习打好科学基础。

下面我们将对中学物理教学目标进行详细的探讨。

(一) 教给学生必要的物理基础知识

中学物理教学应该帮助学生掌握物理学中面向学生的最常用、最基础的知识,为进一步学习(包括升学和就业两方面的需要)和参与现代生活打下基础。在处理物理基础知识时有三点值得注意。

1. 从"重结论"到"重过程"

教学不应简单地把知识当作已有的、可使用的结论,而应重视知识被探索与认识的过程。可适当引入物理学史,明确知识是人类对客观世界不断探索的智慧结晶。"重结论"的机械教学模式舍本逐末,使学生对概念的理解过于"文本化"和肤浅,既不利于学生对知识的理解与运用,又不利于科学方法的掌握和思维的发展。

2. 从"知识课堂"到"生活课堂"

知识传授一旦脱离生活,知识也就失去了承载的容器,学生将难以得到一个感性的认识。将知识回归到生活,不仅能激发学生的兴趣,也有利于学生在今后的生活中发现并巩固所学知识，同时对已有知识无法解决的现象产生新的思考，促成学科知识与生活知识相互交融的良性学习生态。

3. 从“事无巨细”到“动中肯綮”

无论教师还是学生，时间与精力都是有限的，分清主次、把握重点是提高基础知识教学效率的关键。基础知识一般分为三类：重点知识、重要知识、一般常识。教师应按照不同类别的特点予以不同的关注，进行有详有略、层次分明的教学，切忌每个细节都面面俱到。

知识卡片

基础知识的分类

重点知识：是否是重点知识，首先需要考虑它是否在物理知识体系中占有最重要的地位，其次考虑它是否有进一步学习的必要或是否是社会现代化建设所必需的内容，最后还需要考虑学生是否能够接受其内容。

重要知识：重要知识是为了掌握重点知识而铺设的台阶，是必须学习的过渡性或预备性知识，也包括一部分鉴于中学生基础不足而适当降低要求的知识。

一般常识：一般常识的作用是扩大学生眼界，奠定其广泛基础，也包括一些在物理学中地位重要、富有生命力而因中学生接受能力有限，只作一般性介绍的知识。

（二）教给学生获得知识的方法

获取知识的方法与途径多种多样，教师在教学中应给予学生点拨，培养学生通过正确方式进行高效学习的能力，这将对学习物理大有裨益。具体可以从下面几方面入手。

1. 提高阅读能力

书本是中学生获取知识最主要的来源。良好的阅读能力，有助于学生剖析书本知识的结构体系，理解教材希望表达的内容。

2. 提高实验能力

实验能揭示事物现象的本质和规律。良好的实验能力，有助于学生通过实验流程与结果接触、探索新知识。良好的实验能力同时也对学生的观察力提出要求，促使他们训练一双“善于发现知识的眼睛”。

3. 提高数学能力

数学是一切科学的基础。良好的数学能力，有助于学生理解并运用公式，减少学习过程中耗费在计算上的时间，避免出现因算式复杂而“知难而退”的情况。除此之外，还能方便学生理解有关物理量之间的定量关系。

4. 提高逻辑思维能力

良好的逻辑思维能力，有助于学生建立概念体系，清晰地分析物理问题，找到其关键与突破点。

（三）非智力因素培养

非智力因素虽然不直接参与学生对客观物理世界的认知，但是能从动机、兴趣、意志、情感、态度、价值观等方面起到调节与推动作用。人的智能成长与综合发展，需要智力因素和非智力因素齐头并进。良好的物理教学在提升学生智力的同时，还应关注非智力因素的作用，全面培养学生发展。

第三节　中学物理教学目标设计与案例

中学物理教学目标设计与案例教学视频

中学物理教学目标设计是教学过程中非常重要的环节，又是新课程标准在教学实践中的具体应用。主要工作包括确定教学目标、分析教学内容、分析学生、制定教学策略、选择教学媒体并在此基础上进行课堂教学目标的设计。

一、中学物理教学目标设计存在的主要问题及案例

(一) 对目标的认识不足

时至今日，许多诞生在课程标准之前的教学理念仍有流传，这些教学理念缺乏一定的科学性，主要体现在对教学目标概念的界定模糊、对教学目标设计重要性的认识不足。对目标的认识不足一般会导致以下几种现象。

1. 无目标

教师在教学设计过程中直接缺失了教学目标制定这一环节，在具体的教案中这部分内容是空白的。在这种情况下，教学目标被教师强行等效替换成教学过程或内容，误认为完成了课堂教学即达到了教学目标。

2. 形同虚设的目标

教师在教案中进行的教学目标设计与实际教学不吻合。在这种情况下，教师进行教学目标设计并不是为了学生与自身的长远发展，而是一种消极的对工作检查的应付，教学目标形同虚设。这种“走形式”的程序化设计既不符合素质教育的倡导，也影响了教学目标功能的发挥。

3. 盲目模仿的目标

教师没有认真分析教学内容、学生认知水平，不研究课标，直接生搬硬套他人已有的成果。这种投机取巧的方式所达到的效果往往与预期相差甚远，模仿与借鉴永远只能存在于目标设计的最初阶段，而不是最后一步。

(二) 目标制定经验不足

教学目标的编写，必须在规范的概念指导下，并且按照相应的教学原则完成。当前由于教育理念向新课改的过渡未完成，以及教育、教学理论的缺乏，许多中学物理教师的目标制定经验严重不足，在教学目标的设计和表述时易出现以下几种问题。

1. 行为动词缺失

行为动词缺失即未明确学生学习之后应达到怎样的行为变化，如表 3-3 和表 3-4 所示。

表 3-3　“声音的产生与传播”的知识与技能目标

参考小案例 3-1	声音的产生与传播
知识与技能	声音的产生与传播条件
新课改要求	通过实验探究，初步认识声音产生和传播的条件
原因查找	缺少可观察、可测量的行为动词
改编参考	通过观察音叉敲击和鼓面振动等具体的实验，知道声音是由物体振动产生的；通过观察真空铃声实验，认识到真空不能传声，知道声音传播需要一定的介质，并初步认识到声音产生和传播的条件

表 3-4 “光的反射”的知识与技能目标

参考小案例 3-2	光的反射
知识与技能	光的产生与反射条件
新课改要求	通过观察和参与实验，对光的传播和反射有初步的认识
原因查找	缺少可观察、可测量的行为动词
改编参考	通过观察激光照射平面镜等具体的实验，知道光是由光源产生的；通过观察光的反射实验，发现光的反射的一些规律和条件

2. 行为主体错位

行为主体错位即教师把自身或者讲授的内容作为行为的主体。行为主体应该是学生，教育学中通常称为学习者。

3. 行为动词不当

行为动词不当即使用了一些含义不能确切把握的词，比如“体会”“领悟”“懂得”“提高”等，这些词很抽象，难以操作、测量和评价，应尽量减少其使用，如表 3-5 所示。

表 3-5 “光的颜色”的知识与技能目标

参考小案例 3-3	光的颜色
知识与技能	明白光的颜色
新课改要求	通过观察和实验，知道白光是由七色光组成的
原因查找	“明白”属于名义性的词语，不具体且难以测量
改编参考	经过光的色散实验的探索，清楚阳光是由七种单色光构成

4. 行为条件的缺失

行为条件的缺失即未明确决定学生学习效果的前提或条件，如表 3-6 所示。

表 3-6 “温度”的知识与技能目标

参考小案例 3-4	温度
知识与技能	会使用温度计
新课改要求	会测量物体的温度
原因查找	没有给出在什么情境下学生能够做什么
改编参考	学生在所提供的信息或提示（资料、教科书、笔记、图表、词典等）下，能够正确使用温度计测量身边物体的温度，会进行简单的数据处理

5. 三维教学目标混淆

三维教学目标混淆即不重视三维目标各部分之间的区分，彼此形成混淆，如表 3-7 所示。

表 3-7 “电路连接”的过程与方法目标

参考小案例 3-5	电路连接
过程与方法	能够设计和连接串联、并联电路，并能画出电路图（属于知识与技能目标）
新课改要求	能够设计、连接电路，能正确画出电路图
原因查找	将技能目标混淆为过程与方法目标
改编参考	可以根据串联和并联的本质特点对其进行区别，还能举例说明生活中常见的串联、并联电路的具体例子。能正确地将电路图与实际电路互相转化

6. 背离课标

背离课标即没有深刻理解新课程标准，教学目标制定不到位，超出学生的最近发展区，如表 3-8 所示。

表 3-8 “液体的压强”的过程与方法目标

参考小案例 3-6	液体的压强
过程与方法	能够用液体压强公式进行计算
新课改要求	通过实验探究，学习压强的概念。能用压强公式进行简单计算。知道增大和减小压强的方法
原因查找	课标中没有液体压强的目标要求，液体压强的探究属于能力提高的要求，课标中更没有利用公式计算液体压强的要求，此处要求过高，背离了课标要求
改编参考	通过观察和参与实验，了解液体内部压力的特征，并可以用液体压强的规律解释一些简单的生活现象

二、 课堂教学目标设计问题成因分析

当前中学物理教学目标设计中的种种问题来自多个方面，主要可以列出以下几种：

(1) 对教学目标的意义、功能认识不足或有误。

(2) 教学目标价值取向不明确，没有树立“以学生为本”的教学观。

(3) 对新的理念、理论认识不足。

(4) 缺乏对目标设计依据的分析。

(5) 过于强调目标预设。

(6) 教师的经验及技术不足。

(7) 来自升学考试、社会和学校的强大压力等。

三、 教学目标设计的原则

为了取得教学目标设计的成功，教师应合理、科学地解决两个问题：一是如何准确地确定教学目标；二是如何清晰地表述教学目标。在解决这两个问题时，应时刻注意遵循以下原则。

1. 科学性原则

教学的科学性是思想性的前提。学生只有掌握了科学知识，才能正确地认识客观事物及其规律，树立科学的世界观和人生观。在教学中，教师要认真地把本门学科课程标准和教材所规定的基本知识和基本技能传授给学生。在设计教学目标时，要做到对教材的分析、概念的表述准确无误，提供的材料真实可靠，推理严密，教学的组织和方法科学合理。

2. 可操作性原则

教学目标必须符合教学规律，同时教学目标也是教学评价的依据。教学目标设计应考虑教学进程，结合学校的实际条件，结合学生所熟悉的生活、技术和社会实际，使教学目标便于操作，又具有实效性。

例如，考虑到高层次教学目标的要求，“知识点”下的“知识要素”不宜分得过细，能体现出知识结构即可。一个“知识要素”可以有几个层次的目标，以便在教学中由低层次到高层次逐步掌握。

3. 可测性原则

一个好的目标体系，实际上已蕴涵了学习结果的测验方式和评价标准。我们需要用可测的教学目标来帮助我们判断教学目标是否完成，以及完成的程度如何。应用可观察、可测量的行为结果来陈述，能体现出可检测性。行为目标必须能够通过测量获得明确的结论，如"理解""掌握"到什么程度，会"运用"到什么水平。教师应注意尽可能地避免使用不恰当和模糊的状态动词来陈述，以防其评价功能受到制约。

4. 系统性与层次性原则

中学物理教学目标从学科角度来讲是一个系统，在设计时要从系统论的角度整体上把握目标要求，要从"中学物理课程目标—中学物理学段目标—单元教学目标—课堂教学目标"逐步具体化。同时学生的发展具有顺序性和阶段性，这决定了教学目标内容层次的结构性和全面性。

四、 物理学科核心素养下教学目标设计案例

(一) 物理学科核心素养

学科核心素养主要是就学科所具有的育人价值进行体现，学生在学习的过程中，不仅掌握相关知识，还能形成正确的价值观。物理学科核心素养主要包括"物理观念""科学思维""科学探究"和"科学态度与责任"四个方面。

1. 物理观念

物理观念是以物理学视角解释自然现象和解决实际问题的基础，简单理解就是人对物理概念和物理规律的客观理解和认知。物理观念由三要素构成：① 物质观念；② 运动与相互作用观念；③ 能量观念。

2. 科学思维

科学思维本质就是认识方式的一种，是以物理学视角来观察与认识客观事物，弄清事物的本质属性、内在规律与相互关系等。科学思维存在的基础是以经验事实建构的物理学模型。在科学领域中，科学思维的应用非常广泛，例如学习中概念和规律的形成、数据分析、综合推理和后期论证等。在能力品格养成中，科学思维也是非常重要的，人们会根据事实与科学推理给出自己的看法，或是对不同结论提出合理的质疑，并且还能针对错误结论进行检验和修正，科学思维强的人能给出具有创造性的见解。

科学思维涵盖的内容有：① 模型建构；② 科学推理；③ 科学论证；④ 质疑创新。

3. 科学探究

科学探究的本质也是一种能力。科学探究立足于已有的观察与实验，提出相应的假设，并为了证明假设而进行实验设计，开展实验以获取数据，以及对数据进行有效处理，分析论证，最后评估交流。科学探究是探究科学真理的一种能力。

科学探究的构成要素有：① 问题；② 证据；③ 解释；④ 交流。

4. 科学态度与责任

对学生而言，科学态度与责任是驱动其探索自然的内在动力。所谓科学态度，是在探寻真理的过程中严谨认真，实事求是。所谓责任感，是时刻坚守道德底线，始终将责任意识放在心上，所有决策始终贯彻可持续发展的理念。这一核心素养的形成是以两个认识为基础的，一是对科学本质的认识，二是对科学、技术、社会、环境(STSE)关系的认识。

科学态度与责任由三要素构成：① 科学本质；② 科学态度；③ 社会责任。

(二) 物理核心素养下教学目标设计案例

1. 力学教学目标设计案例："质点、参考系和坐标系"（选自人教版高中物理必修 1）

● 物理观念

(1) 能清楚、系统地理解"运动""参考系"和"质点"的含义，并能正确说出专业术语"运动""参考系"和"质点"的含义。

(2) 能正确解释运动的绝对性，描述运动的相对性。

(3) 能确定参考系，用坐标方式描述物体位置，能综合运用质点模型灵活解决实际问题。

● 科学思维

(1) 能针对具体情况判断或描述物体的运动，能针对具体的情境判断或描述物体是否可视为质点。

(2) 能说出建立质点模型的思维流程，能说出质点是一个什么样的理想模型，能建构质点模型。

● 科学探究

(1) 能说出质点模型的建构对解决实际问题的影响。

(2) 能体会用坐标方法描述物体位置的优越性，增强发现问题并力求解决问题的意识和能力。

(3) 观察物理现象，提出不同角度下参考系的选择对分析运动情况的影响。

● 科学态度与责任

(1) 在质点模型建立的研究中和应用参考系、坐标系分析运动问题时，能自觉养成科学的研究方法和思维。

(2) 有探索自然和宇宙的内在动机，能坚持用新的眼光认识世界。具有严谨、认真的科学态度。

2. 电磁学教学目标设计案例："通电导线在磁场中受到的力"（选自人教版高中物理选修 3-1）

● 物理观念

(1) 能正确描述左手定则的具体内容，理解安培力、电流、磁感应强度三者的空间关系。

(2) 会推导磁场中安培力的表达式，会计算磁场中安培力的大小，知道左手定则的内容，并会用它判定安培力的方向。

(3) 了解磁电式电流表的工作原理。

● 科学思维

(1) 会使用物理学的科学方法。如研究通电导线在磁场的不同方向所受安培力的情况时，可以采用矢量分解的方法，能用此方法解决实际物理问题。

(2) 能理论分析和实验推理验证两条平行通电导线之间的相互作用，获得并解释结论。

● 科学探究

(1) 通过控制变量法实验探究得到电流、磁场、安培力三者方向的多组情况。领会"现象多变，规律简单"的物理本质，感受物理学的魅力。

(2) 制定具有新意的实验方案，认识磁电式电流表的内部构造。

● 科学态度与责任

在实验探究过程中，能从中体会科学之美，养成与他人合作的良好习惯。

3. 热学教学目标设计案例："分子热运动"（选自人教版高中物理选修 3-3）

● 物理观念

（1）了解扩散现象是由分子热运动引起的，能解释第二类永动机不可能制成的原因。

（2）观察布朗运动，理解布朗运动的概念，以及布朗运动形成的本质原因。

（3）理解热运动的定义以及特点，知道影响热运动剧烈程度的因素。

● 科学思维

（1）建立气体分子空间分布的立方体模型。

（2）能通过观察宏观现象并借助逻辑的力量，揭示隐藏在宏观现象背后的微观本质，养成良好的科学推理能力。

（3）自主设计实验，分析论证实际生活中关于布朗运动的现象。

● 科学探究

（1）在物理学史的学习过程中，合理假设、质疑，提升科学探究的水平。

（2）体验科学家的研究过程，领会科学探究要素和与他人合作的重要性。

● 科学态度与责任

（1）通过物理学史的学习，体会科学发展道路的漫长曲折，养成坚定不移的科学态度和不轻言放弃的科学精神。

（2）养成科技造福人类、节能减排和可持续发展的意识。

4. 光学教学目标设计案例："全反射"（选自人教版高中物理选修 3-4）

● 物理观念

（1）能清晰、系统地认识全反射现象和物理原理，对光的全反射现象能做出合理说明。

（2）能运用公式综合解决临界角计算的问题。

（3）能用全反射的知识解释生活中的实际问题。

● 科学思维

（1）在演示实验中，分析和推理物理现象，概括出全反射现象。

（2）对全反射发生的条件提出质疑，采用多种角度分析物理问题。

（3）分析入射角和折射角的数据，发现全反射的规律，形成临界角的计算公式。

● 科学探究

（1）能根据生活中与全反射有关的现象提出可探究的物理问题，并加以解决。

（2）能在全反射的实验探究中合理利用实验仪器，并对实验数据进行分析和筛选。

（3）能用专业术语总结结论，并能独立完成实验报告。

● 科学态度与责任

（1）在全反射的互动实验中，培养探究科学知识的兴趣和实事求是的科学态度，养成与他人合作的良好习惯。

（2）能将物理知识与实际相联系，具有创造人类美好明天的责任感。

5. 原子物理学教学目标设计案例："原子的核式结构模型"（选自人教版高中物理选修3-5）

● 物理观念

（1）能清晰、系统地理解原子的核式结构模型，了解原子结构模型建立背后的物理学史。

（2）能正确叙述和解释粒子散射实验的实验方法和实验现象。

（3）能灵活运用建立物理模型的思想。

● 科学思维

（1）能根据原子核式模型建立的思想，拓展用物理模型解决复杂问题的模型建构思维。

（2）能通过对粒子散射实验的探究，对电子轨迹进行分析和推理，最终得出原子核式模型。

（3）能从多个视角审视历史上科学家提出的不同原子结构的模型。

● 科学探究

（1）对于粒子散射实验的现象，能从不同角度切入，并做出假设。

（2）能根据所做的假设，制定探究原子核式模型的方案。

（3）能合理使用实验器材，并对实验现象进行科学分析。

（4）能运用物理专业术语解释和反思结论，同时能撰写完整的实验报告。

● 科学态度与责任

（1）有较强的探索微观世界的内在动机，能不惧权威、勇于质疑，养成实事求是、尊重科学的良好习惯。

（2）认识到人类对微观世界的探索是不断发展的，单凭想象的结论是具有局限性的，实验是检验真理的唯一方法。

第四节　教学目标设计的基本步骤及方法

一、基本步骤及方法

教学目标需要从高位至低位地分解为不同层次，这是一个不断细化和具体化的过程。任何一级教学目标的确定，都要以上一级目标为依据，靠下一级目标的服务得以实现。要设计单元目标，就必须明确教学任务；要确定课堂教学目标，就必须明确单元目标及其相互关系；分目标与总目标应持续保持一致。

图 3-2 所示的是教学目标制定过程的简化形式，接下来我们将通过此图来介绍教学目标设计的基本步骤及方法。

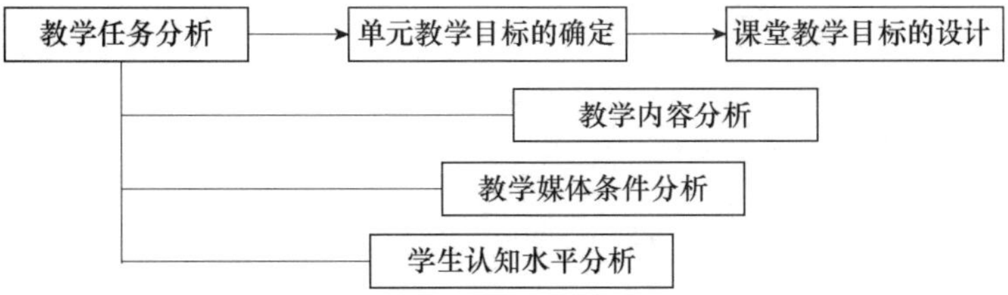

图 3-2　课堂教学目标设计流程

1. 教学任务分析

教学任务分析是确定单元教学目标的前期工作,分析主要包含三个方面:① 对学生现有的认知水平、年龄特征和学习方法的分析,以及对学生情感、态度与价值观的全面把握,这是对学生的分析;② 对校园设施、多媒体软硬件和实验器材等教学媒体条件的分析;③ 对教学内容的分析。教学内容是课堂最主要的组成部分,它来源于教材却不局限于教材,教师应合理分析教学内容,对其进行有效的组织。

2. 单元教学目标的确定

教学过程中通常以教学单元为单位来制定教学目标。在教学任务分析后,教师应基于整个单元的教学内容,描述学生经过单元学习后的学习结果,围绕单元目标开展教学活动。单元教学目标的确定需经过以下几个步骤。

(1) 结合中学物理课程标准,认真钻研教学大纲。

(2) 通读教材,对单元教学内容进行分析,确定各知识点的等级,将单元知识点分解为知识要素,制定双项细目表,确定本单元教学目标在三个维度上的变革。

(3) 对单元教学目标进行陈述,具体、明确地表述教学目标,从而制定切合实际的、满足专业培养目标的单元教学目标。

3. 课堂教学目标的设计

(1) 在单元教学目标的基础上,继续研究新课程标准,将课程标准分解为每节课的学习目标,建立目标体系。

(2) 课堂教学目标针对的是特定的学校课程,在不同的教育阶段往往有很大的差异,不可进行统一概括。教师需根据课堂教学目标的时限性及时对其完成更新。

(3) 整合目标,即对以上确定下来的具体目标进行分类、划分层次,理清各目标之间的内在联系与逻辑关系,让其有效地发挥作用。

二、案例“电流与电路”

(一) 教学任务分析

1. 教学内容与要求分析

(1) 本单元主要内容如表 3-9 所示。

表 3-9 “电流和电路”的主要内容

两种电荷
电流和电路
串联和并联
电流的测量
探究串联、并联电路中的电流规律

(2) 本单元教学要求如表 3-10 所示。

表 3-10 “电流与电路”的教学要求

收集资料	了解电荷、电流的发现过程,体会人类探索自然规律的科学态度和科学精神
通过实验	理解电流的产生条件。举例说明电在生活和生产中的应用
通过探究	理解串联和并联电路的特点,并能应用其特点来解决简单的电路问题
经过观察	可以正确列举在生产劳动和实际生活中的一些串联和并联电路现象

2. 教学出发点的确定

本章为人教版物理九年级第十五章。物理课程标准中对本章的要求是：从能量转化的角度认识电源和用电器的作用；会看、会画简单的电路图；会连接简单的串联电路和并联电路；能说出生产、生活中采用简单串联或并联电路的实例；了解串联、并联电路电流的特点；会使用电流表。从教材地位上讲，本章是电路的入门知识，是学习欧姆定律、电功率、焦耳定律等知识的基础，所以无论从课程标准的要求上看，还是从物理学知识的扩展上看，本章都具有承前启后的重要作用。对于初中教学而言，应尽可能多地联系生活实际，充分揭示知识与生活的关联，从而激发学生学习物理的兴趣，使学生认识到电是可以操作的，并产生进一步探究其奥秘的兴趣。

（二）知识学习水平双向细目表

以新课程标准为依据，可得出本单元的知识学习水平双向细目表，如表 3-11 所示。

表 3-11　知识水平双向细目表

知识点		电荷	电流	电路	串联和并联	电流的测量与计算
学习水平	了解	√				
	认识					
	理解		√	√		√
	应用		√		√	√
	操作			√	√	

（三）本单元三维教学目标的制定

根据课程标准和教材内容对本章的要求以及学生的认知心理，确定本章的三维教学目标。

【知识与技能】

（1）认识摩擦起电现象，了解电荷的种类、电荷量及电荷间的相互作用。

（2）知道电流的形成及其条件，知道电流方向是如何规定的。

（3）通过动手实验，认识断路、通路、短路，知道电路的组成；认识电源和用电器的作用，从电路的组成认识开关的作用；能画常见的电路元件符号。

（4）结合小灯泡、电子门铃等电路的实际连接，学会按实物电路连接图画出对应的电路图。

（5）通过灯泡的明亮程度，认识电流，会使用电流表，会读电流表的读数。

【过程与方法】

（1）在认识自然界只有两种电荷的过程中，感受人们所用的推理方法。

（2）在动手实验的过程中，学习观察实验现象，学习从现象中分析归纳出规律的方法。

（3）知道用电器符号、电路图，能把具体的电路连接情况简洁明了地表达出来。

（4）通过探究，能用实验的方法了解串联、并联电路的区别。能说出生活、生产中采用简单串联或并联电路的实例。

【情感、态度与价值观】

（1）激发对电路组成、各元件作用的兴趣；在学习连接电路、画电路图等基本技能的实践活动中，培养竞争意识、合作精神、安全操作意识。

（2）鼓励学生自己查找资料，培养学生的自学能力，引导学生关注社会、初步认识科学及相关知识对人类生活的影响。

【思考与讨论】

1. 论述物理课程标准在中学物理教学中的地位与作用。

2. 列出物理课程标准的框架。

3. 义务教育阶段物理课程的性质是什么？高中阶段物理课程的性质是什么？

4. 义务教育阶段物理课程的课程理念是什么？高中阶段物理课程的课程理念是什么？结合你自己的学习经历谈谈体会。

5. 义务教育阶段物理课程的课程目标是什么？高中阶段物理课程的课程目标是什么？

6. 如何解读三维目标？请以具体案例来分析。

7. 如何解读物理学科的核心素养？请以具体案例来分析。

8. 义务教育阶段物理课程的基本结构是什么？课程的主要内容是什么？

9. 高中阶段物理课程的基本结构是什么？课程的主要内容是什么？

10. 义务教育阶段物理课程内容的一级主题和相应二级主题是什么？

11. 写出人教版九年级第十三章内能的认知水平双向细目表。

12. 举例说明教学目标制定不足的具体情况。

【技能训练】

在下列课题中选择其一，编写教学目标，并在小组内讨论和评估：

初中物理（气体压强、重力、质量、滑轮、热值、电路、电功），高中物理（力的分解、牛顿第二定律、自由落体运动、动能定理）。

第四章

中学物理教学过程和教学原则

知识框架

- 中学物理教学过程和教学原则
  - 中学物理教学过程
    - 物理教学过程的特点与规律性
    - 构成教学过程的要素及其相互关系
  - 中学物理教学原则
    - 中学物理教学原则
    - 阎金铎提出的教学原则及对其的理解

为了正确而有效地开展教学工作，达到显性化的教学效果，需研究教学过程与教学原则。我们需认识教学过程的特点，并通过其揭示教学过程的规律，进一步制定教学原则，为选择教学方式、方法提供理论依据。

第四章
中学物理教学过程和教学原则课件

第一节　中学物理教学过程

中学物理教学过程教学视频

教学过程是教师传授与学生学习的统一，是由能够实现预定教学目标的若干教学环节组合而成的、教学相长的活动进程。

教学过程的矛盾主要表现为教师与学生之间的矛盾(教与学的矛盾)，教师与教学任务之间的矛盾，学生与完成教学任务之间的矛盾三方面。其中第三种矛盾是教学过程的主要矛盾，是教学活动存在和发展的依据。接下来，我们将从不同方面对教学过程进行讲解与介绍。

一、 物理教学过程的特点与规律性

教学过程是一个特殊的活动过程，是一个认识、发展和实践相互统一的过程。首先，教学过程是学生个体的认识——认识的个体性；其次，教学过程是学生发展的认识——认识的发展性；最后，教学过程是学生实践的认识——认识的实践性。在这个过程中，实现了直接性与间接性的统一、自主性与指导性的统一、认识性与发展性的统一。

(一) 物理教学过程是一个特殊的认识过程

教学过程的本质是一种认识过程。教学过程服从于一般认识过程的普遍规律，如从感性到理性、从理性到实践。但教学过程又有其特殊性，有别于一般的认识过程，具体表现为它是学生个体的认识。

学生个体的认识具有间接性。学生个体获得知识有两种途径：一是间接经验，二是直接经验。不同于人类历史总认识，学生个体认识的对象是课程标准所划分的、中学物理教材所呈现的前人已获得的经验成果；学生个体认识的方式不只是亲力亲为，还可以依靠他人或者其他信息途径。综上所述，学生认识的对象和方式都是间接的，它使学生的学习便捷而有效。话虽如此，但是教师在教学过程中仍要重视学生直接经验的掌握，应将两者有机地结合起来实现相互转化。

学生个体的认识具有指导性。学生的学习活动不是孤立存在的，学生个体的认识是在教师领导下有目的、有组织地进行的，教师引导学生自主学习，具有指导性。

学生个体的认识具有教育性。教学是为了人的全面发展，教学过程使学生掌握知识、发展智力、培养高尚品德。学生在认识过程中，得到创新精神和实践能力的培养，最终成为综合素质全面发展的人。

（二）教学过程的其他性质

教学过程的双边性、发展性和受限性如图 4-1 所示。

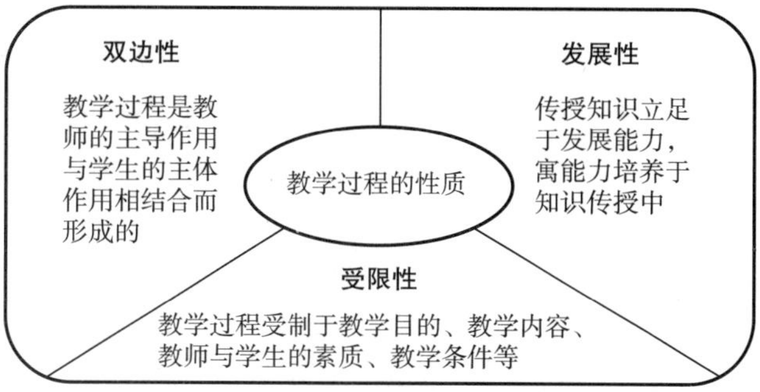

图 4-1　教学过程的性质

二、 构成教学过程的要素及其相互关系

一个过程，通常可由构成这个过程的所有因素表达。了解不同因素之间的相互关系，理清它们产生的相互作用，是掌握一个过程本质、有效实现其功能的先决条件。

教学过程也不例外，不同学派对教学过程的基本构成因素有着不同的见解，比较有代表性的是“三要素说”“四要素说”“五要素说”和“六要素说”。本书将基于四要素说展开介绍。如图 4-2 所示，我们认为教学过程最基本、最主要的因素是学生、教师、物理环境和教学环节。它们之间的相互关系如箭头所示。

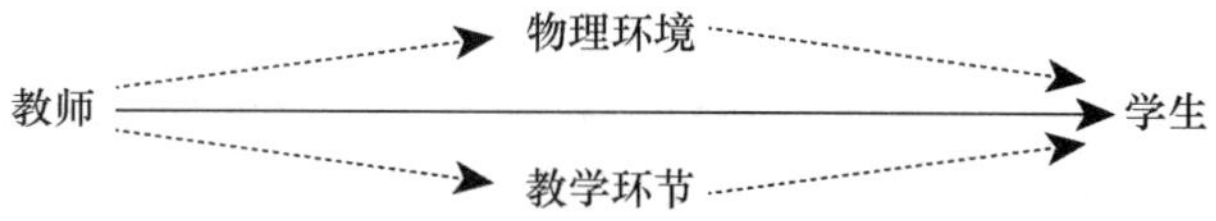

图 4-2　基本要素及相互关系

温馨提示

三要素说：教育者、受教育者、教育影响(教育措施)。
五要素说：教育者、受教育者、教育方法、教育内容、教育环境。
六要素说：教育者、受教育者、教育内容、教育手段、教育途径和教育环境。

1. 学生是认识的主体，物理世界及其规律是被认识的客体

认识是人脑对客观世界能动的反映。产生反映的对象称为主体，主体实施动作；被反映的反映源称为客体，客体接受动作；动作是主体对客体的作用。主体一般是人类，在物理教学中自然指的是学生。同理，客体指物理世界及其客观规律。动作同时包含了观察、测量等行为操作和假设、推理等思维活动。主、客体的相互作用最终将发展为经验、形成知识。

学生的学习是一种虽然复杂却有规律可循的认识过程。对于新知识，学生以“同化”和“顺应”两种形式来认知：当学生已有的思维体系产生的正迁移使学生能够理解客体时，学生的适应形式称为同化；当客体破坏了学生原有思维体系的平衡时，学生通过自我调节来适应，这种形式称为顺应。在“适应”与“不适应”“平衡”与“不平衡”的对立与相互转化中，学生的思维体系不断发展，形成新的认知结构。其中自我调节是形成认知结构的关键。

2. 教师是学生认识客体过程的主导

如图4-3所示，认识过程中有两个极为重要的关键转化：从感性认识到理性认识，即对物理世界的认识转化为学生个体的知识；从理性认识到付诸实践，把知识转化为能力。在物理教学中，这两步转换都需要在教师的引导下进行。

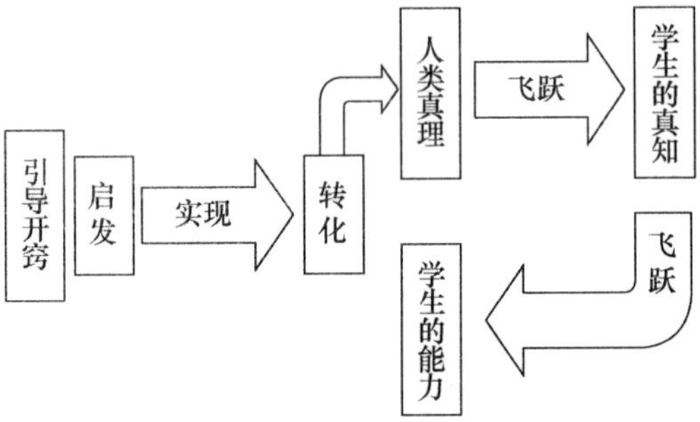

图4-3 两步关键转换

前人对物理世界的探索经历了漫长的时间，学生对物理知识的学习也可看作为“探索的再现”；不同之处在于：学生是在特定物理环境下，由受过专业训练的教师引导而进行的。这大大降低了探索过程的难度，避免了本可能经历的歧路。所以说，教师是学生认识客体过程的主导。

但需要注意的是，认识具有主观能动性，学生在物理学习中永远是对一切从未知到已知的主体，教师只能引导而不能代替学生认识。教师需要为学生创造一个以学生为主体的学习物理的环境，该环境能使学生受到全面、系统的物理基本训练，使物理学习方法、形式和内容相互渗透，从而获得科学知识，培养科学态度，掌握科学方法和技能，发展科学思维。

3. 教学环节是认识的桥梁

教学环节是“教为主导，学为主体”的师生双边良性互动的活动。它是认识的桥梁，是师生之间信息传递的枢纽。教师的主导作用通过具体教学环节得到落实，同时教师通过教学环节发现学生学习中存在的问题，从学生学习状态中得到反馈；学生通过教学环节获得对物理客观世界的认识，解决存在的疑惑。因此，教学环节需服务于教学，服从其规律，创造有效的环境与效果，满足认知、技能、情感协调发展的要求。

第二节 中学物理教学原则

中学物理教学原则教学视频

教育学原理提出，教学原则是根据教育、教学目的，为反映教学规律而制定的指导教学工作的基本要求。中学物理教学应从物理学科自身特点出发，将教育学与中学物理教学过程有机地结合，以落脚于中学物理教学原则的形成。本节先简单介绍目前大家普遍认同的教学原则和各种流派的教学原则，再着重讲解阎金铎[①]先生提出的教学原则。

一、 中学物理教学原则

1. 普用教学原则

中学物理普用的教学原则如表 4-1 所示。

表 4-1 普用教学原则

(1)	直观性原则
(2)	学生的积极性和自觉原则
(3)	巩固性原则
(4)	系统性和连贯性原则
(5)	教学的通俗性与可接受性原则

2. 各种流派

中学物理教学的各种流派如表 4-2 和 4-3 所示。

表 4-2 赞可夫提出的教学原则

(1)	以高难度进行教学的原则
(2)	以高速度进行教学的原则
(3)	理论知识起主导作用的原则
(4)	使学生理解学习进程的原则
(5)	使全班(包括差生)都得到发展的原则

表 4-3 许国梁提出的教学原则

(1)	教师的主导作用与学生的主体作用相统一的原则
(2)	科学性与思想性相统一的原则
(3)	具体与抽象相统一的原则
(4)	掌握知识与发展能力相统一的原则
(5)	理论联系实际的原则
(6)	巩固与提高相统一的原则
(7)	教学的统一要求与因材施教相结合的原则

二、 阎金铎提出的教学原则及对其的理解

阎金铎提出的教学原则见表 4-4。

---

① 阎金铎：北京师范大学物理系教授，中国教育学会物理教学专业委员会名誉理事长，中国教育学会理事，《学科教育》主编。

表 4-4 阎金铎提出的教学原则

(1)	科学性、教育性、艺术性相结合的原则
(2)	激发兴趣的原则
(3)	创设物理环境、突出观察实验的原则
(4)	启发思考、教给方法的原则
(5)	联系生活、技术、社会实际的原则

(一) 科学性、教育性、艺术性相结合的原则

科学性要求教师准确地应用术语，正确、清晰地对物理现象、物理规律、物理概念进行描述，教给学生正确的方法以分析和解决物理问题。确切地应用术语不代表提倡教师全程使用高深的科学专业词汇，而强调用语的科学无误。教师对问题进行通俗易懂地讲解，并不与具备严密的讲解逻辑、拥有真实可靠的讲解内容、使用科学的讲解方法相冲突。

案例 4-1　科学性

重力与质量的关系：应说重力与质量成正比，不能说质量与重力成正比。

弹簧测力计的原理：应该说“在弹性限度内，弹簧受到的拉力越大，伸长就越长”。不能说“弹簧受到的拉力越大，伸长就越长”，也不能说“在弹性限度内，弹簧伸长越长，其受到的拉力越大”。

灯泡越亮，只能说明实际功率大，不能说明额定功率大。对于额定电压相同、额定功率不同的灯泡，串联在电路里，灯泡亮的实际功率大、额定功率小；并联在电路里，灯泡亮的实际功率大、额定功率也大。

教学的客观规律决定了其具有教育性，科学知识与教材内容本身反映了德育的重要价值，为实施道德品质教育开辟了途径。赫尔巴特[①]提出了“教育性教学”一词，认为教学若不进行道德教育，则只是一种没有目的的手段，而道德教育若无教学，就是失去了手段的目的。人文素养与科学素养在学生成长中扮演的角色好比鸟之双翼，折了任何一样都无法完成学生的全面发展。因此，教学过程必然是一个知识传授与道德教育互相渗透的过程。教师应合理地挖掘教学的教育性，使学生热爱自然与科学，尊重事实，培养高尚品德，达到教书与育人的统一。

温馨提示

教育性教学是指以培养德行为教学最高目的的教学观点，源于古希腊苏格拉底知识与道德合一的观点。

物理教学的艺术性体现在非单一性思维中蕴含的无限可能性，如对一个问题有超过一个的答案，对难题有超过一个的解决方法，允许有多种结果的存在；鼓励学生运用他们的想象力，以多种不同的视角与方式来看待事物。开创性是开启与发展思维的源泉，也是新时代人才所必备的素质。艺术性教育的另一个启示，就是去感悟经验的内涵。经验并非是获取的，而是建构出来的。教学的艺术性还体现在教学过程、教学环节、方法和技巧上。

① 约翰·赫尔巴特(Johann Herbart)：19 世纪德国哲学家、心理学家，科学教育学的奠基人。

案例 4-2　艺术性

动态力的分析：在动态力的分析中，可以用力的合成，也可以用力的分解；可以用三角形法则，也可以用平行四边形法则；可以用相似矢量法，也可以用正交分解法；可以用隔离法，也可以用整体法，如图 4-4 和 4-5 所示的例题。

如图4–4所示，固定在水平面上的光滑半球，球心O'的正上方固定一小定滑轮，细线一端拴一小球A，另一端绕过定滑轮。今将小球从图中所示的初位置缓慢地拉至B点，在小球到达B点前，小球对半球的压力N及细线的拉力F_1的大小变化（　　）

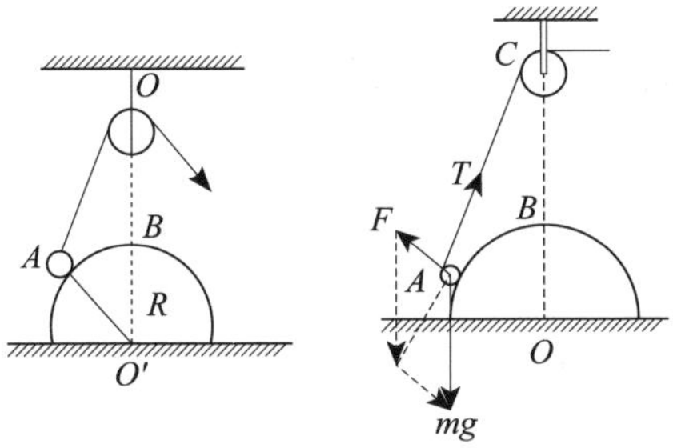

A. N变大，F_1变小
B. N变小，F_1变大
C. N不变，F_1变小
D. N变大，F_1变大

图 4-4　矢量三角形与几何三角形相似法

如图4–5所示，一个重为G的匀质球放在光滑斜面上，斜面倾角为α，在斜面上有一光滑的不计厚度的木板挡住球，使之处于静止状态，今使板与斜面的夹角β缓慢增大至水平，在这个过程中，球对挡板的压力F_1和球对斜面的压力F_2大小变化（　　）

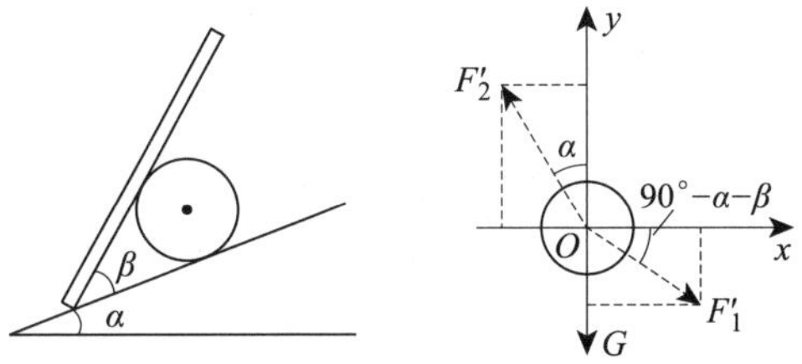

A. F_1变大，F_2变大
B. F_1先变小后变大，F_2变小
C. F_1变小，F_2变大
D. F_1变小，F_2变小

图 4-5　平行四边形力的分解法

科学性是教学的基石，教育性渗透在科学性的教学中；艺术性采取最优化的教学途径、方法、技巧。科学性、教育性、艺术性三者是相辅相成的，它们构成了一个整体。

（二）激发兴趣的原则

教学的每一个阶段都需要学生的积极配合与参与，外在动机与内在动机起着重要的作用。兴趣是学生学习的内在动机，教师应注重激发学生主动学习的兴趣，使学生全身心地投入学习过程中。具体表现为学生能够专注地观察、探究、思考和行动。同时，教师自身也应言传身教，保持尊重知识、渴望知识、对课堂充满热情的态度，通过自身的感染力激发学生的学习兴趣，与学生共同分享求知的快乐与成功的喜悦。

（三）创设物理环境、突出观察实验的原则

教师需要营造一个物理环境，让学生在物理环境中学习，而观察和实验是学习物理知识的基础。 个便于学生进行实验操作、观察研究、分析数据与积累感性认识的物理环境是物理学家对客观世界探索过程的缩影，是学习的最佳环境。对于这个原则的理解和实现将在第五章第一节“物理教学模式”的探究式教学模式中给予更加详细的解读。

（四）启发思考、教给方法的原则

在观察和实验基础上，教师需要在考虑学生心理特点和思维特点的前提下，按照物理学的研究方法来启发学生思考，学生进行思维加工后方可形成认知结构。否则，学生难以真正

获得对知识的理解，也无法将其转换为分析物理现象、解决物理问题的工具，容易出现虽然“听懂了”，却“不会用”的现象。

教您一招

实验：在明确实验目的的基础上，对实验基本要求进行强调，如实验过程中需要“看什么”“做什么”等。同时，需为学生提供能清楚观察实验现象的环境，引导学生解释相应的实验现象，并结合原理进行思考。

解题：经过仔细审题，学生大都能从题中找出已知条件和待求量。教师应引导学生思考不同题型使用不同公式，灵活使用公式、摒弃生搬硬套公式。

（五）联系生活、技术、社会实际的原则

不联系实际、“纸上谈兵”式的教学使教学内容枯燥，降低了教学效果，最终会导致物理学习与生活和社会脱轨。教师应建立“生活课堂”①，用生活中的现象激发学生的兴趣和求知欲望，向 STS 教育的方向发展。如在初中物理热学教学中，日常生活中的云、雨、雪、雾、露、霜等现象，都是自然界中普遍存在的物态变化，让学生感觉到物理现象就在自己的身边，可激发学生对自然现象的关心，最终培养学生应用物理知识服务于生活的意识。在初中物理电磁学的教学中，家庭电路、用电器电功率、电路设计、电动机和发电机、话筒和扬声器等都体现了科学来自于生活、应用于生活的教育性。生活中的简单机械教学见知识卡片。

知识卡片

简单机械教学

生活中的简单机械处处可见。在教学过程中，老师可以让学生熟悉生活现象，实现知识的正迁移，加快知识的转化，加深对知识的理解。

杠杆原理：起子、指甲刀、天平、跷跷板、自行车上的刹车装置、剪刀、撬杠、千斤顶、筷子、船桨等（这当中有费力杠杆、省力杠杆）。

滑轮原理：升降电梯、吊车、起重机、带拉绳的窗帘、晾衣架、旗杆顶部等。

斜面原理：楼梯、螺丝、盘山公路和盘山铁路、公路立交桥、滑梯、螺旋开瓶器、拉链、刀具、自行车的车座等。

轮轴原理：门把手、方向盘、螺丝刀、水龙头、辘轳、自行车脚踏板、擀面杖、削笔器把手等。

齿轮传动和链条传动：自行车链条、钟表、发条玩具、缝纫机等。

上述五条原则不是孤立，而是相互联系的，它们指导着中学物理教学工作，教师应将各项原则综合起来，认真地贯彻到自身的教学中，推进和实施素质教育。

---

① 本书第三章第二节“中学物理教学目标”中对生活课堂进行了讲解。

【思考与讨论】

1. 什么是教学过程？物理教学过程的特点有哪些？
2. 物理教学过程中的三要素有何关系？四要素之间又有何关系？
3. 什么是适应、同化、顺应？它们与认识上的平衡有何关系？
4. 如何理解教学工艺贵在引导，以及教学过程是一个教书育人的过程？
5. 什么是教学原则？中学物理教学原则初步归结为哪五条？
6. 怎么理解“科学性、教育性、艺术性相结合”的原则？请以案例说明。
7. 怎么理解“激发兴趣”的原则？请以案例说明。
8. 怎么理解“创设物理环境，突出观察实验”的原则？请以案例说明。
9. 怎么理解“启发思考，教给方法”的原则？请以案例说明。
10. 怎么理解“联系生活、技术、社会实际”的原则？请以案例说明。

【技能训练】

设计一堂微课：生活中的简单机械。撰写微课教案、设计实验，并在小组内微课教学，最后讨论评估。

第五章

中学物理教学模式、方法和策略

知识框架

- 中学物理教学模式、方法和策略
  - 物理教学模式
    - 教学模式
    - 常用教学模式
  - 物理教学方法
    - 教学方法的选择
    - 近代教育史中教学方法的各大学派
    - 中学物理教学方法
  - 物理教学策略
    - 认知冲突策略
    - 任务驱动策略
    - 图示策略
    - 分层教学策略

第一节　物理教学模式

一、 教学模式

教学模式就是以教育学、教育心理学及相关的实践为基础，将教学理论转化为相对稳定的教学过程框架，从而达到特定教学目标的教学活动范式。

第五章中学物理教学模式、方法和策略课件

中学物理教学模式、方法和策略教学视频

教学模式一般包含理论基础、教学目标、实施条件和操作程序四个要素。理论基础包括行为主义和建构主义；教学目标在整个教学活动中起着指导制约的作用，处于教学的核心，它将教学过程中的客观条件与主观条件方法、策略及内容进行组合，使我们的教学效果最优化；实施条件包括客观的技术、时间、空间条件，以及主观的教师经验、学生素质、教学方法策略、教学内容等；操作程序需要根据实际情况灵活变通。

二、 常用教学模式

(一) 启发-引导式教学模式

启发-引导式教学模式要求教师从学生情况与课程标准出发，对教学过程进行组织规划，引导学生构建知识、掌握方法、启发思维，促进学生身心发展，并为学生今后自主学习建立良好基础、树立有效示范。它替代了陈旧的填鸭式教学，强调教师的主导作用。

图 5-1 所示为启发-引导式教学模式的一般流程，具体可以分为四步。

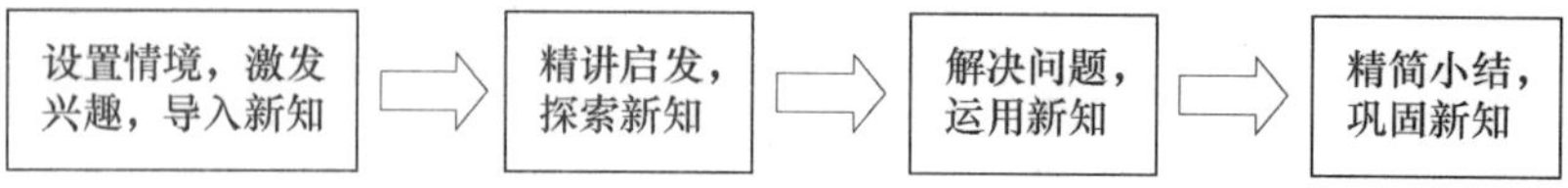

图 5-1　启发-引导式教学模式

1. 设置情境，激发兴趣，导入新知

新课的导入与新知识的导入之间有一个过渡阶段，它的成功与否影响了教学的最终成效，是启发-引导式教学模式不可或缺的重要步骤，教师应把主要的精力放在从单方向传授知识转变为使学生自觉主动地发现、探求知识。

教师可以创设物理情境，揭示该课程的实践应用，使学生明晰学习的意义。教师可设置物理实验，带领学生亲身观察实验，提高学生的感性认识；教师还可巧妙提出疑问，产生认知冲突，唤起学生的求知欲；教师亦可结合上述多种技巧，激发学生的兴趣，提高学习的主动性与积极性。

案例 5-1　设置实验，激发兴趣

把小金鱼放入烧瓶中，再用酒精灯加热烧瓶的颈部，小金鱼会怎样？设置“小金鱼游在沸水中”实验，激发学生的学习兴趣。再通过下面的一系列问题，训练学生的观察能力、分析能力，启发其思考。

(1)实验前：提问学生，你认为小金鱼能存活吗？为什么？

(2)实验过程中：引导学生观察实验，记录实验现象。

(3)实验结束后：启发学生根据观察到的现象，联系实验前的猜想进行思考，看还能提出哪些新的问题。

(4)评估交流：你认为在这个实验中要注意些什么？(比如：实验不能持续太长时间)

案例 5-2　巧妙提问，唤起求知欲

从日常生活提问：在蒸发教学中提问“人游泳结束上岸时为什么会觉得冷？晾衣服怎样晾更容易干？”

根据各种俗语提问：在光的反射教学中提问“杯弓蛇影反映的物理原理是什么？”

根据自身体验提问：在平面镜成像教学中提问“平面镜成像有什么特点？”

根据实验现象提问：在压强教学中提问“压强与哪些因素有关呢？”

根据教材中插图提问：在质量教学中提问“铁碗和铁船的区别和联系有哪些？”

2. 精讲启发，探索新知

经过第一阶段，学生基本能进入有效接受新知识的良好状态。在启发-引导式教学模式的第二阶段，我们将教学焦点定位于学生学习困难与障碍的发现和学生逻辑思维能力的培养上。教师需勾勒出教学内容的模糊概况，通过进一步深挖与精细的讲解，循序渐进，由浅入深，让学生沿着思维的阶梯，逐步向核心知识探索。

这一阶段对教师提出了更高的要求：要求教师不仅能从课程标准和教材中获取教学的基本线索，还要对所教知识本身及其结构和认识方法有清楚的认识；教师要研究学生的认知规律和知识程度，最关键的是要对教学过程有详细的计划和组织，最终实现从“轻备课、重授课”变革为“重备课、活课堂”，实现教学内容与学生认知的有机结合。

3. 解决问题，运用新知

这一阶段是启发-引导式教学模式的灵魂所在。教学目的永远不会只停滞于知识的传授，这仅仅是实现“发展学生能力，提高学生素质”这一目标的一个过程。如何引导学生将所学的知识加以运用，进行有效观察、分析，最后解决问题才是教师进行课堂教学的核心。

4. 精简小结，巩固新知

经过前三个阶段，启发-引导式教学模式进入了尾声。这一阶段具有总结的性质，教师应及时给予回顾与归纳，通过剖析课堂中学生出现的错误和思维遗漏，推导出正确的结论，详细、精准、系统地讲述知识的内涵和构成。与传统教学总结不同的是，教师并不是针对自身的课堂教学进行自我总结，而是面向学生并通过疏理学生的认识结果，将新知识与其已有知识结合起来巩固新知，更新学生的认知结构，实现学生的自我发展。

（二）自学-讨论式教学模式

前面所谈及的启发-引导式教学模式强调教师的主导性，这虽然能够使学生在接近真理的过程中少走弯路，降低学生学习的时间成本，但与此同时学生的学习也处在一个相对被动的地位，其主动性因教师贯穿整个教学过程而受到限制，由此将引发迷信权威、质疑能力丧失等各种问题。

自学-讨论式教学模式做出了改进，它强调学生的自主性，要求学生养成独立学习、认真钻研的良好习惯和实事求是的科学态度，为教师与学生之间的多向信息交流提供途径。图 5-2 展现了自学-讨论式教学模式的流程，下面将从这四个方面表述该教学模式的具体应用。

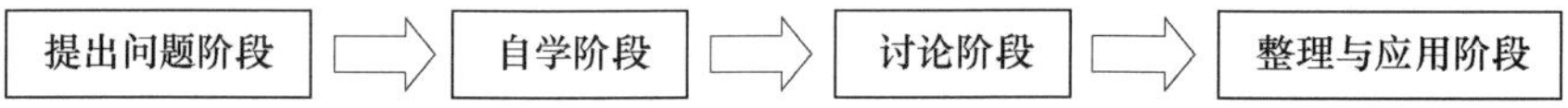

图 5-2　自学-讨论式教学模式

1. 提出问题阶段

这一阶段发生在学习新知识前，教师引导学生复习旧知识并提出新问题。提出问题为自学规定了起点，同时问题的主题为自学划分了范围。这一阶段教师根据大纲要求对新课进行有计划、分层次的设计，使学生的原有知识与引入的新知识产生冲突，从而激发学生的学习兴趣，使学生产生求知内动力。

问题的来源途径很多，但必须要有启发性，比较常见的有以下三种：① 在新旧知识之间构建起桥梁式问题，学生沿问题踏桥向前得以过渡，这些问题一般直观而有启迪性，通过教师的语言进行表述；② 以常用的实验方法创设问题情境，实验产生的现象能启迪学生，帮助学生探究物质运动的原因；③ 通过电化教育手段、图示或实物让学生观察，有针对性地提出问题。

2. 自学阶段

自学阶段是自学-讨论式教学模式区别于其他模式的特质，具有标志性。在经过第一阶段确定了自学的起点与范围后，学生将在教师的引导下展开各种形式的自学。在这一过程中，学生通过自学理解与掌握知识，学生的学习能力在知识掌握的过程中得到发展。

由于学生的自学能力参差不齐，教师需因材施教：对于自学能力较弱或尚未有自学经验的学生，可指定教材让其阅读，并布置明确的阶段性任务以检测自学效果，同时给予及时的指导；对于自学能力较强的学生，可让其自选学习资料学习，进行阶段性的总结并汇报重要内容的学习成果。阅读完纸质教材后，教师可根据实际情况安排其他活动，如参观调查，进行实验探究与验证，丰富学生的自学形式。

通过此阶段，我们可以看出，启发-引导式教学模式需要一定的条件：一是要具备充足的教学资源；二是学生应具备一定的能力。

3. 讨论阶段

与自学-讨论式教学模式的自学阶段相呼应的是讨论阶段，前者学生作为单独个体独立展开学习与思考，后者学生与他人之间互通有无，产生思维碰撞的火花。

讨论包含学生与学生之间的讨论。经过自学，学生对新的学习内容有了一定的理解。此时可以展开讨论甚至是辩论，及时发现自己没有理解透彻或者理解有误的地方。讨论的内容不局限于学生的独立学习成果，还可扩展到对自学方法的交流沟通。同学之间可取长补短，完善学习方法，增强自学能力。

讨论也涉及学生与教师之间的交流。教师在此阶段解惑、答疑、授法，对学生之间讨论无果的困难问题进行引导，使学生寻得答案。同时，教师需注意对讨论层次的把握，使其既不拘泥于细节、绕进死胡同，也不会过于泛泛而谈。

4. 整理与应用阶段

这一阶段，教师将学生自学和讨论时所采集到的问题，与学生一起加工、梳理、归纳，实现对新知识的理解和巩固。在此基础上进行变式和逆向思维训练，使对事物本质的综合认识层层深入。

案例 5-3　匀变速直线运动思维导图

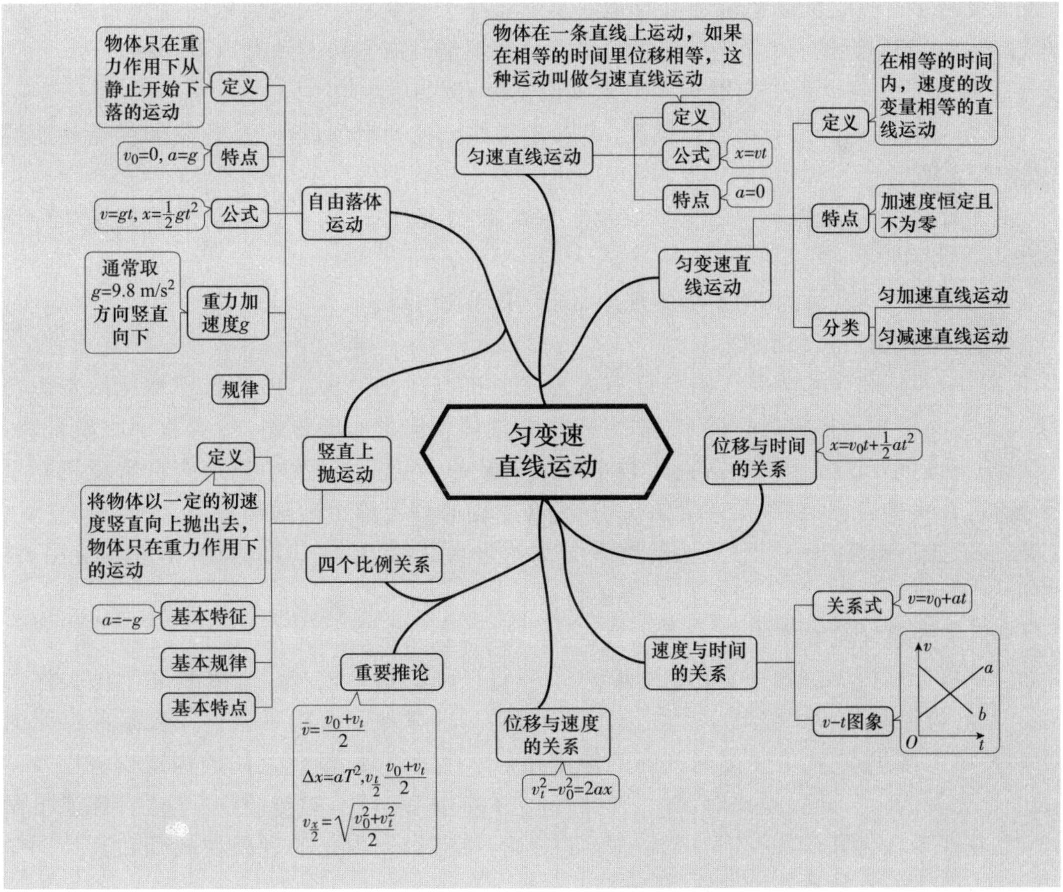

同样地，教师需将新知识纳入原有的认知结构，使新知识与旧知识产生联系，实现科学

思维和科学认知结构的重建。如案例 5-3,教师可引导学生画思维导图、知识网络图来帮助构建新的知识体系。最后,教师需确保学生能够运用知识解决实际性问题,完成由知识向能力的转化,实现融会贯通的目的,让大多数学生实现预期的认知目标和学习能力养成目标。

(三) 探究式教学模式

探究式教学模式的理论基础是行为主义。该模式强调学生像科学家一样探索。它的优点是能够让学生亲身经历完整的研究过程,体会其中的艰辛与乐趣,获得并熟练探究方法;缺点是放手让学生自己探究将耗费大量的时间,且得到的结果可能不尽人意。教师需根据具体情况权衡利弊,考虑采取该模式的适宜性。

探究式教学模式操作程序如图 5-3 所示。

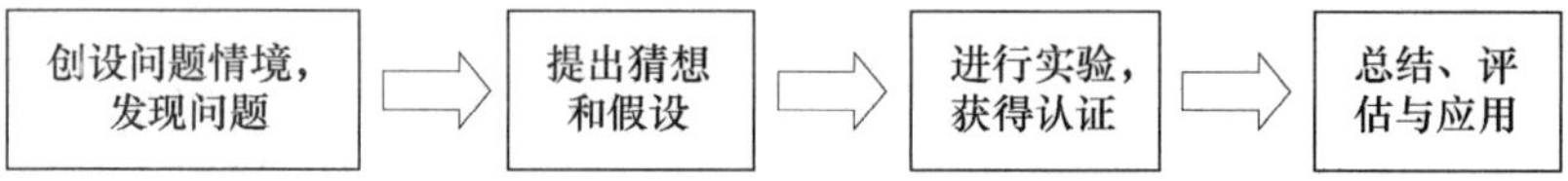

图 5-3 探究式教学模式

新的知识来源于新的问题,而发现问题是一个从无到有的过程,它比解决问题困难得多,也重要得多。创设问题情境的目的是将学生置身于一个利于发现问题的特定情境中,使学生能够意识到问题的存在,产生探索的渴求。情境创设的方法大致有以下几种。

(1) 模型展示法。即利用物理模型来创设情境,例如磁生电。

(2) 情境再现法。即利用教材插图、多媒体课件或视频来创设情境,此法的优点是能突破时空的限制。

(3) 语言描绘法。即利用语言描绘物理现象和物理过程等,丰富生动的语言是一种优良的情境创设手段。

(4) 实验演示法。即利用实验的现象、结果来创设情境。

这几种手段也可以结合使用。

明确了问题后,学生将基于自身已有的理论基础与生活经验,自发、合理地提出猜想与假设。为了对猜想与假设进行验证,学生往往会设计相应的实验方案,从实验中收集证据,进行分析与论证。这一步骤是探究式教学模式的核心,在这个过程中教师应在情境资料上给予支持,在实验方向、思维走向上给予引导,在学生心理上给予激励和肯定。

最后教师应与学生一同对实验的结果与结论进行总结,评估其可信度,了解其应用,并对实验方案可以从哪些角度进一步改善进行展望。

(四) 翻转课堂教学模式

怎样更好地利用课堂时间高效率地学习,一直以来都是学校、教师、家长和学生关注的问题。翻转课堂教学模式强调学生在上新课前预习,这样教师可以不再占用大量的课堂时间讲解基本的知识点,而有更多时间高效地用在与学生的互动、学生之间的沟通交流以及学生的个性化教育上。此种模式对课内外的时间进行了重新分配,对传统的“学生在课堂上学习知识,在课后消化知识”的教学方式进行了对调,使得知识内化的过程在教师和其他同学的有效辅助下进行,故称为“翻转式课堂”。

下面我们将通过一个具体的案例学习翻转课堂教学模式,使读者有一个直观的感受。

案例 5-4　以“压强”为例，讨论基于翻转课堂模式的教学流程

【课前四环节】

环节一：制作导学案和自测题。

教师在熟悉教材内容、课程标准和学生已有知识基础的情况下，明确学生必须达到的目标，制备本节课的教学设计、导学案和自测题。

环节二：创建教学视频。

在环节一的基础上，通过计算机和教学白板等将教学内容录制成视频，教学视频以微课的形式呈现，原则上最好不超过 10 分钟。

本节课打造的第一个视频用以展示一些相关实验。

实验一：鞋盒去掉盖子糊上白纸，然后依次把砌墙的红砖分别平放、侧放、竖放在鞋盒上，观察白纸的情况。实验二：用两指分别压笔的两端，并调整压笔力度，感受两指的感觉。实验三：用一边手掌水平托住气球，另一边用手指顶住气球，观察气球不同侧面的形变程度。实验四：尖脚小平桌正放和倒放在沙盆里，观察小桌下陷的情况。

第二个视频是压强教学视频。该视频对第一个视频所演示的实验现象进行原理分析，得出实验结论——影响压力作用效果的因素。通过实验结论进一步引出压强的概念。接着给予一些新知识点在生活中的应用，如自行火炮要装在履带式的车辆上的原理、“沙漠之舟”骆驼在沙漠自如行走的原因。

最后将这两个视频上传到学习平台，在视频的结尾附上准备好的导学案和自测题，供学生下载观看并检测学习效果。

环节三：学生自主学习。

学生在课前根据教学进度观看教学视频。第一个视频学习结束，要求学生尝试利用家里的器材进行实验，并对实验结果进行验证，以锻炼学生的动手、动脑能力。第二个视频学习结束，要求学生登录平台，在规定的时间内独立完成自测题并提交答案，系统将对每一道题进行正误评判，并将结果呈交给教师。同时，学生在学习时遇到什么困惑或不解，也可在平台上留言咨询教师。

环节四：教师了解学习情况。

教师可通过平台随时掌握学生的学习进度和知识掌握情况，可着重关注学生的易错点，将其作为重要参考来准备课堂内容或进行练习讲解，增强课堂教学的针对性。教师可在平台上回答学生的疑问，进行双向交流。

【课堂五步骤】

第一步，交流展示。

此步骤给予学生展示自我学习成果的机会，通过展示实现全体学生之间的交流。进行展示的学生能够增加自我认同感与学习的信心，学生的每一次预习都更加有动力、有成效。

第二步，合作探究。

教师对学生进行分组，让学生以组为单位进行探究，解决小组内部成员自测中做错的问题。若组内经过讨论没有结果，则寻求别组的帮助，达到组间的合作探究。此步骤教师应注意两个问题。一是分组应具有流动性,每个小组的成员不能长期保持不变,不断变化的成员组合能使每个人都接触不同的思想与表达方式。二是讨论时间的把握:讨论时间不宜过长,也不宜过短。

第三步,释疑拓展。

合作探究步骤结束后若学生仍有问题无法解决,则教师应在课堂上亲自讲解释疑,同时给予适度的拓展,最后让学生学以致用。例如,根据犯罪嫌疑人在海滩现场留下的清晰站立脚印,请学生设计如何推断犯罪嫌疑人的体重。

第四步,练习巩固。

根据课堂内容给予学生课后练习,帮助其巩固所学新知识。

第五步,反思总结。

对教学内容进行反思归纳、梳理总结。

(五)合作学习教学模式

合作学习是新课程理念下班级授课的一种组织形式,这一教学模式强调学生在小组或团队中为了完成共同的任务而展开的互助性学习。合作学习教学模式分以下五个步骤展开教学。

第一步,异质分组。异质分组即"组内异质,组间同质",这一策略在教学中有广泛应用。组内异质让组内成员优势互补,相互促进。组间同质使各组之间的水平尽量接近,保证了全班各个小组之间展开公平竞争。

第二步,明确任务。为了让学生的小组合作学习开展得有序、有效,学生一定要有明确的学习任务。也就是教师向学生说明学习的内容和目标、完成任务的方法、评价的标准等。

第三步,组内合作学习。每个学生先独立思考、自学,完成自己的任务,然后小组内合作完成小组任务。

第四步,全班讨论交流。这个阶段主要是各小组汇报情况,互相交流,教师进行适当的指导。

第五步,总结评价。

小组合作学习中教师是全班小组合作学习的组织者和掌控者,是组内研讨的参与者,是小组研讨的引导者。

合作学习教学模式案例

第二节 物理教学方法

教学方法是教师为实现教学目标而在教学过程中采用的工作方式、方法,对应着学生的学习方法。师范生应注意对教学方法和教学方式两个易混淆的概念进行区分:教学方法是教学方式的集合;教学方式即教学手段,是教学方法的活动细节。一种教学方式可以出现在多种教学方法中,一种教学方法可包含多种教学方式。例如,我们用讲授法进行教学,以教师讲解为主,可以加以演示实验令学生观察、分析、论证等,但是我们不可以说观察法、分析法、论证法。

一、 教学方法的选择

教学方法举不胜举，从教学任务、知识获取途径等不同角度划分形成了不同的分类系统。现代教学论中暂时还没有一个统一的、公认的教学方法分类法，但教学方法的选择却极为重要：采用相同资料、处于相同环境、面对相同的学生，不同的教学方法将带来差异巨大的结果。教师需要根据培养目标的需要、具体的教学内容和需求、学生已有的基础知识和发展水平、学校的条件(设备)、教师本人的特长和经验等来选择教学方法。

二、 近代教育史中教学方法的各大学派

(一) 赫尔巴特教学方法

赫尔巴特在对兴趣和注意力的研究中提出了四段式教学程序，即明了阶段、联想阶段、系统阶段、方法阶段。具体如表 5-1 所示。

表 5-1　赫尔巴特教学方法

明了阶段	经清晰、简明的讲解和直观示范，使学生将兴趣点、注意力集中在新的事物观念上来，并产生要探求的意向
联想阶段	采用风趣的话语及分析方法，使学生将新观念与原有观念联系起来、建立联想，激发学生要寻找新旧关系的兴趣
系统阶段	采用综合方法，使学生获得新旧知识的联系和确切的定义及结论
方法阶段	通过作业、练习、测试、实验等实训所学知识

(二) 席勒[①]的五段式教学法

在赫尔巴特教学方法基础上，席勒提出了五段式教学法，具体如表 5-2 所示。该教学法在 19 世纪至 20 世纪盛于欧美，后来传入中国，其影响深远，被后人称为传统教育派或传统教学法。

表 5-2　席勒教学方法

预备阶段	唤醒学生已有的旧概念，提出问题，说明目的
提示阶段	提出新课题，讲解新内容
联结阶段	将新旧知识进行比较，建立它们之间的联系
总结阶段	总结，概括，得出结论
应用阶段	运用所学知识解答问题

(三) 杜威的教学思想和教学方法

杜威提出了“从做中学”的基本原则。该原则让学生从自身从事的活动中进行学习，使学生的兴趣和需要得到满足，强调学生思维的发展。杜威认为人的思维分五个层面，因此教学过程也应分为五个步骤(如表 5-3 所示)。

---

① 赫尔巴特的学生。

表 5-3 杜威教学方法

疑难情境	教师给学生创设一个课题的情境,情境必须与实际经验相联系,这样才能使学生产生要了解它的兴趣
确定疑难所在,提出问题	给学生足够的资料,使学生进一步观察、分析、研究该课题的性质和问题所在
提出解决疑难问题的各种假设	学生自己提出解决问题的设想,或暂时提出一些尝试的解答方案
推断哪一种假设可以解决问题	学生根据自己的设想进行推理,以求得解决问题的方案
通过实验,验证或修改假设	根据假设方案进行实验,依据实验结果是否符合预期验证假设

三、中学物理教学方法

物理教学方法
教学视频

(一) 讲授法

讲授法在科技迅速发展的今天仍不失其重要性,在主要教学方法中占有一席之地。讲授法不是许多人脑海中"教师照着教材念知识,学生做笔记背知识"的刻板印象,教师可以对物理现象、原理、规律等不同方面进行讲解,在此基础上再辅以其他手段,如实物、挂图、演示实验等,同时传授方法、营造情境、激发学生求知的热情。总体而言,讲授法是一种要求教师主要用教学语言、辅以演示实验等方式向学生教授知识的教学方法。学习内容的理论性和系统性越强,教师采用讲授法的机会就越多。

(二) 讨论法

讨论法的核心在于给不同思想以交流的机会。为了避免讨论流于形式,教师在采用讨论法教学时,应注意以下几点。

第一,教师应熟悉教材,针对教材中不难理解却容易产生歧义和错误的部分,提出恰当的问题,让学生在课前进行准备并拟好讲稿。发言最好有观点、有材料、有分析、有结论,能充分表达见解。

第二,教师为学生的课前自学提供支持,创造条件。如阅读资料的推荐与借阅、相关实验的了解与体验等,并为课堂中学生讨论可能出现的情况进行预估,做好准备。

第三,在讨论中,教师应把握讨论的方向、进度和层次,启发学生独立思考并展开争论。同时引导学生学会倾听,勇于发言,营造良好的讨论氛围。教师还应注意不同学生的参与度,尽量减少学生滥竽充数、敷衍了事的可能性。

第四,教师进行小结,纠正模糊、错误的认识,得出正确结论。

(三) 谈话法

谈话法介于讲授法和讨论法之间,强调教师与学生之间的问答互动,故也称"问答法"。该法是指教师与学生之间通过问题进行谈话,通过"一问一答"的交流形式引导学生逐步掌握知识。与讨论法不同的是:讨论法突出学生的主体地位,谈话法更突出教师的主导作用;讨论法的问题具有集中与概括性,旨在划定学生课堂讨论的主题与范围,谈话法的问题是一系列的,它们层层递进,是教学的逻辑线索。

(四) 实验法

实验法是自然学科常用的教学方法,在中学物理教学中,它把物理学科理论与人类对客观事物的认识方法——观察与实验有效结合起来。实验法包括学生观看实验演示、学生分组实验、课外实验等。教师在采用实验法教学时,应注意以下几点。

（1）制备完善的管理制度，保证实验课堂纪律，使实验有序而高效地进行。

（2）教师不应擅自离开现场或全程袖手旁观，要不断巡视，及时发现学生的问题并加以指导，引导学生不断明确实验目的与要求，灵活运用已有理论与经验，进行有效观察并得出结论。

（3）在实验进行前与实验进行中的每一阶段都要强调安全注意事项，做好安全防护措施，避免发生教学事故。

（五）探索发现法

探索发现法与实验法不同的是，它是一个强调探索、再发现的过程。如图 5-4 所示，它并不是一次性到位的，而是经过不断探索与讨论，不断否定先前错误结论或纠正先前不完整结论，直到寻找到正确结论。

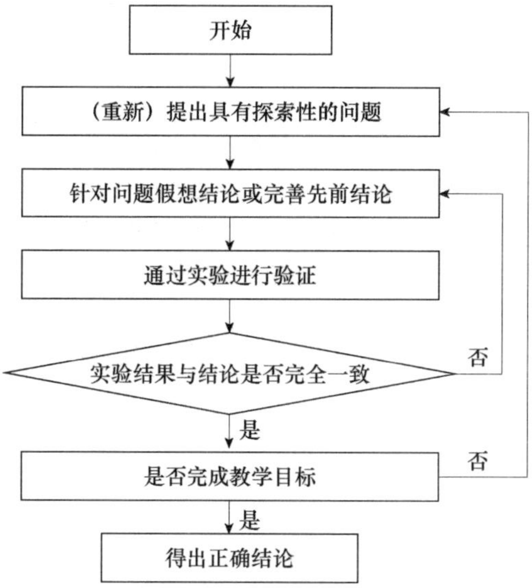

图 5-4 探索发现法流程

案例 5-5 使用探索发现法进行电磁感应教学

教师首先在学生原有知识“电流可以产生磁场”的基础上，提出问题：磁场能否产生电流呢？并创设两个实验，让学生对该问题的答案进行探索。

A. 将磁铁投入闭合线圈中，检流计指针偏转——产生感应电流。

B. 磁铁不动，闭合线圈移向磁铁，检流计指针偏转——产生感应电流。

通过这两个实验，学生容易得出“只要闭合线圈与磁场产生相对运动，线圈就产生电流”的结论。

教师继续询问学生：这一结论对不对？并引导学生做另一实验验证。教师要创设一个磁场区域较大、中间近似均匀的磁场。闭合线圈要小，小线圈在磁场中，任意移动都不出磁场的均匀区域，可以看到检流计指针不动。由学生得出结论，闭合线圈与磁场产生相对移动，线圈内不一定产生感应电流。否定前面的结论。

那么产生感应电流的条件到底是什么呢？进一步引导学生做实验、分析、思考，最后得出正确结论。

第三节 物理教学策略

物理教学策略
教学视频

教学策略是为了达成教学目的，完成教学任务，在对教学活动清晰认识的基础上对教学活动进行调节和控制的一系列执行过程。教学策略与教学方法有较大区别，教学方法更宏观，主要针对整节课的总体知识点；而教学策略主要针对教学过程中出现的小知识点。教学策略属于中等层次教学理论，它要更具体、更鲜活，由于教学过程的因素众多，它的种类也更多。本节将对常见的几种教学策略进行讲解。

一、认知冲突策略

（一）认知冲突的定义

认知冲突指在认知发展过程中，原有认知结构与现实情境不相符时在心理上所产生的矛盾和冲突。认知冲突可分为两类：一是学习者所处的社会环境与学生的认知结构之间的冲突；二是新知识与学习者过去经验之间的冲突，即学习者内部的冲突。下面用图 5-5 的简单模型讲解冲突产生的过程，并区分认知冲突之间的区别。

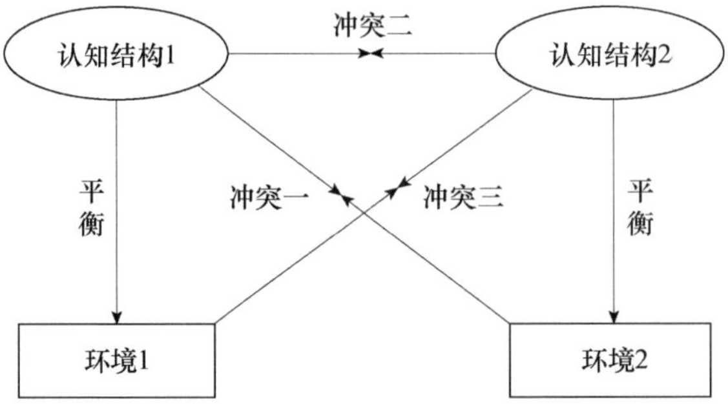

图 5-5 认知冲突分析

认知结构 1 是原有认知结构，它是由所处环境 1 产生的，即在环境 1 中是平衡的、合理的，但当处于环境 2 时就会与环境 2 产生冲突一。学生在认识到冲突后会自我调节并形成认知结构 2，使其能与环境 2 平衡。同时，对学习者的实际学习过程的研究能够发现，在概念转变期总要出现冲突三，即新的认知结构与原有环境的冲突，此时必然要进一步与认知结构 1 产生冲突二。冲突二和冲突三促使认知结构 2，同时能够与环境 1 和环境 2 相平衡。上述过程，冲突一和冲突三都是社会环境与学生的认知结构之间的冲突，冲突二是新知识与学习者过去经验之间的冲突。

（二）认知冲突策略

认知冲突策略的理论基础是皮亚杰(Jean Piaget)的认知发展理论，该理论认为认知发展在很大程度上是个体对周围环境的操控以及和周围环境的积极互动，并通过同化、顺应日益复杂的环境而达到平衡的过程。在该理论中，皮亚杰把同化和顺应的过程称为平衡机制，这个机制有三个阶段，如图 5-6 所示。

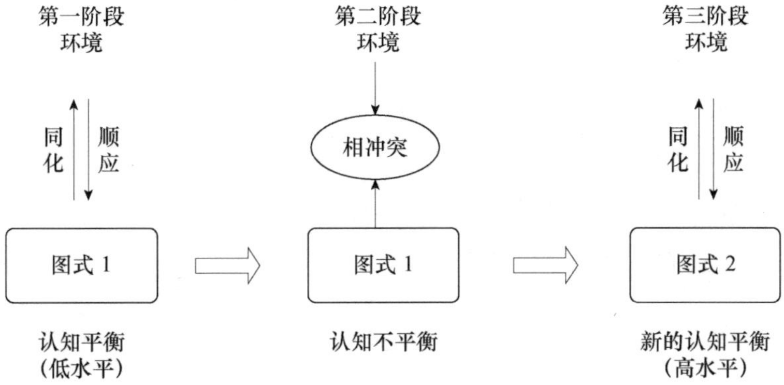

图 5-6　认知冲突平衡机制

一般认为学习的过程就是新知识与原有的旧知识结构相互作用，建立联系，从而达到知识平衡的过程。而认知冲突策略就是教师通过各种方式制造认知冲突，引导学生主动构建自己的新的认知结构，解决冲突，从而达到更高层次的认知平衡、实现认知发展的过程，如图 5-7 所示。

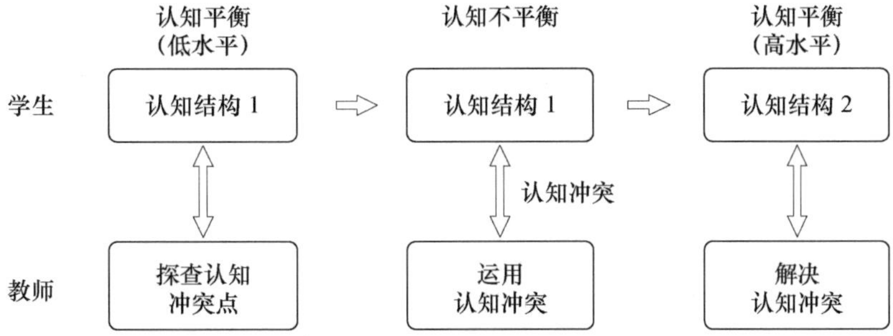

图 5-7　认知发展的实现

它强调概念的转变，即不仅能使冲突产生，更要解决冲突。运用认知冲突教学策略进行教学的基本步骤如下。

(1) 提炼前概念。通过实验、调查、提问、类比、科学史分析等方法让学生主动暴露出前概念，获得前概念(原认知结构)对科学概念(新认知结构)的影响。

(2) 制造冲突。制造冲突要巧妙，要能很好地调动学生的积极性。

(3) 建立新的认知结构。充分展现科学概念的合理性，帮助学生转变概念，并发现前概念的不足，找出产生错误前概念的原因。

(4) 巩固新的认知结构。为了达到认知结构的彻底转变，可以使用实验、练习等方式来对其加以巩固。

案例 5-6　伏安法测电阻的实验

电学中的核心实验——伏安法测电阻的教学可以运用认知冲突策略。

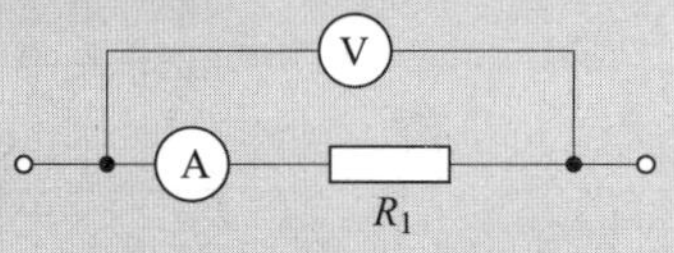

图 5-8　伏安内接法

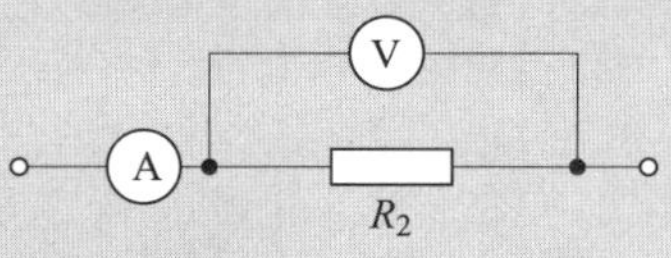

图 5-9　伏安外接法

首先选取阻值大小相差较大的两个电阻 R_1 和 R_2(R_1 大于 R_2)。采用伏安内接法测 R_1(如图 5-8 所示),采用伏安外接法测 R_2(如图 5-9 所示),发现 R_1、R_2 的测量值与真实值都非常接近。这两个实验都是用欧姆定律测的电阻,误差都非常小,这是知识平衡状态。接下来将两个电阻调换,即用内接法测 R_2,用外接法测 R_1。结果发现测得的阻值与真实阻值相差较远,R_1 相对于真实值偏小,而 R_2 相对偏大。对比前面的实验就产生了认知冲突。通过多次实验得出结论:在用伏安法测电阻时,大电阻应该采用内接法,“大内偏大”,小电阻应该采用外接法,“小外偏小”。最后一步可以让学生练习与伏安内接法和伏安外接法有关的实验例题来巩固新知识。整个认知冲突的过程如图 5-10 所示。

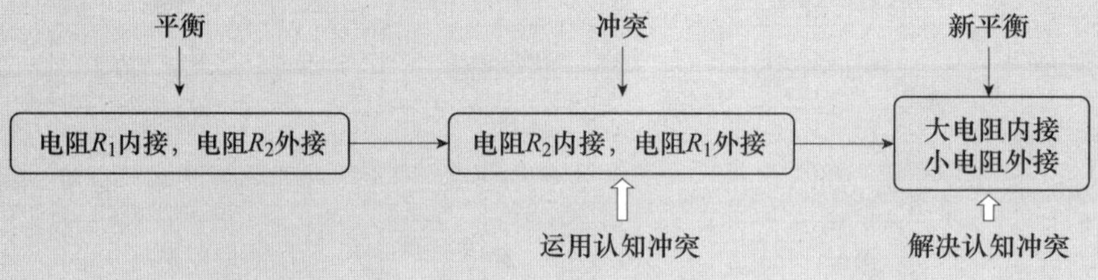

图 5-10　伏安法测电阻的认知

案例 5-7　实际功率和额定功率

在串联、并联电路中,灯泡的实际功率与额定功率的关系是教学中的重难点。在学习电功率的有关内容时,因为惯性思维,学生容易形成“额定功率大的电灯比额定功率小的电灯亮”的错误认识,把实际功率等同于额定功率,而忽视对“电路的连接方式”的思考。在这两个概念教学中,教师可以结合实验和推理,运用认知冲突策略来帮助学生突破这个难点。

多次实验得出结论:额定电压相同、额定功率不同的灯泡,并联时更亮的灯(亮也就是实际功率大)额定功率大;串联时更暗的灯(暗也就是实际功率小)额定功率大,如图 5-11和图 5-12 所示。

图 5-11 并联时额定功率大的灯泡亮

图 5-12 串联时额定功率大的灯泡暗

再结合理论推导法：由公式 $R=\frac{U^2}{P}$，得 $U_{额}$ 相同时，$P_{额}$ 大的灯泡 $R_{小}$，$P_{额}$ 小的灯泡 R 大。在串联电路中，电流处处相等，由 $P_{实际}=I^2R$，R 大的 $P_{实际}$ 大，灯泡更亮，对应着 $P_{额}$ 小；同理，R 小的 $P_{实际}$ 小，灯泡更暗，对应着 $P_{额}$ 大。

二、 任务驱动策略

任务驱动策略强调任务驱动学习。教师将教学内容以单独、连续或分散的任务或问题的形式安排给学生，使其在驱动下，积极地通过查阅各种资料、文献，自主地完成相关任务。在任务驱动过程中，任务为学习者明确了目标，提供了动力，使学习者完成知识的主动构建。

（一）任务驱动策略的主要理论依据

1. 建构主义学习理论（如表 5-4 所示）

表 5-4 建构主义学习理论

知识观	知识不是对现实的准确表征，它会随着人类的发展和进步不断地发生变化。知识在具体问题运用中应根据问题的具体情境进行再创造
学习观	学生具有一定的知识储备，教师不能忽视学生具备的知识经验实施填鸭式教学。教师应与学生共同学习、相互协作、解决问题
学生观	学生是教学活动的中心、知识建构的主体和意义深化的主动探究者
注重教学的情境	学习总是与一定的情境相联系。情境对于激发学生思维有良好的成效，可以帮助学生回忆已有认知结构中相关的知识经验及规律总结，最终促进学生借助已有知识和经验实现“同化”和“顺应”探索到的新知识

2. 学习动机理论

学习动机的基本成分是学生对学习的需要和对学习的期待，其中学习需要是促使学生发生学习行为的主要因素。

（二）任务驱动策略的基本步骤

步骤 1：设计任务。教师应认真分析教材，根据教学目标和学生特点，合理拆分学习内容、明确重难点，在此基础上编制任务。任务的设计应与概念化知识融合才能有效地完成知识目标，因此要对所编制的任务进行进一步的细化。

步骤 2：提出任务。任务的提出应做到简单明了、表达清晰，使学生对任务有明确的目标和较好的理解，因为学生的理解情况将直接影响任务驱动策略的效果。

步骤 3：提供线索(资源)。学生明确任务后，在教师的指导下，通过查阅资料和文献，与教师分析和探讨任务。

步骤 4：交流、引导。学生在教师的指导下自主思考，得出不同的观点。教师针对不同的观点进行合适的矫正和修改，在必要时还可以进行补充说明，从而达到引导学生解决任务的目的。

步骤 5：归纳。在学生解决任务之后，教师应对完成任务过程中渗透的物理概念和规律、应用到的原理和得出的结论进行总结归纳，借助评价机制反馈学习成果，对完成任务的情况进行反思和评价，增强任务驱动教学的教学效果。基本步骤如表 5-5 所示。

表 5-5 任务驱动策略的基本步骤

	教　师	学　生
步骤 1	设计任务	
步骤 2	提出任务	明确任务
步骤 3	提供线索(资源)	分析任务
步骤 4	交流、引导	解决任务
步骤 5	归纳	巩固

案例 5-8 力的合成

在力的合成这部分我们可以把内容分成多个小考点，然后运用任务驱动策略分成多个小任务。

一开始先画两个关于合力与分力的常见物理模型，如图 5-13 和 5-14 所示，由这两个常见物理模型引出力的合成，然后将其他内容逐步分成多个小知识点。

图 5-13 分力　　图 5-14 合力

任务一：图 5-13 中的两股绳都受力吗？效果和大小与图 5-14 中的绳相比如何？(引出合力与分力)

任务二：什么是力的合成？(知识点)

任务三：探究合力的实验。(在教师的引导下让学生熟悉合力与分力)

任务四：求合力用什么方法？(平行四边形定则)

任务五：多个共点力如何合成？(思维升华)

任务六：探究合力与分力的关系。(难点和重点)

以上是这一节运用任务驱动策略的步骤 1 和步骤 2，步骤 3 由教师提供资料让学生自己去分析，然后在教师的引导和帮助下进行步骤 4，最后一步可以通过相关练习让学生巩固本节内容。

三、图示策略

图示策略，就是将人脑里的思维过程或思维状态用直观的图表达出来的教学策略。

(一) 概念图

概念图就是用图示的方法将人脑海中的概念知识表示出来。

概念图有四个基本要素：节点、连线、命题和层级结构。其中节点就是概念，一个概念图是由一系列节点用线连接在一起组成的；连线代表节点之间的关系和层级，两个概念和连接它们的连线构成一个命题，在连线上应标注恰当的连接词或连接语，说明命题中的连接关系是有效、有意义的；命题是对事物现象、规则和结构的陈述，两个或更多个概念通过适当的连接词连接起来就形成一个"命题"；层级结构是概念的展现方式，通常将最一般、最具概括性的概念置于概念图的最顶层，从属的概念安排在下面。图 5-15 是一个力学的简单概念图。

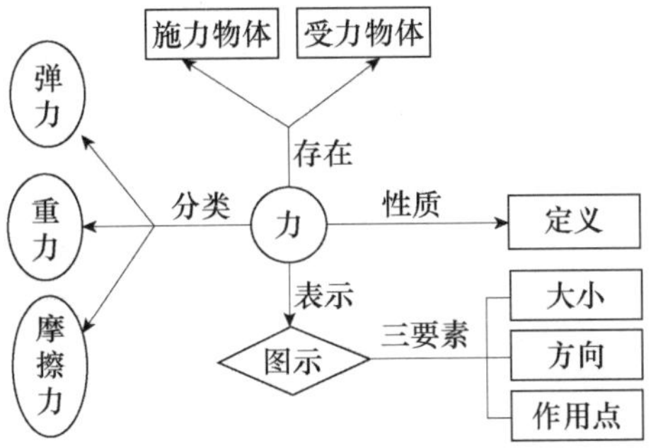

图 5-15　力学简单概念图

通过以上对概念图的描述，我们知道概念图在表达逻辑关系和推理方面发挥着很好的作用，但在某种意义上说概念图就是一种多线程的流程图，在很大程度上，它是多线性的思维表达方式。

(二) 思维导图

另一种图示策略就是思维导图策略，它不同于概念图，思维导图注重表达与核心主题有关联的内容，并可展示其层次关系以及彼此之间的关系，能够帮助人们在认识事物方面拥有一个整体的全局化概念。

思维导图是一种有效使用大脑发散性思考方法的图示。由于它模拟人脑神经网络放射结构，以视觉形象化图示展现认知结构、外化大脑思维图谱，因此亦称为"心智图""心灵图"或"脑图"。同样，思维导图也有主题、节点、线段和图像等几个要素。不同于概念图的是，思维导图是以某一主题为中心，放射性地分出许多节点，然后各节点再分出许多分节点，不断发展，节点也会越来越多。就像我们的树，主题就是一棵树的树干，节点就是树枝。思维导图呈现的是一个思维过程，它往往从中心主题开始，随着思维的不断深入和细化，逐步形成一个向周围发散的、有序的树状图。同一层节点数表示思维的广度，一个分支的层数表示思维的深度。图 5-16 为右脑思维导图。

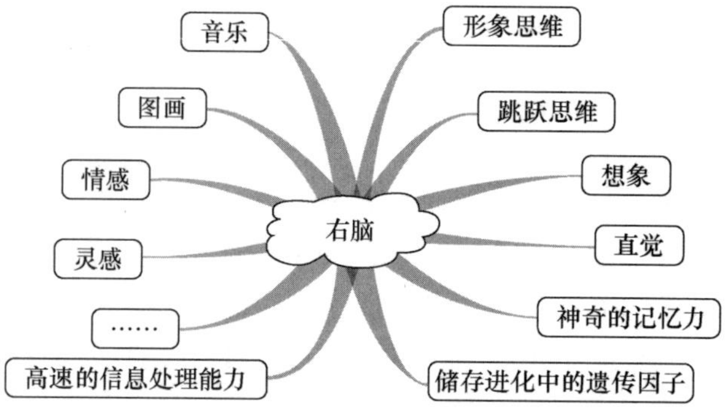

图 5-16　右脑思维导图

思维导图的基本特征有:① 学习主题集中于中央位置;② 主题涉及的主干内容作为分支向四周放射;③ 分支由一个关键图形或关键词构成,并放置于分支之上;④ 每个分支形成一个具有节点结构的局部;⑤ 不同的级别和内容可采用不同的色彩来区分。思维导图的结构也有很多种,如图 5-17 所示。

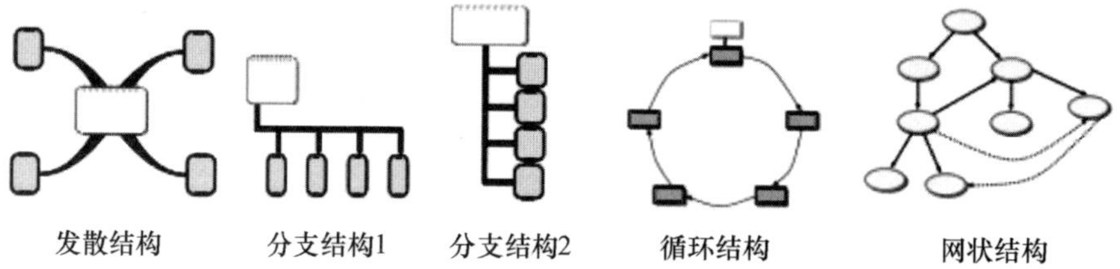

图 5-17　思维导图的各种结构

四、 分层教学策略

理想的情况是,教师根据每个学生的个体情况进行个性化教育。但考虑到现实因素,如今教育规模逐渐扩大,中学物理教育通常以班为单位进行教学,面对基数庞大且基础各不相同的学生,个性化教育受到限制。因此,对学生进行分层教育的策略受到广泛重视。

具体来讲,分层教学就是根据学生的智能差异,为不同智能特点的学生创设不同层次的教学环境,分层制定不同的教学目标和要求,选择与确定不同层次的教学方式和教学方法,使其与相应层次学生的发展相协调。它以教学过程最优化理论为基础,对教学的各个环节、要素进行优化,意在提高学习效率,帮助学生体验成功的快乐。

分层教学策略分别体现为学生分层、教学目标分层、新授课分层、习题分层、辅导分层、评价分层。

温馨提示

教学过程最优化理论由巴班斯基在 20 世纪 70 年代初期提出。教学过程的最优化,是指在一定的教学条件下寻求合理的教学方案,使教师和学生花最少时间和精力获得最好的教学效果,使学生获得最好的发展。

(一) 学生分层

学生分层在实际教学中非常常见，教师必须对学生有全面的了解，才能进一步对其他要素和教学过程进行分层。所谓“全面”了解，是指既要了解学生的学习情况和潜在能力，还要考虑学生的生活环境和性格特点等的差异。

综合各方面因素，可将学生分为三层(我们用 A、B、C 来表示)：A 层次的学生有着良好的学习基础，学习态度端正，基础扎实，思维敏捷，学习能力强，能够积极完成教师布置的各项活动，对于相关的知识也有着浓厚的兴趣，学习主动性高，接受能力较强，有着科学的学习习惯以及学习方法，成绩优异；B 层次的学生有一定基础，学习主动性不够，学习能力相对较差，缺少毅力，多数情况下可以认真完成作业，没有较好的学习方法，成绩中等；C 层次的学生即传统观念下的“后进生”，基础知识较差，接受能力差，学习兴趣不浓，缺乏学习动力，学习态度不端正，成绩很差，难以及时完成作业。

同时，随着教学环节的推进和学生情况的变化，应注意对学生分层的及时更新。

(二) 教学目标分层

在教学活动开始之前，教师可先将教学目标分为三个层次：基础性目标，代表着“了解、知道”；提高性目标，代表着“应用水平”；发展性目标，代表着“分析综合能力”。其中，所有学生都能够且必须达到基础性目标，学有余力的学生应该尽力达到提高性目标甚至是发展性目标。

教您一招

人教版教材第二十章电与磁讲到电与磁有三个重要学习主题：电生磁、磁生电、通电导体在磁场中受到力的作用。所有学生都需要能够利用安培定则判断螺线管的磁场；对于直导线周围磁场的分布以及通电导体在磁场中受到的力与哪些因素有关，基础薄弱的学生可尽力掌握，有一定基础的学生要求必须掌握。在此基础上，A 层次的学生可以学习如何用左手定则判断通电导线在磁场中的受力方向。

(三) 新授课分层

新授课的教学面对的是各层次的学生，教学设计起点是最基本的两个层次的学生，即照顾 B 层次、C 层次的接受能力。一方面，教师在讲解时应当重点突出、详略得当，既能让 C 层次的学生消化，也能让 A 层次、B 层次的学生有进一步探究，这样对学生的基础知识、基本概念、基本规律的理解大有帮助；另一方面，对培养学生分析、总结、归纳、整理的综合能力也有很大帮助。

教您一招

例如，简单机械一章的教学，要使全体学生学会处理单个独立简单机械的力、力臂和功、效率相关计算，A 层学生可进一步探究组合机械(杠杆与滑轮的组合等)的力、力臂和功、效率的相关计算。自主招生题目就体现了新授课的分层思想。

(四) 习题分层

做习题是学生对“内化”的知识加以巩固的过程，做习题可提升他们解决物理问题的能力。习题分层教学使每个学生都能达到预期目标，都能体验成功的快乐，以此增强学生的信心，不断培养学生的学习兴趣，激发学生的潜能，唤醒学生的主观能动性。习题分为三个层次：A 层次为基础题加综合性提升题；B 层次为基础题加部分提升题；C 层次为基础题。同时在习题数目、习题难度、思维坡度、习题控时上也应体现差异。

教您一招

例如，质量为7.9kg的正方体铁块放置在面积为0.5m^2的水平桌面上，它对水平桌面产生的压强是多少？可让A层次和B层次的学生做这类易错题，C层次的学生做已知铁块底面积的题目。

例如，在图5-18所示运动和力的分析中，物块A和B分别在两个大小相等的力F_1、F_2的作用下一起做匀速直线运动。可让A层次学生分析所有物体所受摩擦力的大小和方向，让B层次学生分析所有物体所受摩擦力的方向，让C层次学生仅分析A物体所受摩擦力的方向。

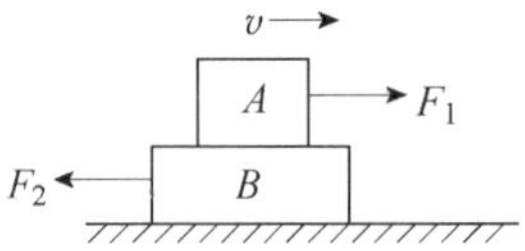

图5-18 摩擦力分析

（五）辅导分层

对于A层次的学生，教师应着重指导他们对发现的问题进行独立思考，加强他们的自主学习和探究能力，为他们设置更深层的学习目标。对于B层次的学生，教师可适当点拨，加强同学之间的研究和讨论。对于C层次的学生，在讲解时教师应重基础、有耐心、细致全面，以培养他们的自信心。

（六）评价分层

评价分层能够有效地激励学生不断成长，使学生获得学习的动力。对于A层次的学生，进行综合性的评价，可激发出他们的竞争意识。对于B层次的学生，应该以鼓励和分析为主，激发出他们的探究意识。对于C层次的学生，应该以表扬和鼓励为主，增强其自信心。

案例5-9 探究式教学模式、任务驱动策略、认知冲突策略与图示策略相结合

在自由落体运动教学中，以学生的经验，很容易产生“重的物体下落得快”的思维定式。此处按照引导探究型教学模式的程序展开教学，如图5-19所示。

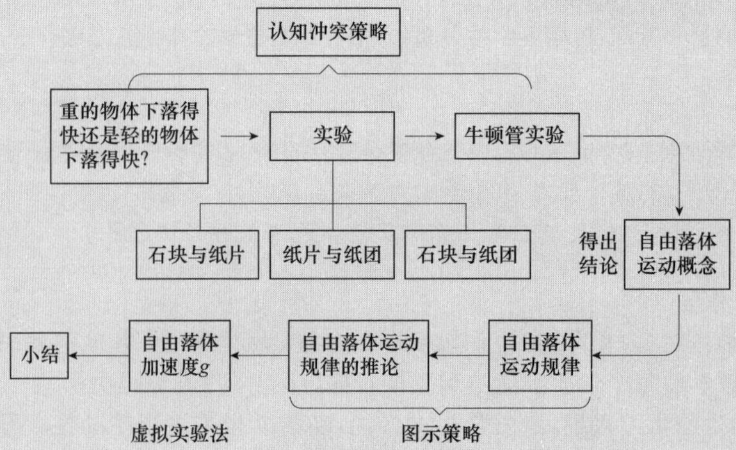

图5-19 自由落体运动教学策略

首先，提出疑问、采取任务驱动策略以激发学生的兴趣。问题一：重的物体下落得快还是轻的物体下落得快？

其次，引导学生对三组实验进行观察。第一组是重的石块和轻的纸片从同一高度由静止下落，得出重的物体下落快的结论；第二组是质量相同的纸片和纸团，观察到纸团下落得快；第三组实验是更重的石块与更轻的纸团，观察出两个物体几乎同时落地。认知冲突策略贯穿在整个教学过程中。

通过三组实验很容易得出物体下落的快慢与质量无关的结论。接着，采用任务驱动策略创设另一个问题情境。问题二：物体下落的快慢与什么因素有关？并用牛顿管实验得出与空气阻力有关的结论。

最后，通过思维升华，得出自由落体的概念，推导出相关规律和推论。在这个过程中，还可以用图示策略帮助学生更好地理解和记忆，如图 5-20 所示。

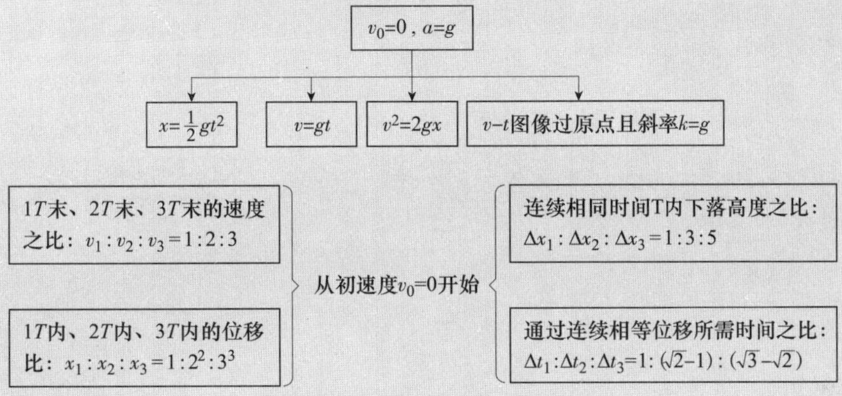

图 5-20　自由落体运动规律推论

上述步骤结束后，应对整节课的知识点进行总结。

案例 5-10　探究法、讨论法与任务驱动策略相结合

将“摩擦力”引入课堂。教师进行课堂小实验，通过弹簧测力计拉小木块，使测力计有示数，而根据小木块无法被拉动的效果，以此引入阻止小木块状态变化的根源——静摩擦力。

使用引导型探究法探究“静摩擦力的方向和大小”。如何判断静摩擦力的方向是这一节的重点和难点，它的关键在于学生对相对运动趋势的理解。在上述实验中，木块受到弹簧测力计的拉力静止不动，但有向拉力方向的运动趋势，根据二力平衡条件可知其受到的静摩擦力的方向必定与拉力方向相反，从而得出静摩擦力的方向。在此过程中，需不断提出问题让学生自己思考并解决。同理，根据二力平衡，改变拉力大小可知静摩擦力会随着使物体产生相对运动趋势的外力的增大而增大，但是有个最大值，即最大静摩擦力，所以静摩擦力的大小可表示为：$0<f_{静}\leqslant f_{max}$。

用系列实验探讨“静摩擦力的产生条件”。教师可持物体于手中，随后慢慢松开，物体会在重力的作用下自由下落，引导学生得出“在接触面间存在弹力才能有静摩擦力”。教师可请两位同学进行比赛：一位男同学用光滑的塑料筷夹砝码，再请一位女同学用粗糙的木筷夹砝码，看谁先将砝码夹进砝码盒。从而得出摩擦力的另一个产生条件：接触面要粗糙。

任务驱动策略与讨论法延伸——“滑动摩擦力”。教师引导学生主动探究滑动摩擦力产生的条件及大小和方向，并比较静摩擦力和滑动摩擦力的异同。在此过程中，教师应注意及时矫正学生错误的思考方向，并对整节课进行总结和巩固运用。整个设计如图5-21所示。

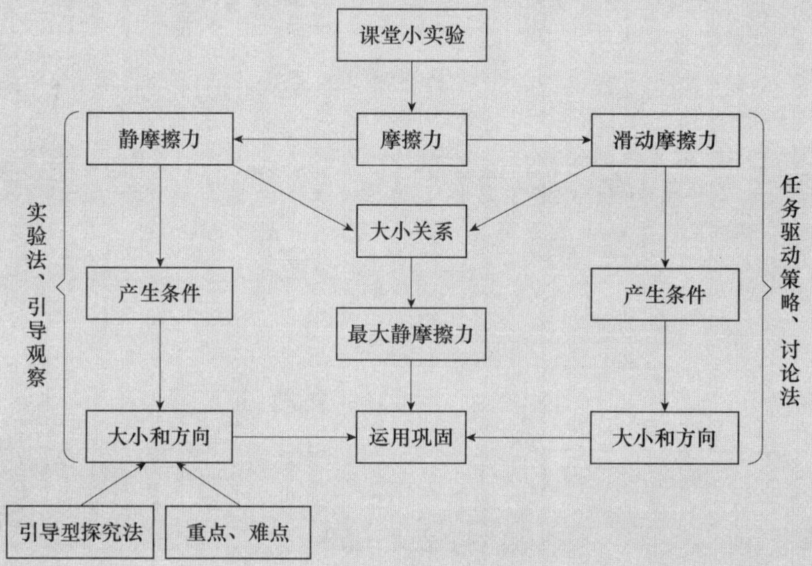

图 5-21　摩擦力教学设计

【思考与讨论】

1. 什么是教学模式？教学模式对教学的意义何在？
2. 启发-引导式教学模式的理论操作程序一般可以概括为什么？就具体案例说明。
3. 自学-讨论式教学模式的理论操作程序一般可以概括为什么？就具体案例说明。
4. 探究式教学模式的理论操作程序一般可以概括为什么？就具体案例说明。
5. 翻转课堂教学模式的理论操作程序一般可以概括为什么？就具体案例说明。
6. 合作学习教学模式的理论操作程序一般可以概括为什么？就具体案例说明。
7. 比较物理教学几种模式的优缺点。
8. 简述选择教学方法的基本依据。
9. 简述以引导-探究式教学模式为主的教学方法的特点。
10. 简述以语言传递信息为主的教学方法有哪些？
11. 简述现代教学方法的三层次分类。
12. 现代教学方法的发展有哪些趋势和特点？
13. 简述席勒的五段式教学法和杜威的教学五步法。
14. 比较几种教学方法的优缺点。
15. 举例说明四种教学策略的优缺点及使用要点。

【技能训练】

1. 以楞次定律为教学内容，编写一段微课教案，体现启发-引导式教学模式，并在小组里试讲、讨论和评估。

2. 以欧姆定律为教学内容，编写一段微课教案，体现实验法这一教学方法，并在小组里试讲、讨论和评估。

3. 以“探究摩擦力与哪些因素有关”为教学内容，编写一段微课教案，体现任务驱动策略，并在小组里试讲、讨论和评估。

第六章

中学物理课程内容及教学建议

知识框架

- **中学物理课程内容及教学建议**
  - 中学物理教学内容
    - 在课程内容下的中学物理科学探究
    - 在课程内容下的中学物理科学内容
  - 中学物理教学建议
    - 声和光
    - 物态变化
    - 运动和力
    - 电与磁
    - 能量

第一节　中学物理教学内容

物理课程标准规定了中学物理课程内容与要求，并将课程内容分为两个维度展开（如图 6-1 所示）：科学探究和科学内容。教师应在深化课程改革理念、渗透科学发展观和正确价值观的基础上，注重落实科学探究过程，合理把握与设计课程教学内容，以全面完成教学目标。

第六章
中学物理课程
内容及教学建
议课件

中学物理课程
内容及教学建
议教学视频

高中物理教
学内容与建议
（扩展内容）
教学视频

- **课程内容**
  - **科学探究**
    - **提出问题**
    - **猜想与假设**
    - **设计实验与制订计划**
    - **进行实验与收集数据**
    - **分析与论证**
    - **评估**
    - **交流与合作**
  - **科学内容**
    - **物质**
      - **物质的形态与变化**
      - **物质的属性**
      - **物质的结构与物质的尺度**
      - **新材料及其应用**
    - **运动与相互作用**
      - **运动形式**
      - **机械运动和力**
    - **能量**
      - **能量、能量的转化与转移**
      - **机械能**
      - **电磁能**
      - **能量守恒**
      - **能源与可持续发展**

图 6-1　课程内容

一、在课程内容下的中学物理科学探究

在课程内容下的中学物理科学探究的步骤和要求如表 6-1 所示。

表 6-1 中学物理科学探究的步骤和要求

1	提出问题	
	(1)	能从日常生活、自然现象或实验观察中发现与物理学有关的问题
	(2)	能书面或口头表述发现的问题
	(3)	了解发现问题和提出问题在科学探究中的意义
2	猜想与假设	
	(1)	尝试根据经验和已有知识对问题的可能答案提出猜想
	(2)	能对探究的方向和可能出现的探究结果进行推测与假设
	(3)	了解猜想与假设在科学探究中的意义
3	设计实验与制订计划	
	(1)	经历设计实验与制订计划的过程
	(2)	明确探究目的和已有条件
	(3)	尝试考虑影响问题的主要因素,有控制变量的意识
	(4)	尝试选择科学探究方法及所需要的器材
	(5)	了解设计实验与制订计划在科学探究中的意义
4	进行实验与收集数据	
	(1)	能通过观察、实验和利用公共信息资源收集证据
	(2)	会阅读简单仪器的说明书,能按要求进行操作
	(3)	会使用简单仪器进行实验,会正确记录实验数据
	(4)	具有安全操作的意识
	(5)	了解进行实验与收集证据在科学探究中的意义
5	分析与论证	
	(1)	经历从物理现象和实验中归纳科学规律的过程
	(2)	能对收集的信息进行简单归类及比较
	(3)	能进行简单的因果推理
	(4)	尝试对探究结果进行描述和解释
	(5)	了解分析与论证在科学探究中的意义
6	评　　估	
	(1)	有评估探究过程和探究结果的意识
	(2)	能关注探究活动中出现的新问题
	(3)	有从评估中吸取经验教训的意识
	(4)	尝试改进探究方案
	(5)	了解评估在科学探究中的意义
7	交流与合作	
	(1)	有准确表达自己观点的意识
	(2)	能表述探究的问题、过程和结果
	(3)	能听取别人的意见,调整自己的方案
	(4)	能坚持原则又尊重他人,有团队意识
	(5)	了解交流与合作在科学探究中的意义

二、 在课程内容下的中学物理科学内容

新课标下的中学物理科学内容及教学要求如表 6-2 所示。

表 6-2 新课标下的“知识内容及教学要求细目表”

知识内容		课标要求			
		了解	认识	理解	会
一、物　　质					
物质的形态与变化	1. 能用语言、文字或图表描述常见物质的物理特征	√			
	2. 能从生活和社会应用角度，对物质进行分类			√	
	3. 能区别固、液、气三种物态			√	
	4. 能描述固、液、气三种物态的基本特征			√	
	5. 能说出生活环境中常见的温度	√			
	6. 了解液体温度计的工作原理	√			
	7. 会测量温度				√
	8. 尝试将生活和自然界中的一些现象与物质的熔点或沸点联系起来			√	
	9. 能用水的三态变化解释自然界中的一些水循环现象			√	
物质的属性	10. 能描述物质的一些属性	√			
	11. 尝试将物质的属性与日常生活中物质的用途联系起来			√	
	12. 初步认识质量的概念		√		
	13. 会测量固体和液体的质量				√
	14. 通过实验理解密度的概念			√	
	15. 尝试用密度知识解决简单的问题				
	16. 能解释生活中的一些与密度有关的物理现象			√	
	17. 了解物质的属性对科技进步的影响	√			
物质的结构与物质的尺度	18. 知道物质是由分子和原子组成的	√			
	19. 了解原子核式模型	√			
	20. 了解人类探索微观世界的历程	√			
	21. 大致了解人类探索太阳系及宇宙的历程	√			
	22. 对物质世界从微观到宏观的尺度有大致的了解	√			
新材料及其应用	23. 初步了解半导体的一些特点	√			
	24. 了解半导体材料的发展对社会的影响	√			
	25. 初步了解超导的一些特点	√			
	26. 了解超导对人类生活和社会发展可能带来的影响	√			
	27. 初步了解纳米材料的应用和发展前景	√			
二、运动与相互作用					
运动形式	28. 能用实例解释机械运动及其相对性			√	
	29. 能从生活、自然中的一些简单热现象推测分子的热运动			√	
	30. 初步认识宏观热现象和分子热运动的联系		√		
	31. 能用实验证实电磁相互作用				√
	32. 能举例说明电磁波在日常生活中的应用	√			
	33. 能举例说明自然界存在多种多样的运动形式	√			
	34. 知道物质处于不停的运动中	√			

续表

知识内容		课标要求			
		了解	认识	理解	会
机械运动和力	35.能根据日常经验或自然现象粗略估测时间				√
	36.会使用适当的工具测量时间				√
	37.能通过日常经验或物品粗略估测长度				√
	38.会选用适当的工具测量长度				√
	39.能用速度描述物体的运动	√			
	40.能用速度公式进行简单计算			√	
	41.能通过常见事例或实验,了解重力、弹力和摩擦力	√			
	42.认识力的作用效果		√		
	43.能用示意图描述力	√			
	44.会测量力的大小				√
	45.知道二力平衡的条件	√			
	46.了解物体运动状态变化的原因	√			
	47.牛顿第一定律	√			
	48.通过实验探究,学会使用简单机械改变力的大小和方向				√
	49.能用压强公式进行简单计算			√	
	50.知道增大和减小压强的方法	√			
	51.了解测量大气压强的方法	√			
	52.知道物体浮沉的条件	√			
	53.知道阿基米德原理	√			
	54.通过实验探究,初步了解流体的压强与流速的关系	√			
	55.了解乐音的特性	√			
	56.了解现代技术中与声音有关的应用	√			
	57.知道防治噪声的途径	√			
	58.通过实验,探究光在同种均匀介质中的传播特点。探究并了解光的反射和折射的规律	√			
	59.认识凸透镜的会聚作用和凹透镜的发散作用		√		
	60.了解凸透镜成像的应用	√			
	61.通过观察和实验,知道白光是由色光组成的	√			
	62.知道波长、频率和波速的关系	√			
	63.了解波在信息传播中的作用	√			
	64.了解磁场力的方向与电流及磁场的方向都有关系	√			
	65.知道光是电磁波	√			
	66.知道电磁波在真空中的传播速度	√			
	67.了解电磁波的应用及其对人类生活和社会发展的影响	√			
三、能　　量					
能量、能量的转化与转移	68.通过实例了解能量及其存在的不同形式	√			
	69.能简单描述各种各样的能量和我们生活的关系	√			
	70.通过实例认识能量可以从一个物体转移到另一个物体,不同形式的能量可以互相转化			√	
	71.结合实例认识功的概念	√			
	72.知道做功的过程就是能量转化或转移的过程	√			
	73.结合实例理解功率的概念			√	
	74.了解功率在实际中的应用	√			

续表

知识内容		课标要求			
		了解	认识	理解	会
机械能	75. 能用实例说明物体的动能和势能以及它们的转化			√	
	76. 能用实例说明机械能和其他形式的能的转化			√	
	77. 知道机械功的概念和功率的概念	√			
	78. 能用生活中的实例解释机械功的含义			√	
	79. 理解机械效率			√	
	80. 了解机械使用的历史发展过程	√			
	81. 认识机械的使用对社会发展的作用		√		
	82. 能用分子动理论的基本观点解释某些热现象			√	
	83. 了解内能的概念	√			
	84. 能简单描述温度和内能的关系	√			
	85. 从能量转化的角度认识燃料的热值		√		
	86. 了解内能的利用在人类社会发展史上的重要意义	√			
	87. 了解热量的概念	√			
	88. 通过实验，了解比热容的概念	√			
	89. 尝试用比热容解释简单的自然现象			√	
电磁能	90. 从能量转化的角度认识电源和用电器的作用		√		
	91. 理解欧姆定律，并能进行简单计算			√	
	92. 会读、会画简单的电路图				√
	93. 能连接简单的串联电路和并联电路				√
	94. 能说出生活、生产中采用简单串联或并联的实例	√			
	95. 会使用电流表和电压表				√
	96. 理解电功率和电流、电压之间的关系，并能进行简单计算			√	
	97. 能区分用电器的额定功率和实际功率			√	
	98. 了解家庭电路和安全用电知识	√			
能量守恒	99. 知道能量守恒定律	√			
	100. 能举出日常生活中能量守恒的实例	√			
	101. 通过能量的转化和转移，认识效率		√		
	102. 初步了解在现实生活中能量的转化与转移有一定的方向性	√			
能源与可持续发展	103. 能通过具体事例，说出能源与人类生存和社会发展的关系	√			
	104. 能结合实例，说出不可再生能源和可再生能源的特点	√			
	105. 了解核能的优点和可能带来的问题	√			
	106. 了解世界和我国的能源状况	√			

第二节　中学物理教学建议

教学建议应突出教学设计的指导性与可操作性，要求教学突出重点，突破难点，抓住关键和考点，为学生的学习起指导作用；要求教学包含一定比重的演示实验和自主实验，并将实验以可操作的科学探究的形式呈现，使学生认识物理研究中实验的重要作用；要求教学能使学生对学科基础知识熟记于心，对物理问题的分析方法理解透彻，对基本技能熟练运用，学会思考，获得处理信息的方法，培养学习物理的良好习惯；要求教学激发学生对自然现象的关心，培养学生应用物理知识服务于生活的意识，为学生创新能力的发展提供广阔的空间。

一、 声和光

声现象和光现象是人们接收外界信息最重要和最常见的途径，它们在生活、生产、社会活动等各方面具有广泛的应用，对人类生活水平的提高产生了深远的影响。初中物理从学生兴趣出发来设计教材的结构，将声和光设置为物理学习的入门课程。

(一) 声现象

本单元意在使学生掌握声音的基本知识。考核重点是声音的三大特性。教师可通过具有趣味性、操作性的探究活动来帮助学生学习，例如：在控制变量法的思想下，改变弦乐器"长短、粗细、松紧"中的任意一个量，控制其他情况不变，探究影响音调的因素；在转化法的思想下，敲击音叉，观察声音大小变化时小球被弹起高度的不同，加深对响度的认识；还可以向学生介绍每个人发出的声音各不相同，通过"听声识人"了解音色的概念。

本单元的难点是纷繁复杂的概念，例如响度、振幅、音调、频率等，需要逐一攻破，其中，音调与响度易混淆；生活、生产中丰富多彩的声现象，需要加强所学知识与实际情况之间的联系，使学生获得理解现代生活中的科学与技术的乐趣。

知识卡片

生活中的声现象

声音传递信息教学：骨传导；中医诊病的"望、闻、问、切"中的"闻"；双耳效应；利用鱼所喜欢的声音捕鱼；地震、海啸前出现的一些次声波；蝙蝠的回声定位；利用声呐探测海洋深度；B超、超声波探伤仪。

声能传递能量教学：用超声波清洗精细的机械；用超声波除去人体内的结石；超声波加湿器。

(二) 光现象

本单元具有很强的规律性。本单元的考核重点是光的直线传播、光的反射、光的折射、光的色散以及这几种光现象的区分，简单光现象的解释，并能根据具体情况完成相应的光路图。

在光的传播教学中，教师可用激光笔沿着白纸照射，引导学生观察并总结光的传播规律；在光的反射教学中，通过本身不发光的物体能被人们看见来引入反射概念，按书中的实验获得反射光线，测量入射光线、法线、反射光线的夹角，探讨它们位置的关系，总结得出光反射的规律；在平面镜成像教学中，通过移动蜡烛，探究平面镜成像规律，学习、记录和分析实验过程中的信息；在光的折射教学中，可通过海市蜃楼奇观、"水中折断的铅笔"等体验折射现象引起的视觉错觉；在光的色散教学中，通过三棱镜色散实验揭示太阳光是复合光。上述教学过程可使学生获得比较全面的探究体验，有助于他们学习本单元内容。

(三) 透镜在生活中的应用

本单元的考核重点是凸透镜成像规律。通过前一单元的学习，学生已经掌握了光的反射和折射等基本知识。本单元要求学生在已有知识体系上，初步学会凸透镜成像的实验操作，通过多次实验并观察实验现象，总结出凸透镜成像的规律。

凸透镜在日常生活与科技产品中有广泛的运用。本单元以照相机、投影仪、放大镜为典型实例，让学生亲身观察它们的构造与工作特点，经历制作模型的过程，探究它们的成像规律及特点，最终使学生获得丰富的感性认识。

二、 物态变化

本单元的考核重点是六种物态变化的过程、发生条件、吸放热特点与温度的概念，从霜、雪、雨、雾等水循环的不同物态入手，全面分析物态变化与温度之间的辩证关系。在教学中，教师应鼓励学生辨识并交流生活中出现的相关现象及自然界中六种物态变化的实例，培养学生归纳、概括一类现象的共同特征并与其他现象区分的能力。

本单元知识内容涉及大量的物理实验，其中比较重要的是温度计的使用。学生应掌握液体温度计的构造、工作原理、正确的使用方法和数据的规范读取。

本单元是初中物理的重点基础知识，与人教版九年级物理的第十三章内能、第十四章内能的利用一起，构成了比较完整的初中热学体系。物态变化主要介绍热学中的宏观现象及相关应用。内能和内能的利用主要介绍热学中的微观现象及相关应用。

三、 运动和力

运动和力是初中物理的核心知识内容。它们包括了各种运动形式、重力、弹力和摩擦力、压强、浮力、简单机械等概念。其中，机械运动是初中力学的基础，建议教学过程围绕机械运动的描述逐步展开。

(一) 机械运动

本单元的考核重点是参照物的选择与运动的描述，模拟生活情境进行速度、路程和时间三个量的计算，其中比较常见的计算涉及声现象与运动的结合。

运动的讲解需先引入参照物，教师可通过实例讲述运动，说明运动和静止是相对的。而运动的物体自然有快慢的不同，顺理成章地引入速度的概念，并通过瞬时速度和平均速度进入最基本、最简单的匀速直线运动和稍微复杂的变速运动。实验室中测量平均速度的实验，可以培养学生在掌握长度和时间测量的基础上，用间接的方法测量平均速度，同时提高学生的实验技能。

经过本单元的教学，学生得以从物理的角度用科学的术语来表述运动(如参照物的引入)，而掌握基本的运动知识也为后续章节的学习奠定了基础。

(二) 力和运动

本单元的考核重点是物体的受力分析与二力平衡，学生需掌握运动和力的关系，能由力判断物体的运动状态，也能由运动状态反过来推断物体的受力情况。

牛顿第一定律是进行受力分析的基础，它指出了物体在不受力的情况下处于平衡状态。在本单元讲授时，教师应从一开始便注重惯性与牛顿第一定律概念的区分，以免学生产生混淆。教师还应通过平衡状态进一步引出静平衡与动平衡的概念，而本章的重点——二力平衡是其中最简单的情况。

力的三要素及力的示意图是受力分析绘图的基础。教师可通过控制变量法研究力的三要素，了解力的作用效果与力的大小、方向、作用点之间的关系，从中揭示受力物体和施力物体必须同时存在。除此以外，教师可运用比较分析法归纳出三大性质力——重力、弹力和摩擦力的大小、方向和作用点的规律。

同样，学生通过生活经验与感受，利用观察、实验等方式加深对上述知识点的理解。

（三）压强和浮力

本单元考核的重点是压强和浮力的概念与原理、公式和计算、影响因素。

在生活中存在许多与压强和浮力相关的有趣现象，学生较为熟悉这些常见的物理现象，但对相应的物理知识还比较陌生。在教学中，教师可通过设计压强效果和浮力效果的实验，让学生切实感受压强的存在，并分组讨论影响压强作用效果的因素，探究物体浮力的大小跟它浸在液体中的体积、液体密度的关系。最后对探究结果加以应用，谈论在生活中如何利用压强和浮力解决实际问题。

学生已经了解力能改变物体运动状态，压强和浮力是力学内容的延续。而压强和浮力这两个概念又相对比较抽象，因此是中学物理中难度较大的学习内容。如浮力的四种计算方式从不同的侧重点反映了浮力的性质，而一次性接受多种公式易使学生混淆，教师在本单元教学时应注重对不同公式的不同应用情境的区分。

知识卡片

浮力的四种公式使用

称重法是让学生了解浮力的存在、大小与方向；上下压力差法是让学生认识到浮力产生的原因和实质，认识一切浸在液体中的物体都要受到浮力的作用；公式法（即经典的阿基米德原理）是通过实验找出物体在液体里受到的浮力与哪些因素有关，认识物体所受浮力的大小跟它浸在液体中的体积有关，跟液体的密度有关；沉浮条件是由二力平衡判断浮力与物重的关系。

（四）简单机械

简单机械单元的考核重点是简单机械的认识与应用，机械效率的探讨与计算，受力分析及动力臂、阻力臂的绘图。本单元是初中物理力学部分最后一个单元，涉及已学的力、平衡和功的内容，具有很强的综合性。

本单元的教学需从以下几个方面进行。

（1）使学生从力的角度认识简单机械——动力、阻力、动力臂和阻力臂。

（2）使学生从做功的角度认识简单机械——有用功、额外功、总功、功率、效率。

（3）与学生共同进行实验探究，理解杠杆的平衡条件并画出杠杆平衡条件图，从而进一步拓展对二力平衡的学习。

（4）通过活动探究简单机械效率问题。

（5）要求学生能从生活出发，灵活利用简单机械的特点，如根据实际情况进行省力或省距的权衡，合理选择不同类型的杠杆或滑轮。

四、 电与磁

(一) 电路与欧姆定律

电路与欧姆定律单元的考核重点是电学实验、对电学图像(如伏安曲线)的分析与使用、电路图的绘制、欧姆定律及其计算。

本单元一个重要的学生分组实验是伏安法测电阻,这是一个非常重要的实验:能帮助学生掌握电路,而电路是电学的基础,通过实验及训练,学生可掌握电流表、电压表、电阻、滑动变阻器的使用规则和注意事项,这些元件都是电学的基本元件,在后续动态电路分析和保护电路计算中,将得到非常广泛的应用;旨在训练学生电路连接的操作技能,学会实物图与电路图之间的转换;是欧姆定律的重要应用;更重要的,是测量电阻、电功率,以及高中物理中电源电动势和内阻的最基本方法。

欧姆定律是初中电学最重要的物理规律,它将电学的三个核心物理量电流 I、电阻 R、电压 U,以定量的方式联系起来。欧姆定律本身是由实验得出的,教师在本单元教学时,应注意使用控制变量法进行实验探究:在电压一定的情况下,探究流过导体的电流和导体电阻的关系;在电阻一定时,探究流过导体的电流和导体两端电压的关系。欧姆定律通过进一步推导可得到电阻的串联、并联公式。

本单元教师既要注意培养学生重视实验的学习方法,又要培养学生重视理论推理的学习方法,为以后的学习做铺垫。

(二) 电功与电功率

电功与电功率单元的考核重点是电功与电功率的含义、单位与计算,电流做功形式,实际与额定功率的含义,电功、电功率与电流、电压之间的关系,电能表的使用等。

电功与电功率是实验电路到实际电路的过渡桥梁。由于本单元需要学生理解并掌握的概念与公式较多,而且易于混淆,所以本单元是电学教学中教师需要重点关注的难点。

知识卡片

本单元教学中教师应注意的易混淆概念

① 电功、电能、电热。

② 用电器实际功率和额定功率。

③ 电功与电功率、效率。

本单元的教学可以从对家庭中常用的电能表的介绍与观察入手,在了解电能表相关参数的意义后,计算某用电器一定时间内消耗的电能,通过对消耗电能的大小及其快慢的测量引入电功与电功率的概念,以及计算的公式。本单元的教学还可以从家用电器铭牌上的信息,如额定电压、额定功率等入手,进行开放性的讨论,使学生了解家用电器相关物理量之间的关系,培养学生发散性的思维和联系生活的能力。

本单元的一个重要实验是测量小灯泡的电功率,可利用伏安法测量,还可以进一步利用伏阻法、安阻法、等效法等测量,对知识进行拓展。本单元的另一个重要实验是利用控制变量法探究电流的热效应与电流、电阻的关系,辨析电热与电功,引入纯电阻电路与非纯电阻电路。

（三）家庭电路

本单元主要阐述家庭电路的组成及特点，要求学生在掌握串联、并联电路知识的基础上，能够落实到生活用电的实际需要。

在家庭电路的组成部分及各元件功能的教学中，教师应注意结合模型、图片、多媒体课件等教学手段还原家庭电路模型，给学生直观的感受；也可以让每个学生扮演一种元件进行自我介绍，在互动中进行学习交流。在火线与零线的教学中，教师应引导学生用试电笔进行辨别，并对试电笔的构造和使用方法进行说明。讲解三线插头和漏电保护器的使用时，引出家用电器接地线的原因，并进行家庭电路故障分析、触电现象解释，以普及最为基本的安全用电常识。

（四）电磁学

本单元的考核重点是磁现象、电流的磁场、电磁铁及其应用、电动机、电磁感应现象及其应用。电与磁转化丰富了能量转化形式。

教师可从生活中常见的磁现象出发，介绍磁的一些基本知识，通过如“玩转小磁针”学生活动感知特殊的物质——“磁场”的存在。注重任务驱动策略的使用，在已有电学知识的基础上，通过“电从哪来，如何使用”等问题，讨论电生磁和磁生电的关系。本章知识在讲授时还应联系电动机、发电机、电磁继电器等工具的应用。具体而言，教师可以按照思维导图 6-2 所陈列的本章需掌握的知识点进行逐一教学。

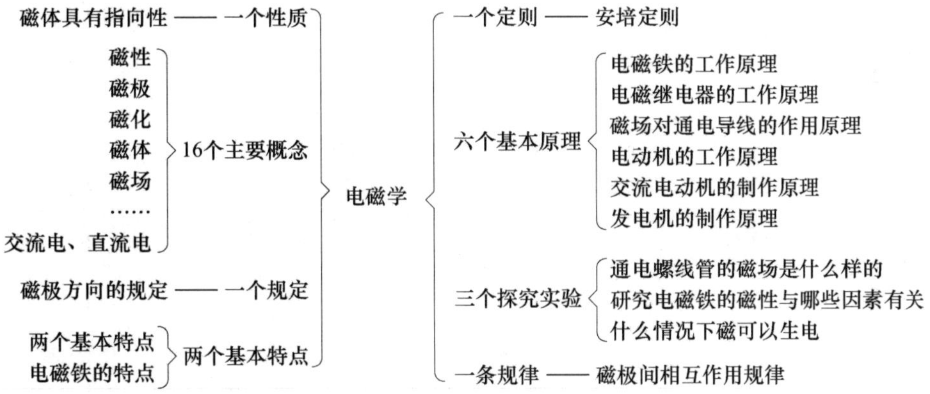

图 6-2　电磁学教学建议

五、能量

（一）机械能

本单元的考核重点是机械能的定义，决定动能、势能大小的因素，动能、势能两者之间的相互转化及机械能守恒。因为中学生直接通过理性分析来理解抽象知识概念的能力还有待提高，所以对本章而言，比较抽象的动能、势能方面的知识是教学的难点。

教师可通过让学生体会坐过山车时，高度与速度的关系，引入机械能的概念；教师可通过列举日常生活中漂浮的云、飞翔的鸟、行走的人，提出动能的概念；教师可引导学生通过自主探究实验，运用控制变量法、比较法、转换法，改变斜面高度或小球质量，观察小球滑行的距离,总结出影响动能的因素。同理,在探究弹性势能和重力势能的概念和影响因素的实验中,学生可互相交流实验方案、研究方法与结果,并进行评估;教师可引导学生举出生活中机械能守恒的例子,并运用课堂知识解释简单的现象;若有条件,教师可在课堂中引进一些玩具(如弓箭、溜溜球、弹跳小青蛙等),让学生分组进行游戏并抢答玩具原理,起到“学以致用”的效果。

机械能及其守恒定律是初中物理的重点部分,是内能、电能、磁能等能量之间相互转化的基础,是对机械能知识的学习、深化和提高,也是高中阶段机械能守恒知识的准备和铺垫。

(二)内能

本单元的考核重点是内能的定义、温度与内能的关联、内能改变的两种方式。由于上个单元的学习没有内能知识作铺垫,学生对守恒的理解仅仅停留在“只有动能和势能发生转化时,机械能是守恒的”,对“不守恒时机械能去哪”的问题无法进行进一步的探究。经过此章的学习,学生可以对能量体系有更深层次的、更科学的了解。

内能是热学中一个重要的概念,教师可先以“神舟八号”升空的案例引入本课课题,通过对比、结合日常生活现实,从宏观的物体机械能拓展到微观的分子内能,站在物体分子热运动的角度帮助学生理解内能。比热容是热学中一个较为抽象的概念,教师可以通过实验,用控制变量法——控制质量、物质、初温和末温这些参量来讲解比热容的定义,通过对实验数据的处理与分析得出比热容的公式。

本单元的教学需要学生活动的支持。教师可以引导学生提出让冰块融化或点燃火柴的各种可能办法,或让学生体验对手呵气和搓手时手的感觉,根据现象分析能量转移和转化的原因。在此基础上,通过大量演示实验,例如对气体做功与气体膨胀对外做功,来探究改变内能的方式——做功与热传递,并通过能量流向图引出热量的概念。

热机是对内能知识的应用与延伸,通过观察热机构造图片和热机工作循环动画,讲解四冲程汽油机的基本结构和工作原理、汽油机的构造和冲程的概念。学生在观察动画时能更清楚地了解吸气、压缩、做功、排气四个冲程中,进气门、出气门、活塞、曲轴各部分构造的运动情况。

最后,教师可与学生一同回顾动能、势能的概念,巩固旧知识,并引导学生思考内能和机械能的区别,进一步加深对不同能量的理解;引导学生辨析内能、热量、温度、比热容、热值等相关概念的异同与联系。

(三)能量转移、转化与守恒

本章的考核重点是能量的转移(如热传递),能量的转化(如做功)与能量守恒定律。能量是课程标准里科学内容的一级主题,是贯穿整个物理教学的主线。本章所涉及的能量守恒定律是自然界最普遍、最重要的基本定律之一。

通过前期的物理学习,学生已经建立了声能、光能、电能、机械能与内能的知识体系,因此本单元的教学首先分析自然界中各种能量之间的转化事例,进而揭示其本质属性,总结能的转化与守恒定律的普遍性和重要性。

知识卡片

教学中可使用的能量转化例子

充电电池充电：电能→化学能。

蓄电池放电：化学能→电能。

电炉取暖 ：电能→内能。

炽热灯灯丝发光：内能→光能。

光合作用：光能→化学能。

燃料燃烧：化学能→内能(或者光能)。

【思考与讨论】

1. 简述科学探究的概念及意义，并举例说明科学探究活动的各个环节及其特征。

2. 以三级主题“物质的属性”为例，简述相关知识内容的课标要求。

3. 以“透镜”为例，分析该单元的规律性，以及如何利用生活中的物理，理论联系实际完成“透镜成像规律”的教学内容设计。

4. 以“力”为例，分析该单元的重点与难点，并指出如何突出难点，突破重点。

5. 简述牛顿第一定律的重要性，分析通过生活经验与感受等方式加深对牛顿定律的理解。

6. 分析归纳初中物理电学四大实验的实验原理、步骤、电路图、实验表格、实验结果，这些实验分别为：探究电流、电压和电阻的关系，测量待测电阻阻值，测量小灯泡额定功率，焦耳定律。

7. 简述能量守恒的重要性，分析通过生活经验与感受等方式加深对能量守恒定律的理解。

【技能训练】

1. 以课程标准的科学内容二级主题“物质的属性”为例，按照知识内容的课标要求编写“密度”习题库，并在小组里讨论和评估。

2. 以“透镜成像规律”为例，采用作图法和实验法教学编写教学内容，并在小组里讨论和评估。

3. 以“测量小灯泡额定功率”为教学内容，编写一段微教学片断，体现“控制变量法”和“转化法”的实验方法，并在小组里试讲、讨论和评估。

第七章

中学物理实验教学

知识框架

- 中学物理实验教学
  - 中学物理实验教学现状及其分析
    - 中学物理实验教学现状
    - 中学物理实验教学现状分析
    - 提高物理演示实验的教学实施建议
  - 物理教学必须以实验为基础
    - 物理实验教学的作用
    - 物理实验的分类及各类实验的作用
  - 演示实验教学
    - 演示实验的特点和作用
    - 演示实验教学的基本要求
    - 演示实验教学中的观察指导
  - 实验教学案例
    - 新课引入
    - 新课讲授
    - 巩固与迁移

物理实验是物理工作者在人为控制条件下，运用仪器、设备，使物理现象反复再现，从而有目的地进行观测研究的一种方法。实验是物理学发展的科学基础，是检验物理学理论的唯一标准。在物理学的研究中，运用实验的目的在于形成、发展和检验物理理论，并使理论在实践中得到应用。而在物理教学中，运用实验的目的就在于给学生学习物理创造一个基本环境，使学生主动获取物理知识，发展能力，促进科学品质和世界观的形成。

第七章
中学物理实验
教学课件

物理是一门以观察、实验为基础的自然科学。许多物理知识是在观察和实验的基础上认真总结和思考得来的。物理教学当然也离不开实验，正如“物理课程标准”所规定或建议的，演示实验在教学活动中不可或缺。

第一节　中学物理实验教学现状及其分析

一、 中学物理实验教学现状

为了了解中学物理演示实验的教学现状，2016 年笔者对江西省多所中学就八年级上册的演示实验教学情况进行了调查。其中萍乡市第七中学、黄冈学校和东源中学这三所[①]最具有代表性，调查结果大体情况如表 7-1 所示（教师进行了的实验标记“√”，未进行的实验备注原因）。

① 分别是公立学校、私立学校和农村学校。

表 7-1 八年级上册的演示实验统计

实验名称	萍乡市第七中学	黄冈学校	东源中学
1.1 用刻度尺测量长度	√	√	√
1.2 用钟表测量时间	√	√	√
1.3 测量物体运动的平均速度	节省时间	√	节省时间
2.1 发声的音叉	√	√	节省时间
2.2 真空罩中的闹钟	仪器不精确	缺少仪器	缺少仪器
2.3 探究音调和频率的关系、响度与振幅的关系	√	√	√
2.4 声音的波形	缺少仪器	缺少仪器	缺少仪器
2.5 发声扬声器旁的蜡烛	√	√	节省时间
2.6 噪声的波形图	缺少仪器	缺少仪器	缺少仪器
3.1 自制温度计	节省时间	节省时间	节省时间
3.2 常用温度计的正确使用	√	√	√
3.3 用温度计测量水的温度	√	√	节省时间
3.4 探究固体熔化时温度的变化规律	节省时间	√	缺少仪器
3.5 观察塑料袋的变化	√	√	节省时间
3.6 探究水沸腾时温度变化的特点	节省时间	√	缺少仪器
3.7 碘的升华和凝华	节省时间	节省时间	节省时间
4.1 光在水中的传播	√	√	√
4.2 小孔成像实验	节省时间	节省时间	节省时间
4.3 探究光反射时的规律	√	√	缺少仪器
4.4 探究平面镜成像的特点	√	√	√
4.5 球面镜对光的作用	√	缺少仪器	缺少仪器
4.6 探究光折射的特点	操作困难	操作困难	操作困难
4.7 自然光射到三棱镜上	√	√	√
4.8 色光的三原色	缺少仪器	缺少仪器	缺少仪器
4.9 红外线与紫外线	缺少仪器	缺少仪器	缺少仪器
5.1 透镜对光的作用	操作困难	操作困难	操作困难
5.2 照相机、投影仪成像原理	操作困难	操作困难	操作困难
5.3 探究凸透镜成像的规律	√	√	√
5.4 模拟望远镜	√	节省时间	节省时间
5.5 用天平测量固体和液体的质量	√	√	√
5.6 探究同种物质的质量与体积的关系	节省时间	√	节省时间
5.7 测量盐水和小石头的密度	节省时间	节省时间	节省时间

以上调查结果大体反映了大多数学校物理实验的教学现状。结合对文献的研究可知：随着新课改的大力推进，物理实验在物理教学中的重要性得到了逐步体现。由于有更多的教师意识到了演示实验的重要性并在教学过程中不断探索和追求，物理演示实验取得了一定的成绩。

但是部分中学，特别是教学条件有限的中学，由于器材和教学时间的限制，有些实验无法在课堂进行，只能通过讲述传授给学生。同时，演示实验存在基础实验占比过多，对于探究性实验以及操作较为复杂的实验，教师们偏向于用讲述代替演示来进行的情况。对于高中毕业班，教师在讲授实验时会更倾向于直接阐述考点，而忽略对学生能力的培养。

(一) 教师只讲实验，不做实验

新版物理课程标准强调要让学生经历科学探究的过程，具有初步的科学探究能力，能在分析问题和解决问题的时候尝试运用科学知识和科学研究方法。同时提倡教学方式多样化，注重科学探究，强调用生活中常见的物品进行实验。

但是用讲述代替演示的现象仍然存在：把实验的原理、步骤、注意事项和结果告诉学生，让学生机械地背下来，再进行相关的习题练习。这样的教学形式看起来好像节省了时间，但其实是没有教学效益的。

建构主义的学习观认为：好的教学应该是教师创造一定的环境和氛围，促进学生对知识的主动建构。所以上述现象既不利于学生对实验的掌握，也不利于对学生各种能力的培养，同时还会减弱学生对科学本身的兴趣。

在对八年级上册的实验实施情况调查中我们发现：在进行调查的 32 个实验中，有些中学的教师仅演示了部分实验，其中最少的只有 9 个，所占比例不到总实验数量的 30%。这种只讲实验不做实验的现象显然违背了建构主义学习观所提倡的教学理念。

(二) 实验过程形式化

新课程标准强调情感、态度与价值观的重要性，强调学生在实验的过程中实事求是，尊重自然规律。

例如，在教师讲授测量平均速度这一节内容时，常常出现这种现象：教师带了小车、尺子和秒表等实验仪器进入教室，向学生介绍这些仪器并演示大概的实验过程，却省略了小车运动实际时间和路程等数据的详细测量，最后给出几组事先准备好的数据，让学生计算平均速度的大小。

这种处理方式不仅不利于学生对相关知识点概念的理解，更不利于学生养成实事求是的科学态度，违背了"面向全体学生，提高科学素养"的理念。

(三) 实验中只重视结果，不注重培养学生思维

演示实验最重要的意义就是教师通过实验的过程，引导学生进行观察和思考，培养学生对科学的兴趣和科学探究的态度。因此，实验的演示过程该如何进行就成了至关重要的问题。

若在演示过程中，学生处于被动盲目的状态，只是按照老师的详细指导，一步接着一步地完成实验，以测出正确的实验数据、展现出正确的结果为目标，则此种演示忽视了学生的主体作用。按步骤"照葫芦画瓢"地进行实验，虽然也能使学生参与到教学活动中来，但这种参与缺乏一定的主动性、积极性，容易造成学生处于"只动手，不动脑"的被动接受状态，最终将导致创新意识、创新思维、创新能力的缺失。

例如，在教师演示大气压强的实验时，有时会存在这样一种现象：教师自顾自地演示实验步骤，将得出的数据发放给学生计算，以得到大气压强的值。教师在演示的过程中不重视引导学生观察和思考，没有给学生足够的时间思考。这导致学生只知道教师演示了这个实验，可是却不知道为什么要这样做，实验效果大打折扣。相反，如果教师在实验的过程中充分突出学生的主体地位，引导学生对实验现象和结果进行思考和讨论，最后再进行总结，将更有利于提升学生的综合素养。

(四) 实验评估形式化

目前在初中和高中的学期检测和高考中都没有动手实验操作的考核部分，只是以纸笔测验的方式进行考察。考察的内容大多是教材中的经典性实验，缺少新颖的设计性实验。同时，现在很多学校和家长以分数和升学率来衡量教师的能力，这样就会导致教师迫于各方压力，只重视学生的成绩。就江西省目前的情况分析，中考会对物理实验操作进行考核，但是实验操作的总分为 10 分，而且考试内容基本是课本中规定的操作性实验(如表 7-2 所示)，并按照固定的操作步骤给分。这样会使一些教师为了应付考试而在操作考试前对学生进行集中训练，使学生在考试中拿高分。因此实验评估的形式化也是造成演示实验教学形式化的重要原因之一。

表 7-2　2017 年和 2019 年上饶市中考物理实验考试题目汇总

序号	2017 年试题	序号	2019 年试题
1	探究平面镜成像时像与物的关系	1	探究平面镜成像时像与物的关系
2	连接简单的并联电路	2	用温度计测温度
3	用天平称物品的质量	3	用天平称物品的质量
4	研究杠杆的平衡条件	4	研究杠杆的平衡条件
5	测量 100 克砝码对水平桌面的压强	5	测量 100 克砝码对水平桌面的压强
6	探究电流与电压的关系	6	探究液体内部的压强和深度的关系
7	测量固体的密度	7	探究液体内部的压强和液体密度的关系
8	探究重力的大小跟什么因素有关	8	探究重力的大小跟什么因素有关
9	测量水平运动物体所受的滑动摩擦力	9	测量水平运动物体所受的滑动摩擦力
10	探究电流与电阻的关系	10	探究电流与电阻的关系
11	探究串联电路中电流的规律	11	探究电流一定时，通电导体产生的热量和电阻的关系
12	探究串联电路中电压的规律	12	探究串联电路中电压的规律

二、 中学物理实验教学现状分析

(一) 客观原因

客观原因主要有实验条件、考核制度和升学压力因素。

1. 实验条件

实验条件分为三种情况：① 没有专门的实验室，教师把实验仪器带到教室进行演示，这样会影响演示实验的效率，增加仪器损坏的风险，降低学生的参与度；② 存在实验仪器老化、破损和缺失的问题，导致实验结果不准确，从而降低了实验效果；③ 仪器缺失，演示实验根本无法进行。

2. 考核制度

目前初中和高中的学期检测没有包含实验动手操作的部分，最多以书面的方式对演示实验进行考核，且所占分值比例较低。于是，实验被划分成了“盲区”，难以真正得到足够的重视。考核制度需不断改善，最终才能包含对学生的综合实验能力的检测。

3. 升学压力

目前分数和升学率是衡量一名教师教学能力的重要指标，部分教师在高压之下会采取“走捷径”的方式进行教学，以对实验考点的记忆情况与答题能力为先，而不注重对学生综合能力的培养。

（二）主观原因

实验教师的职业素养与专业水平有待提高。

先进的教学理念和精深的学科专业知识是教师职业素养的重要组成成分。作为物理教师，形成以人为本的学生观并不断提高实验教学能力极为重要。如果缺乏良好职业素养的教师观，过于重视知识与技能目标、忽略三维目标中其余两个目标，就容易在课堂中顾此失彼，不利于促进学生的自主发展。如何将三维目标转化为具体的、可操作的课堂教学目标，是实验教师急需重视的问题。

温馨提示

三维目标是指在教育教学过程中应该达到的三个目标维度，即知识与技能（Knowledge & Skills)，过程与方法（Process & Steps ），情感、态度与价值观（Emotional Attitude & Values)。

教师的专业水平受其专业学习经历、教学反思、自我发展意识、教师职业认同感、生活经历等因素影响。实验教学的主渠道在课堂，教师决定着实验课程进行的走向。演示实验能否落实到位，素质教育是否成功，很大一部分取决于教师的专业水平。而现如今教师的经济待遇、社会地位、工作压力、职业自豪感、时间与精力等不同方面制约着教师的专业发展。学校应加强对教师的有效管理，营造积极的环境，提供学习培训机会，正确评价教师工作，培养教师专业成长意识。

三、 提高物理演示实验的教学实施建议

新版物理课程标准对物理的课程性质、理念和内容标准进行了阐述，并提出了实施建议。强调物理教学既要将科学性、教育性和艺术性相结合，又要突出物理学科特点。具体而言，需要注重实验观察，注重物理思想方法教育和科学探究，同时要尽量贴近生活、联系社会实际。

下面将根据物理演示实验的教学作用和教学现状，结合物理新课程标准、教育学和教育心理学的相关理论，对物理演示实验的有效教学进行探索，并结合具体演示实验案例加以分析。

演示实验运用在不同的教学过程中可以起到不同的作用：在教授新课前实施，有利于激发学生的兴趣和求知欲，引导学生尽快进入学习状态，更好地进入新课；在新课传授时实施，有利于深化学生对物理规律和概念的理解；在巩固复习时实施，有利于学生对其所学的新知识进行巩固和延伸。

（一）引入新课的演示实验

在引入新课时进行演示实验，不仅可以为之后学习新的物理知识做铺垫，还可以激发学生的学习动机，使学生在不知不觉中产生想探寻根本原因的动力。本部分就如何提高演示实验的教学效果进行探讨。

1．以新激趣

为了使演示实验更好地激发学生的学习兴趣，教师应该尽可能地在配合教学内容的基础上，设计一些新奇有趣、现象“神奇”的演示实验，这样可以最大限度地激发学生的学习兴趣。例如，在学习大气压强之前，教师可以先准备一盆冰水、一盆热水、一个锥形瓶和一个稍大于瓶口直径的熟鸡蛋。先将鸡蛋放在锥形瓶瓶口，使鸡蛋保持静止，然后将锥形瓶的底部浸入冰水中，随后会发现鸡蛋自动进入瓶内。当鸡蛋的一半进入瓶口时将锥形瓶浸入热水中，学生会发现鸡蛋又自动出来了（如图7-1所示）。新奇的实验现象可以增强学生对物理的兴趣。

图 7-1　“瓶吞鸡蛋”实验

2．设疑激思

教育心理学认为最佳的学习动机是内部学习动机，它对学习过程的影响最大，持续时间最长。求知欲和好奇心是内部动机最为核心的成分，它们是培养和激发学生内部学习动机的基础。教师在教学过程中应有意识地用演示实验激发学生的内部动机。

温馨提示

学习动机是指引发与维持学生的学习行为，并使之指向一定学业目标的一种动力倾向。它包含学习需要和学习期待两个成分，根据不同标准可以划分为不同类别。

教育实践证明，创设问题情境是激发学生的求知欲和好奇心的一种十分有效的方法，教师可以演示一些能够引发学生疑问的实验现象，创设问题情境，从而激发学生的好奇行为和探索行为。如在学习大气压强时，可以演示用同一个饮料瓶倒出两种饮料的实验，引发学生的疑问和思考，激发学生的内部学习动机。

3．激发认知冲突

皮亚杰认为认知的本质是适应。[①] 个体在已有的知识经验上进行修改或重建以适应特定环境或刺激，通过同化和顺应的过程使认知结构达到一个新的平衡状态。

物理是一门与日常生活联系非常紧密的学科，人们在生产和生活中无时不在和物理现象打交道，在大量的接触中积累了许多经验。但是生活经验毕竟没有经过严谨的科学分析，所以存在一些片面甚至错误的部分，这样就形成了学生的生活经验和掌握物理知识之间的矛盾。教师利用这种矛盾激发学生的认知冲突，将有助于学生建构新的认知结构，得到事半功倍的效果。

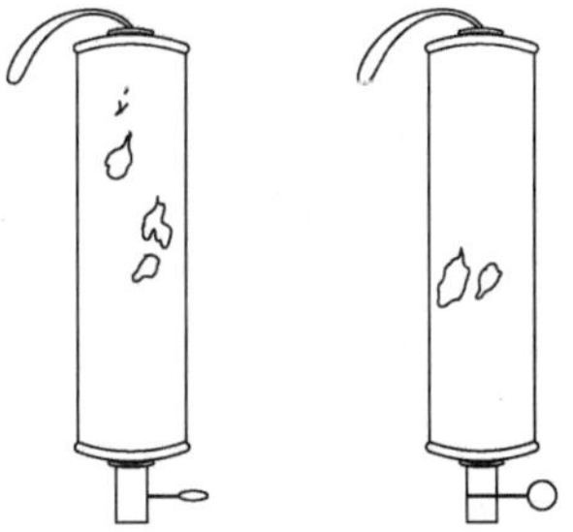

(a)　　(b)

图 7-2　牛顿管实验

例如，学生通常认为重的物体比轻的物体下落得更快，在学习自由落体运动时，教师可以用牛顿管进行演示实验（如图7-2所示）。把装有羽毛和铁片的牛顿管倒置，让两者在同一起点同时做自由落体运动，引导学生观察这些物体下落的情况。铁片和羽毛同时到达管底的

① 来源于认知发展理论，被公认为是20世纪发展心理学上最权威的理论。

实验现象与学生潜意识的经验产生的冲突，将引发学生思考：为什么质量不同的物体下落得一样快？由此可见，利用与学生的生活经验相冲突的演示现象，可以激发学生的认知冲突，从而激发其学习动机，为新内容的学习做好铺垫。

（二）深化理解的演示实验

物理学中的一些概念和规律是抽象的，仅通过语言描述很难让人理解。教师可以借助演示实验，使学生在轻松有趣的氛围中建立清晰、直观的物理模型，增强学生对所学知识的感性认识，加深学生对概念的理解，使其掌握物理规律。

1. 联系生活，创设情境

物理学中很多概念虽然是抽象的，却和生活实际密切相关。教师应从日常生活中寻找素材，创设贴近生活的演示实验情境，设计出有利于学生理解物理概念的、直观的演示实验。

例如浮力，其概念比较抽象，但在生活中却无处不在。教师可以提出问题：如果不小心把乒乓球掉入很深的树洞里怎么办？引导学生想出往树洞里灌水的方法，并用量筒和乒乓球进行演示。留下"为什么往树洞里灌水可让乒乓球浮起"的疑问，让学生思考。为了引导学生找到答案，教师可再设置一个情境作类比，如可在手里拿着一个乒乓球，问：为什么它不会掉下来？学生可以回答出是因为受到了手对乒乓球的向上的力。此时继续提问：那为什么量筒里面的乒乓球没有受到手的托力却没有掉下来呢？引导学生得出结论：量筒中的乒乓球会上升是因为受到了水对它的托力，这个力即是浮力。演示实验引导学生思考的过程，可以给学生提供更多的感性认识，有助于学生对概念的掌握。同理，学习浮力的方向时，为了让学生理解浮力的方向总是竖直向上的，可以将细线拴在乒乓球上，用透明胶将细线固定在杯底，再将烧杯放在水平桌面上，往烧杯中加水至淹没乒乓球。也可以将盛水的烧杯倾斜一定角度（如图 7-3 所示），学生就可以通过观察细线的状态对浮力的方向有更加深入的认识。

图 7-3 浮力的方向实验

2. 钻研教材，自主创新

对于与学生日常生活经验联系较少的概念或规律，学生比较难理解和掌握。教师应钻研教材，根据教材的内容设计创新实验来深化学生对知识的掌握。例如对失重的理解，教师可以将塑料杯子的底部扎一个小孔，然后用手握着杯子的侧面。学生会发现杯中的水从小孔流出。当教师将杯子从高处由静止释放，在下落的过程中，学生可以发现杯中的水没有从小孔流出。教师引导学生思考原因，让学生知道水在下降过程中对杯子无压力，促进学生对失重的概念的理解。

（三）巩固复习的演示实验

教师可以通过演示实验巩固学生所学的概念和规律，对教学内容进行延伸和运用；或者通过演示实验再现一些物理现象，让学生应用所学知识解释实验现象，培养学生理论联系实际的能力，加深理解。

惯性教学课程结束后，教师可拿出一把木柄松动的锤子，问：同学们能利用今天学的知识，让这把锤子的锤头和木柄变紧吗？待学生思考后，教师再演示：将锤子倒过来敲几下（如图7-4所示）。引导学生解释原理：敲的时候木柄和锤头会一起向下运动，当遇到凳面时木柄会停止运动，但锤头会因为惯性继续向下运动，于是就卡紧了。通过提问、思考和演示的过程加深学生对惯性的理解，培养学生理论联系实际的能力，让学生感受学习物理的乐趣。

图7-4　惯性实验

（四）自制仪器，拓展实验

教学改革要求教师不断更新教学内容、改进教学方法，而现成的仪器设备是无法超前于教学改革的。新课程标准的教学理念强调从生活走向物理，从物理走向社会，并提倡用生活中的物品进行实验，所以教学仪器的研制和改进永远是教师科研活动的重要内容之一。

教师可以根据具体教学内容和需求自制实验仪器，这样既可以克服由于实验仪器的缺失给实验带来的局限性，又可以拓展实验的内容。教师可以把一个现象、一道题演变为一个实验，深化学生对相关概念和规律的理解。

教您一招

在学习重心时，教师可以准备两个牙膏盒，对其中一个牙膏盒进行改造，在盒子一端的内部粘一个小铁块。接着让学生进行对比实验：先将没改造过的盒子平放在桌边，慢慢地推动它，当盒子悬空的长度超过一半时，盒子掉落；换用粘有铁块的盒子进行实验，学生会惊讶地发现当盒子的3/4悬空时，盒子仍未掉落。用自制道具进行的对比实验，可以突破原有仪器、道具的局限，给物理实验带来更多的可能性。

第二节　物理教学必须以实验为基础

一、物理实验教学的作用

1. 实验能为学生提供符合认识规律的物理学习环境

感性认识是形成物理概念和认识物理规律的基础。感性认识的来源有两种途径：可以来源于日常的生活体验，往往涉及多种复杂的声、热、力、光、电现象交织，学生难以直接透过现象看本质，使得在建立概念和认识规律时遇到困难；也可以来源于物理实验展示的现象，可对素材进行简化、纯化处理，在人工控制的条件下，观察、研究自然现象及其规律性，使得实验提供的物理事实易于理解，直观明了。如图 7-5 所示，覆杯实验[①]可以很好地演示大气压强。

摩擦力的教学一直是高中物理教学的难点，如图 7-6 所示，借助两个毛刷的实验可以很好地演示摩擦力的大小和方向，刷毛的倾斜程度和倾斜方向直观地显示了摩擦力的大小和方向。

图 7-5　演示大气压强图

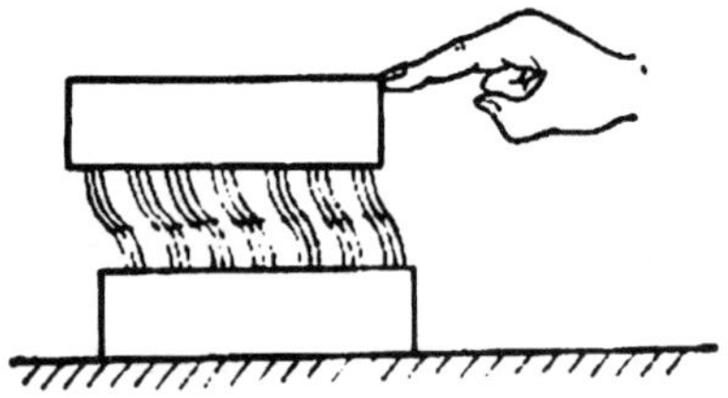

图 7-6　演示摩擦力

2. 实验能激发学生学习物理的兴趣和求知欲

兴趣是产生动机的重要条件，物理实验生动、新奇、有趣的特点使其容易引起学生的直接兴趣。加强实验教学，让学生带着兴趣求知，不再停留在物理现象表面，教学就能够达到意想不到的效果。同时，兴趣使学生在观察的同时产生操作的欲望，让学生亲自动手，不仅可以培养学生的实验能力，还能够培养学生自己学习、思考、判断与更好地解决问题的素质。

教您一招

用酒精灯给放有小金鱼的盛水长颈烧瓶的颈部加热，如图 7-7 左图所示，启发学生产生疑问：过一段时间，长颈烧瓶上部的水开了，小金鱼能存活吗？给予学生足够的时间猜想与思考后，演示实验，并引导学生观察、讨论，最终得出“水是热的不良导体，长颈烧瓶上部的水沸腾了，短时间下部的水温没有太大的变化”的结论。图 7-7 右图是研究空气密度的实验。

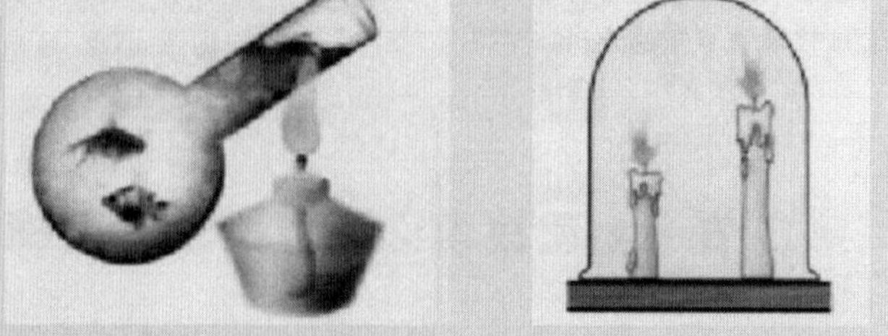

图 7-7　激发求知欲的实验

① 覆杯实验主要是要利用大气压强将水托住。

3. 实验是使学生获得科学方法和发展学生能力的重要途径

如图 7-8 所示，实验进行的每一步，都需要学生方方面面的参与和支持，是一种综合能力的培养过程。素材收集能够培养学生的信息能力，设计方案能够培养学生的思维与创新能力，动手实践能够培养学生的操作能力，观测实验能够培养学生的观察能力，展现实验结果能够培养学生的表达与总结能力。

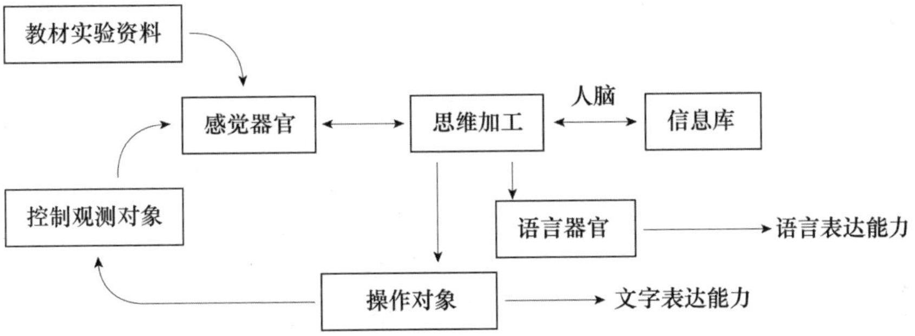

图 7-8 实验中的信息流程

综上所述，通过加强物理实验教学，我们能使学生更好地观察、分析、解决问题，使学生的智力和思维的创造性、深刻性、逻辑性等得到开拓和训练，使得学生的综合能力得到显著提高。

4. 实验能培养学生良好的科学素养

在获得期望的实验结果之前，往往要经历不同的失误和错误，耗费大量人力、物力和精力。因此，在实验的各个阶段，学术不端和违背科研诚信的事件都时有发生。然而，想要获得实验真正的成功，不能掺杂任何虚假，必须培养学生严谨的科学精神、实事求是的态度和坚韧不拔的品质。

科学精神是探求真理的原则，它是科学的本质和灵魂。科学精神要求我们必须做到求实、怀疑、批判、严谨、坚持、协作。同时，良好的科学素养的培养进一步保证了实验的成功，使得实验收获良好的效果，以此达成了一个相辅相成的良性循环，学生将因此受益终生。

二、 物理实验的分类及各类实验的作用

物理教学中的实验，大体上可以分为：① 演示实验；② 学生分组实验；③ 课内小实验；④ 课外实验。四类实验中演示实验尤其重要。

将上述各类实验与一定的教学手段配合就组成了各种实验教学课型。

教您一招

将演示实验穿插在教师的讲授过程中可组成演示讲授课；将教师的指导贯穿在学生独立操作的分组实验过程中，就构成了学生分组实验课型。各种实验有各自的特点和各自的功能。

第三节　演示实验教学

中学物理实验教学教学视频

一、 演示实验的特点和作用

(一) 演示实验的特点

演示实验是以教师为主要操作者的操作示范实验。它的主要目的是将研究的物理现象展示在学生眼前,引导学生观察思考。配合讲授或穿插学生讨论等方式可使学生认识物理概念和规律;通过演示引导和示范作用,可为学生独立训练创造条件。

演示实验在中学物理教学实验中占有很大的比重,而且是一种深受学生欢迎的实验形式。它是教师施展教学艺术的独特手段,它能够化枯燥为生动,化抽象为具体。

演示实验是物理实验教学中发挥教师主导作用的重要手段之一。成功的演示实验常常会给学生留下难以磨灭的鲜明印象,使课堂气氛异常活跃,从而获得很好的教学效果。

(二) 演示实验的作用

1. 导入新课,激发学生的求知欲望(引入新课的类型)

在一只小水捅内装半桶水,用尼龙绳将其悬挂在天花板上(如图 7-9 所示)。让一名学生紧贴墙壁站好,双手捧起水桶,水桶距学生的鼻子 1cm。然后将水桶轻轻释放,让水桶来回摆动。水桶经过一个摆动周期,又会向学生的鼻子撞去。以此解释机械能守恒原理:水桶绝不会碰上学生的鼻子,只会一次比一次更加远,因为水桶在摆动过程中毕竟有空气等阻力因素存在,其摆幅渐小。

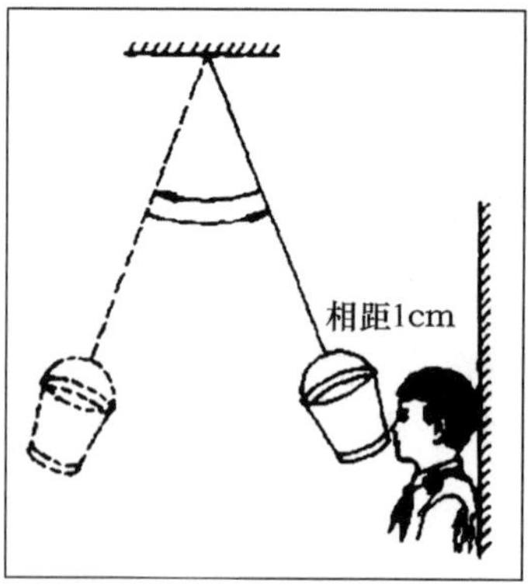

图 7-9　引入新课演示实验

2. 提供必要的感性素材,帮助学生建立概念和认识规律

在生活经验中,学生总认为硬的东西不会形变,比如石头、玻璃等。

图 7-10 显示的是微小形变实验,微小形变实验内容不一样,椭圆形瓶子液柱有升高和降低两种情况。可以问学生,怎样操作椭圆形毛细管的液面会上升?怎样操作椭圆形毛细管的液面会下降?此实验还可以与生活中的经验——挤牙膏联系起来。

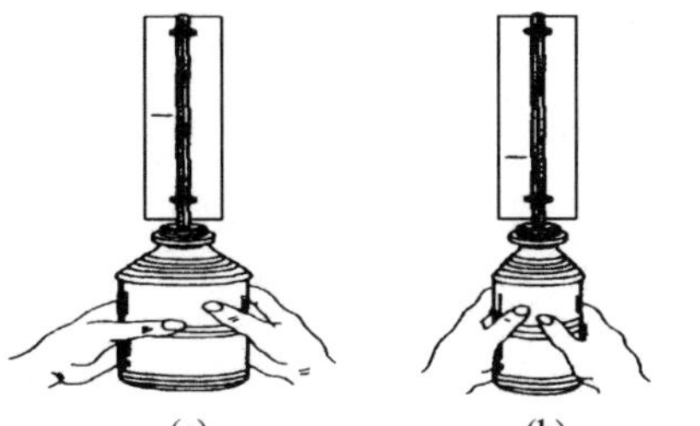

图 7-10　提供感性材料演示实验

3. 进行观察和思维训练，巩固和应用物理知识

取两只杯口平整的相同玻璃杯 A 和 B，将其置入盛满水的塑料桶中。待两杯内充满水后，使其杯口相合，并使 B 杯置于 A 杯上，垂直地从桶中取出，放在一浅盘 C 内，如图 7-11 左图所示。尽管 A 杯口与 B 杯口间有缝隙，但由于大气压强及水的表面张力作用，B 杯内的水不会沿缝隙漏出来。现在取一支麦管或塑料吸管，将一侧端口靠近两杯口间的缝隙，快速从另一端口吹气，可观察到：B 杯内的水随气流沿缝隙漏出来，吹气越猛，气流越急，漏水越快。

吹气怎能使玻璃杯口漏水呢？根据伯努利原理，在我们用力吹气时，两杯口缝隙边的大气压强由强减弱了，B 杯内的水的重力作用大于外部大气压强及水的表面张力的作用，因此水便沿缝隙随气流漏出来了。这时杯外的空气亦通过缝隙挤进 B 杯，一旦进入了空气，B 杯内的水除了受重力作用外，还受到杯内大气压的作用，漏水速率就加大。

取一干净玻璃漏斗，用一根橡皮管将漏斗的颈部与水龙头相连，让一股细水流从漏斗的喇叭口流出，将一只乒乓球放进漏斗的喇叭口中。凭想象，乒乓球应从漏斗中被水冲出。然而我们却观察到：乒乓球被牢牢地“吸”在漏斗的喇叭口内，如图 7-11 右图所示。水流为什么冲不走乒乓球呢？由于水流经漏斗的颈部流入喇叭口时，截面积迅速增大，流速立即减小，根据伯努利原理，在同一管道中，流速大的地方其压强比流速小的地方要小。可见，乒乓球下方的水流压强要远大于其上方的水流压强，这就给乒乓球施加了一个向上的压力，再加外部大气压的作用，就足以支持乒乓球停留在喇叭口的底部而不被水流冲走。

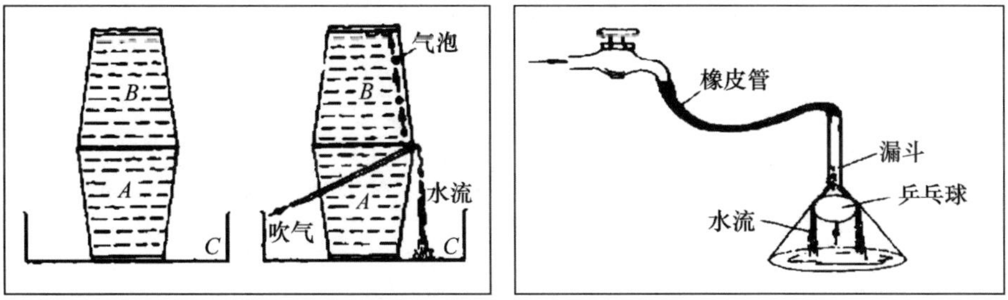

图 7-11　观察和思维训练演示实验

4. 提供示范，为学生训练实验技能创造条件

在课堂演示实验过程中，教师对实验仪器的正确使用、实验过程的正确操作、实验方法和数据的科学处理等，都会对学生产生潜移默化的影响，使学生学会正确的实验方法和实验技能，形成科学操作、严谨治学的态度。

二、 演示实验教学的基本要求

演示实验的内容和方法有很大的灵活性。同一课题，教师可以用现成的仪器设备，也可以用自制教具进行演示。同一个演示仪器，教师可用于引入课题，也可用于巩固新课。为更好地发挥其功能，必须深入研究演示实验教学的基本要求。

（一）要有明确的目的

凡事需要先确立目标和动机，才不会白白浪费大量精力。实验也不例外，明确了目的才能确定实验的方案、步骤、方法，才有助于观察实验中的现象，进而得出正确的结论和解释。所以在实验中，教师应时刻提醒和提示学生。

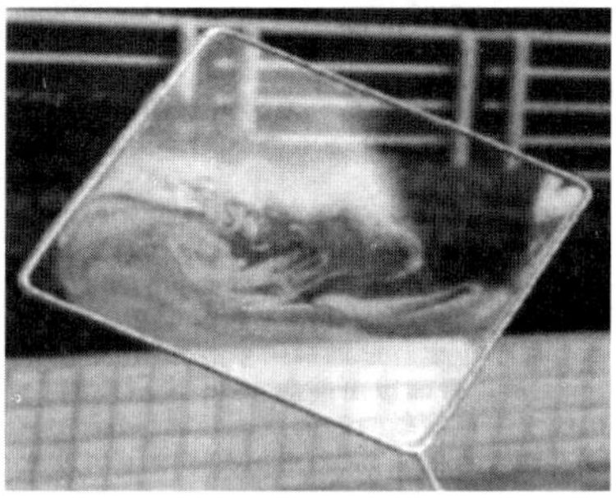

图 7-12 光的干涉实验

图 7-12 所示的光的干涉实验，仔细观察肥皂膜上变化着的彩色条纹，提醒学生注意彩色条纹的空间分布特征和随时间变化的特征。在这个过程中，可以问学生有什么发现？能提出什么问题？不断明确实验目的。

（二）要简明和直观

1. 力求仪器简单，过程明了，避免学生的注意力转移或分散到非必要的部位和步骤上

如图 7-13 所示，铁丝轨道用于对比小球静止和运动时对凸凹桥桥面的压力，这里涉及了很多物理概念和规律，如圆周运动、向心力、牛顿第三定律等。实验既涉及运动学知识，又涉及动力学知识。实验装置虽简单，但却有利于突出物理原理，体现出这套简单仪器的优势。

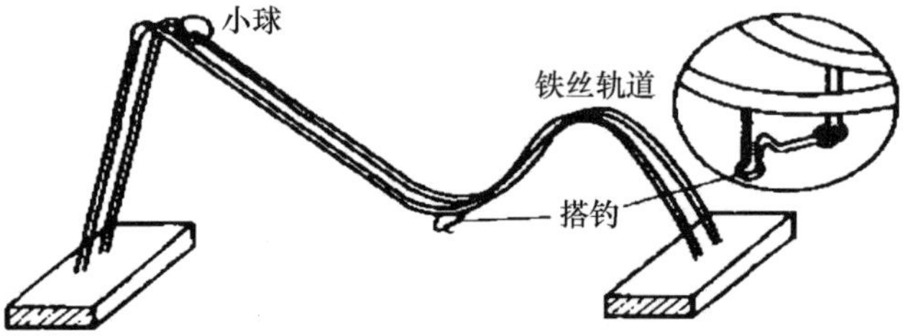

图 7-13 凹凸桥演示实验

2. 实验现象要明显

由于演示实验面向的是全体学生，为了使每个学生都能清晰地看到现象，演示实验必须要具备更高的可见度。可采取的措施包括：演示平台高于学生桌面，尽量使用较大号的仪器，保证室内光线充足等。

（三）多感官教学

学生首先通过其各种感官获得对周围环境的直接感觉，接着在一系列的智力活动中，将这种抽象的感觉逐步转变为具体、形象的感知。视觉是学生对实验活动认知的主要途径，但是视觉的表现有一定的局限性。

多感官教学法就是要充分调动学生的视觉、听觉和知觉等。通过多方位地刺激学生的感官，给学生带来丰富、立体、直观的感性体验，让学生积极主动地参与到教学中来，从而逐步建立深刻的理性认知。

图 7-14 是高压点火爆炸的演示实验，它使学生的视听感官并用，以说明内燃机中做功冲程的原理。带电体能吸引轻小的物体，课上常演示的是用丝绸摩擦过的有机玻璃棒吸引纸屑。为了使学生看到更加生动的静电现象，可将聚苯乙烯泡沫塑料削制成直径约 20mm 的圆球（将乒乓球磨薄也可以），外面粘石墨粉。将球放在两块金属板间，金属板固定在透明的有机玻璃盒中。将两板分别接到韦氏感应起电机的两极上，摇动起电机，便可看到圆球在两极板间左右跳动，同时还可听到撞击极板的声音。

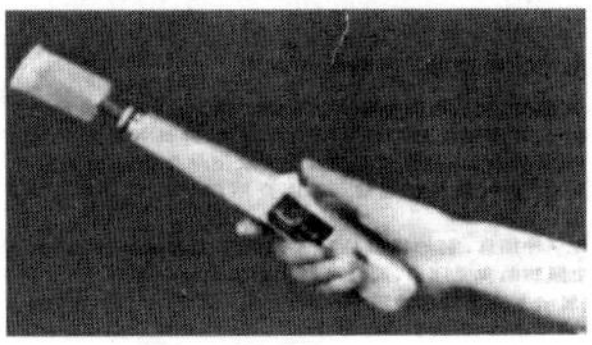

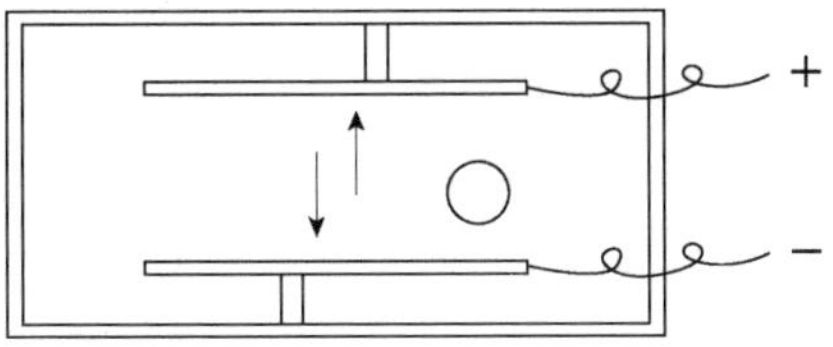

图 7-14　演示实验要注意调动学生视听感官并用

（四）要操作规范

演示是一种示范，规范的操作能避免学生误入歧途，同时能培养学生对科学实验的严谨态度。因此，教师在课堂上的演示实验要确保达到一定的成功率，具体要求：做好充分的准备工作；必须确保安全（如高压感应圈、水银、硫酸）；正确对待课堂演示中的失误，切忌弄虚作假（如在潮湿环境中静电实验不易成功）。

（五）要有启发性

演示实验的出发点都应是围绕学生的发展而设计的。演示实验应能够实现理性思维的引导和支持，做到“变教具为学具”，最终实现实验与思维的相互结合，让实验观察活动能够为理性思维活动提供可靠、丰富的感性资料，同时也要让理性思维真正能够给实验研究提供科学的导向作用。这体现了物理教学中“以物明理，物理渗透”的教学特征。

如双线摆弹性碰撞实验，教师在完成如图 7-15 所示的步骤后，可以进一步启发学生：多个这样的双线摆碰撞会是怎样的结果？

同样，图 7-16 浮沉子演示实验，教师演示结束后，可以进一步启发学生，生活中什么与浮沉子升降原理相同，引导学生联想到潜水艇。

图 7-15　双线摆弹性碰撞实验

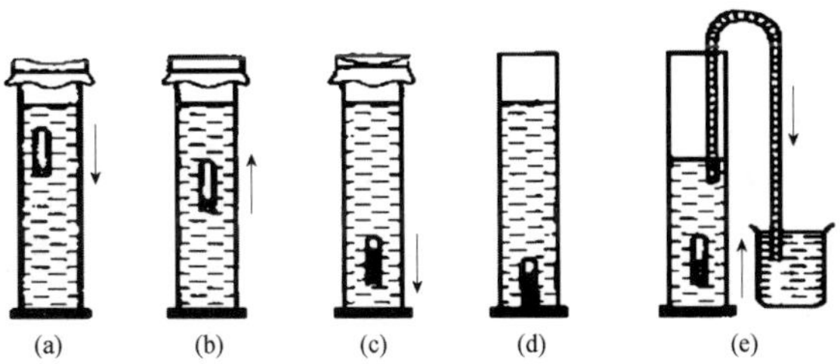

图 7-16　浮沉子演示实验

三、演示实验教学中的观察指导

在演示实验教学中，教师需要及时对学生进行观察指导。这不仅是实验达到演示目的的有效保障，还是培养学生观察能力的一个重要途径，应引进足够的重视。

这里所说的观察指导，有两层含义：一是指演示实验本身应具备能吸引学生注意力来进行观察的特质；二是指在演示过程中，教师应及时对观察方法予以指导。所谓指导，绝不是教师让学生呆滞地按照其指向进行观察，而是教师在物理教学中有计划、有目的地指导学生进行实验观察，培养学生良好的观察习惯，锻炼学生的观察能力，使学生从实验中悟出观察的规律，长此以往形成一套行之有效的观察方法。

1. 明确观察目的，做好观察的思想准备

如图 7-17 所示的实验——膨胀成雾演示实验。压缩气体膨胀对外做功，使瓶内气体内能减少，温度降低，瓶内部分水蒸气液化成雾状。应特别提醒学生注意观察实验现象，因为这部分实验现象转瞬即逝，不容易观察到。

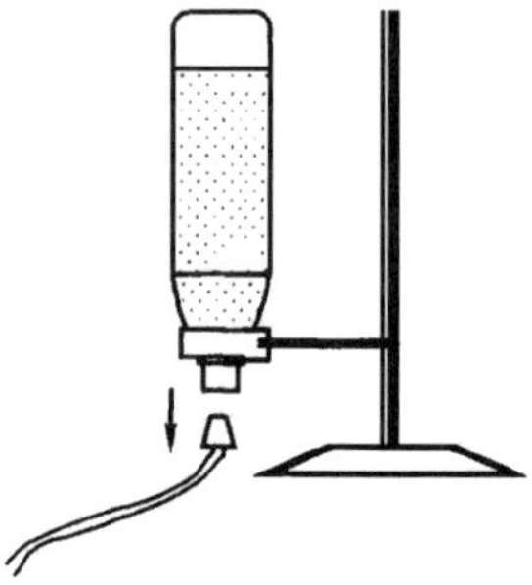

图 7-17 膨胀成雾演示实验

2. 突出观察重点，强化分类讨论思想

演示图 7-18 所示实验时——蜡烛熄灭演示实验。先提出"同时点燃长短两支蜡烛，然后用大型钟形玻璃罩罩住蜡烛，最终是长蜡烛先熄灭还是短蜡烛先熄灭?"的问题，然后给予学生时间思考和猜测。演示实验，得到短蜡烛先熄灭的结果。此时提出第二个问题"改用小型筒状玻璃罩罩住蜡烛后，是长蜡烛先熄灭还是短蜡烛先熄灭?"实验得到长蜡烛先熄灭的结果。

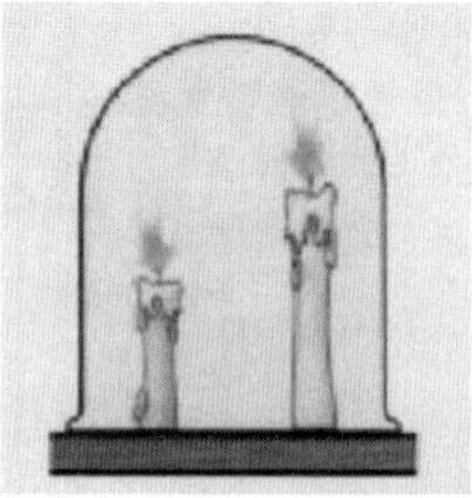

图 7-18 蜡烛熄灭演示实验

在两个对比实验中，教师应突出观察重点：玻璃罩的大小不同是决定实验结果不同的主要因素。最终，经过分类讨论得出：如果玻璃罩较小，蜡烛燃烧时要吸收氧气，放出二氧化碳，放出二氧化碳气体温度高，密度比常温下的氧气小，浮在玻璃罩上方，使玻璃罩上方都充满二氧化碳气体，没有氧气来助燃，所以长蜡烛先熄灭。如果玻璃罩足够大，蜡烛燃烧产生的高温二氧化碳可以和周围的空气进行热交换，则二氧化碳温度下降，密度大于空气向下沉，底部由于缺少氧气，所以短蜡烛先灭。

3. 从整体到局部,再从局部到整体,培养观察思路

如图 7-19 所示,教师常用“锥体上滚实验”来训练学生的观察力。锥体上滚实验,给学生一个错觉:双斜杆一头高一头低,锥体自动地从双斜杆的低端向高端滚动,物体的重心似乎可以随着物体移动自动地由低处移向高处,这与物理学能量守恒定律不符。教师通过引导学生仔细分析系统结构,就会使其明白锥体上滚的原因:重力做功,势能转化为动能。

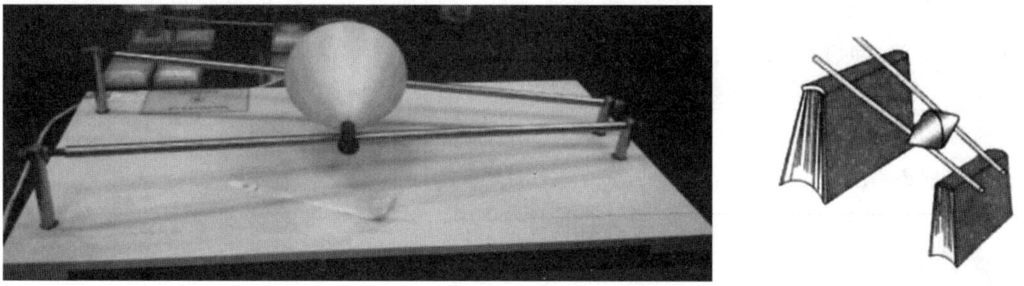

图 7-19　双圆锥体演示实验

锥体上滚实验仪是一头高一头低的双斜杆,不是斜面;滚动的是锥体,不是圆柱体;双斜杆是八字排列,不是平行排列,图 7-19 所示双斜杠是左高右低,低端两杆间距离小,高端两杆间距离大。锥体的重心在双杆处低端比在高端低。故将锥体放在双斜杆右侧静止释放时,锥体会慢慢向上滚动,此时,其重心在降低;反之,在左侧锥体可以静止。若给锥体一个向下的推力,锥体靠惯性向下滚动,其重心在双斜杆间不断上升,其势能在逐步增大,当势能最大时,停止滚动;锥体沿着双斜杆向左侧滚动,其重心在不断降低,此时,势能转变为动能,锥体在到达势能最低处停止。

4. 纵、横对比,把握事物特征

在演示物体具有惯性的实验中,要注重纵、横对比。如在惯性教学中,既要演示固体有惯性,又要演示液体和气体一样具有惯性,如图 7-20 所示。

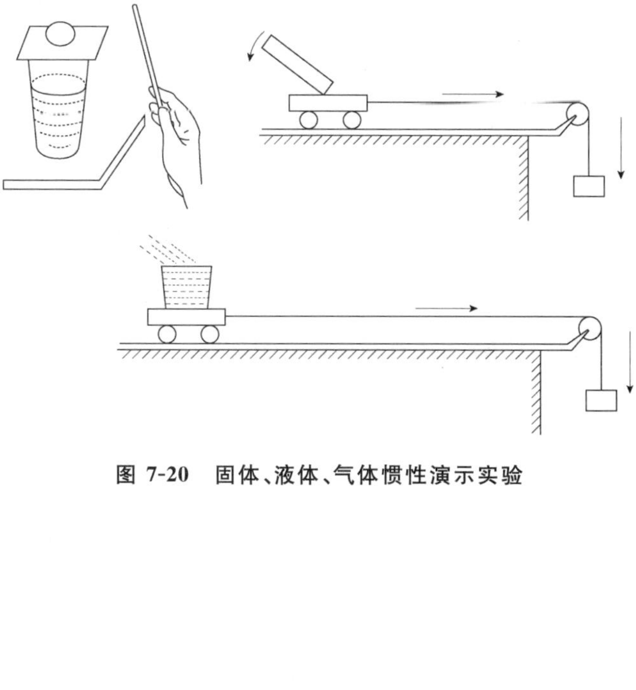

图 7-20　固体、液体、气体惯性演示实验

5. 正、反向对比，深化认识

如减压喷泉实验和加压喷泉实验的正、反向对比。取一个广口瓶，在瓶口塞上双孔橡胶塞，橡胶塞的一孔插入一根一端为尖嘴的长玻璃管。注意，长玻璃管的尖嘴端应插入瓶内。橡胶塞的另一孔插入一根短玻璃管。短玻璃管通过一段软橡胶管与一个 50mL 的注射器相接，其中活塞位于注射器的最里端。

上述装置安装完毕之后，将广口瓶倒置，使长玻璃管插入盛红色水的盆中。随着注射器的活塞向外抽，即可看见瓶内形成奇妙的红色小喷泉，如图 7-21 所示。

这个“喷泉”是由于用注射器抽气后，瓶内空气稀薄，压强小于大气压强而形成的。这类喷泉被称为减压喷泉。

用注射器从人体内抽血，就是利用了减压喷泉的原理。

在广口瓶中装入半瓶水，瓶口塞上双孔橡胶塞，其中一孔插一根上端为尖嘴的玻璃管，玻璃管下端必须插到靠近瓶底的地方。另一孔插一根短玻璃管，再将它通过一段橡胶软管与一个 50mL 的注射器相接，其小注射器活塞抽出至最外端。

随着注射器活塞的逐渐推入，通过注射器向瓶内打气时，水便沿着玻璃管上升，并从尖嘴喷出。当我们向瓶内打气越多，瓶内的气压越高时，水喷得越高。

瓶内的水从喷嘴向上喷出是由于用注射器向瓶内打气之后，瓶内压强变得比大气压强大，压强差使瓶里的水沿喷嘴喷出。这类喷泉通称为加压喷泉，如图 7-22 所示。

假如手头没有医用注射器，也可由观察者用嘴通过橡胶软管直接向瓶中吹气进行实验。加压喷泉的原理在一些人工建造的喷泉中被广泛应用。

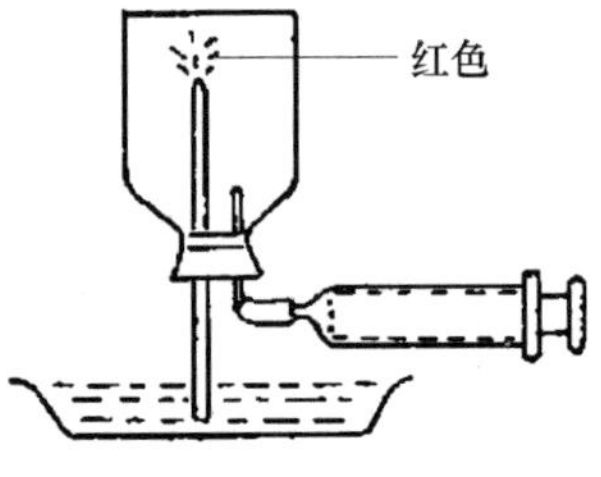

图 7-21 减压喷泉演示实验

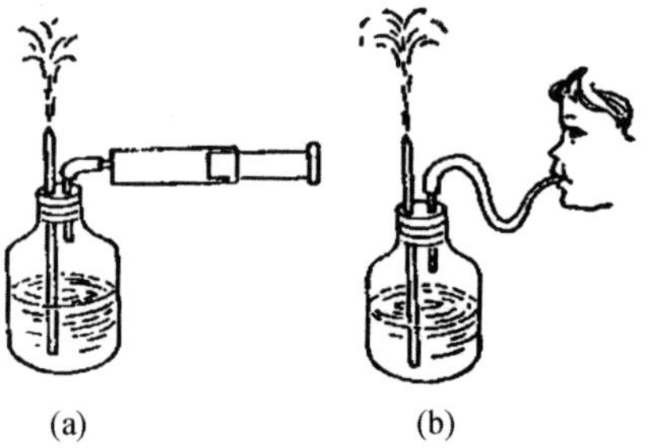

图 7-22 加压喷泉演示实验

第四节 实验教学案例①

大气压强选自人教版八年级下册第九章第 3 节。

大气压强
教学视频

① 本案例为上饶师范学院物理与电子信息学院 13(1) 班周琴的作品，该作品获得江西省 2016 年物理教学技能大赛一等奖。扫描二维码可获取参赛视频。

一、 新课引入

师：同学们喜欢看魔术表演吗？

生：喜欢。

师：今天老师就给大家表演一个神奇的魔术。老师手里有一个神奇的容器，我看同学们都好奇它的神奇之处在哪儿对吧？这个容器可以倒出两种不同的液体，同学们相信吗？

生：不相信。（学生互相讨论。）

师：现在老师要开始表演魔术了，同学们要注意看容器中倒出的液体哦（用自制教具演示实验，引导学生观察实验现象）。现在同学们相信可以从同一个容器中倒出两种液体了吧！那同学们想学这个魔术吗？如图 7-23 和图 7-24 所示。

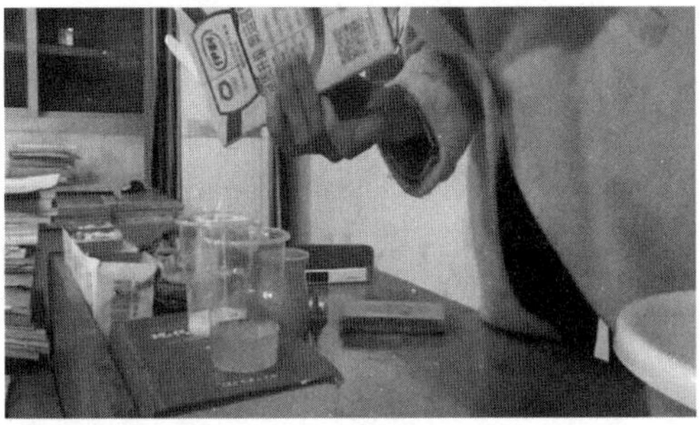

图 7-23　同一个容器倒出牛奶

图 7-24　同一个容器倒出橙汁

生：非常想学这个魔术。

师：同学们就跟着老师一起学习新的内容吧！等我们学习了今天的内容之后，你们就知道怎么变这个魔术了。今天我们学习“大气压强”。（板书课题：9.3 大气压强。）

（设计意图：该环节演示了从同一个容器中倒出两种液体的实验，用神奇的魔术现象激发学生的学习兴趣，引发学生思考，为新内容的讲解打下基础。）

二、 新课讲授

1. 大气中存在压强

师：上节课我们学习了液体压强，知道了液体中是存在压强的。我们生活在空气中，空气具有哪些和液体一样的性质呢？

生：空气具有流动性，且会受到重力的作用。

师：非常好。那请同学们思考：既然空气具有和液体一样的性质，具有流动性，又会受到重力的作用，那么空气中会存在大气压强吗？请同学们做出猜想。认为大气中存在压强的同学请举手，我想请一位同学说出猜想的依据。

生 1：我认为大气中存在压强，因为空气具有和液体一样的性质，它具有流动性，又会受到重力的作用。

师：好的。现在请认为大气中不存在压强的同学举手，我想再请一位同学说出猜想的依据。

生 2：我认为大气中不存在压强，因为如果大气中存在压强，我们就应该可以感受到压力，但是我们好像没有感受到大气压强的存在。

师：同学们都有自己的想法，那我们现在就用两个小实验来探究大气中到底有没有压强(如图 7-25 所示)。(教师演示覆杯实验，引导学生观察实验现象，再引导学生得出结论并板书：一、大气压强是存在的。1.原因：① 重力，② 流动性。)

生：观察实验现象并思考。

师：再次演示覆杯实验，引导学生得出结论二。(板书：2.方向：大气的内部朝各个方向都存在压强。)

生：观察实验现象并思考。

(设计意图：本环节演示了覆杯实验，并步步深入地引导学生通过自己的观察与思考得出相关的结论，这样既有利于培养学生的观察能力和概括能力，又有利于深化学生对相关概念的规律的理解。)

2. 马德堡半球实验

师：老师刚刚用一个实验证明了大气压强的存在，但是老师并不是第一个证明大气压强存在的人。其实早在 1654 年的时候，马德堡市的市长就证明了大气压强的存在(如图7-26所示)。他把两个铁制的空心半球扣在一起，然后用抽气机把里面的空气抽出。接着他用两队马向相反的方向拉这两个半球，最后用了 16 匹马才把这两个半球拉开。这个实验说明了什么呢?

图 7-25　教师演示覆杯实验

图 7-26　教师讲授马德堡半球实验

生 3：说明了大气中是存在压强的。

生 4：说明大气压强非常大。

师：的确大气压强是非常大的，那大气压强到底有多大呢? 有同学想感受一下吗?

生：怎么感受啊?

师：老师这里有两个吸盘，如果老师把吸盘中间的空气排出来，那是不是也会和马德堡半球一样很难分开呢? 现在请两位同学上台来感受一下。(邀请两位平时不太活跃的学生，鼓励他们上台体验大气压强的威力，如图 7-27 所示。)

师：刚刚这两位同学用了很大的力气都没有把吸盘分开，说明大气压强真的是非常大的。同学们要注意哦，这就是第一个证明大气压强存在的实验——马德堡半球实验。

(板书：二、第一个证明大气压强存在的实验——马德堡半球实验。)

(设计意图：首先向学生介绍马德堡半球实验，让学生了解物理学的历史。然后引导学生从马德堡实验中得出大气压强非常大的概念，再邀请性格内向的同学上台体验，这样既可以增加学生对大气压强的感性认识，又可以激发学生对物理的兴趣，让学生体会物理就在我

图 7-27　学生体验大气压强的威力

们身边，培养他们对学习物理的信心和兴趣。）

3. 生活中应用大气压强的实例

师：我们已经知道了大气压强是存在的，那大气压强对我们的生活有什么作用呢？同学们可以举出我们生活中应用大气压强的实例吗？

生 5：钢笔吸墨水。

生 6：抽水机抽水。

生 7：吸盘。

生 8：吸管吸饮料。

师：（解释原理）同学们都非常棒。现在老师这里有两盒牛奶，我想请两位同学上台比赛，看谁喝得快（如图 7-28 所示）。（其中有一盒牛奶是密封的，很难吸出来。）

生 9：为什么他的都快喝完了，我用了很大的力气还是吸不出来啊？

图 7-28　学生喝牛奶比赛

师：（解释原理）这么多的实例说明了大气压强与我们的生活是息息相关的。我们这节课已经知道了大气压强是非常大的，那么大气压强到底有多大？请同学课后思考并讨论测量大气压强的方法，下节课我们一起交流。

（设计意图：将所学知识与日常生活相联系，让学生体会到物理就在我们身边。学生喝牛奶比赛的环节可以让学生在学习知识的同时感受到物理的奥妙，同时活跃课堂氛围，拉近教师与学生的距离。）

三、 巩固与迁移

1. 课后练习。
2. 撰写小论文：假如生活中没有了大气压强。

【思考与讨论】

1. 中学物理实验教学现状如何?

2. 造成中学物理实验教学现状的原因何在?

3. 请你对提高物理演示实验的教学效果提出实施建议,并举例说明。

4. 中学物理教学为什么必须以实验为基础?

5. 中学物理实验有哪几种类型?各有何特点?

6. 中学物理实验室应有哪些设备?该如何管理?

7. 简述演示实验的特点和作用。请以案例支撑。

8. 演示实验教学的基本要求是什么?

9. 举例说明演示实验为什么要让学生明确观察目的、做好观察的思想准备?

10. 举例说明演示实验为什么要突出观察重点、排除无关因素的干扰?

11. 演示实验如何设计从整体到局部,再从局部到整体?如何培养观察思路?请举例说明。

12. 演示实验如何设计纵、横对比?如何把握事物特征?

13. 演示实验如何设计正、反向对比?如何深化认识?

【技能训练】

1. 列出初中、高中物理实验目录清单,选取其中某个实验进行实验研究。

2. 观摩一堂物理实验教学课,然后对这一堂课的教学进行评析。

3. 在下列课题中选择其一,编写实验微格教学教案,在小组内试讲、讨论和评估。供选课题包括声音的产生、探究平面镜成像规律、探究自由落体运动规律、影响摩擦力大小的因素、自感现象。

第八章

中学物理概念教学

知识框架

- 中学物理概念教学
  - 中学物理概念介绍
    - 物理概念
    - 物理概念的意义
    - 物理概念的特点
    - 物理概念分类
  - 中学物理概念教学中的常见问题及对策
    - 学习物理概念中的常见问题
    - 解决问题的对策
  - 物理概念的教学过程
    - 概念的引入
    - 物理概念形成的教学
    - 返回物理现实
  - 物理概念教学案例
    - 教学目标
    - 教学重点
    - 教学难点
    - 教学方法
    - 教学器材
    - 教学程序设计

物理概念是物理学最重要、最核心的内容。物理概念教学也是物理教学的基础。加强概念教学对提高教学质量具有十分重要的意义。

例如，只有掌握了物体的位移和速度，才足以了解物体的运动状态。位移和速度是贯穿整个运动学的两个基本概念，两者的内在关联形成了运动学的基本规律。同理，力、质量、惯性、加速度的概念贯穿了动力学，它们的内在关联形成了牛顿运动定律。站在牛顿运动定律的角度去观察和思考，又可以领略到经典力学。至此，这些概念连接起来的主线，能够贯穿整个中学物理。

本章先进行物理概念的一般介绍，包含对其特点、重要性和分类的讲解，以方便读者更全面地了解物理概念教学。

第八章
中学物理概念教学课件

第一节　中学物理概念介绍

一、物理概念

概念是事物的本质属性在人脑中的反映。物理概念是客观事物的物理共同属性和本质特征在人脑中的反映。当人们观察一些物理现象或客观事物时，尽管它们的具体形式不尽相同，但是在大量观察、实验的基础上，运用逻辑思维方法，把现象或事物本质的、共同的特征集中起来加以抽象与概括，形成的就是物理概念。

物理概念的定义是操作性、思辨性、模糊性和实践性的辩证统一。物理概念在其发展中无限接近它所描述的客体。借助概念，人们可以从本质上把同类对象联系起来，把不同类对象区别开来。

二、 物理概念的意义

物理概念的意义具体体现在以下三个方面。

1. 物理概念是物理学理论的基石与精髓

任何一门学科，如果没有其相应的概念作为逻辑思维的出发点来进行进一步分析、综合、判断、推理，就不可能形成这门学科的科学体系结构。所以物理概念不仅是物理基础知识的重要组成部分，也是构成物理规律、建立物理公式和完善物理理论的基础和前提。

2. 让学生掌握好物理概念是物理教学的关键

物理概念是物理知识的主干。物理概念能使学生在错综复杂的物理世界中，把握住事物的本质特征，是教学的重点和关键。

实践表明，学生在分析、处理、解决物理现象或问题时，有时会出现判断错误或者无从下手的情况。其中最重要的原因之一是没有建立起一系列清晰、准确的物理概念，不能透彻理解特定词汇所代表的含义，失去了进一步学习的基础。

3. 物理概念教学是培养学生能力、开发其智力的重要途径

物理概念是人类智慧的结晶，蕴含着人类对物理世界漫长而艰难的探索，其中不乏智力活动历程，所以概念不仅仅是个结果，更是一个联系结果的过程。在这个过程中，学生要运用物理学的研究方法，经历观察、实验、复杂的思维过程，使得智力得到开发，能力得到提高。

三、 物理概念的特点

1. 物理概念的内涵及外延

将概念分为内涵和外延两个方面，是形式逻辑长期研究的结果。概念不是固定不变的，而是随着科学的发展、人们对客观世界认识的不断深入而不断发展和变化的。明确物理概念的内涵和外延及两者之间的关系，是探讨全部物理概念的首要环节。只有正确把握两者之间的辩证关系，才能正确规定物理概念教学的内容。

物理概念的内涵指反映在物理概念中的物理现象的本质属性，使该事物区别于其他事物的本质特征。

物理概念的外延指具有该概念所反映的物理现象本质属性的一切对象，即通常所说的适用条件和范围。概念有它的适用范围，超出了适用范围就不成立了。如弹力概念不能超出弹性限度；经典的波的概念超出经典物理的范围，在量子领域就不适用了；经典的质量概念在相对论中也不适用。

知识卡片

内涵和外延

内涵：电场强度描述静电场力的性质，电势描述静电场能的性质。而电场力描述带电体的力的性质，电势能描述带电体的能的性质，它们描述物理现象的不同本质属性。

外延：力的概念所反映的对象有：重力、弹力、摩擦力、分子力、电场力、磁场力等。势能的概念所反映的对象有：重力势能、弹性势能、分子势能、静电势能等。

2. 概括性和抽象性

物理概念不是一个客观的实体形象，也难以有一个统一的、主观的思维图像，虽然建立

在实验和测试的基础上，却是有别于实验现象或测试过程的一种理解和高度概括。中学生在物理概念的学习中，往往容易抓住不同物理现象的个别特征，而非本质的属性，导致他们不能把物理现象的共同属性抽象出来，也不能将本质属性连接起来加以概括。

3. 阶段性和发展性

有些物理概念具有阶段性。在不同的阶段，学生对概念的认识和理解的深度和广度都不相同。物理概念大多不是独立存在的，各概念之间有着千丝万缕的联系，若想要"一步到位"地解释和理解物理概念，往往难以实现。因此在概念教学中，要结合学生现有水平和认知能力，分阶段、循序渐进地深化和发展物理概念，同时也要注意各个阶段的相互联系，逐步完成对整个概念的教学。

物理概念又具有发展性，人们的认知水平是螺旋上升的，过程中可能出现反复，却不影响知识在总体上向前发展。概念发展是一个继承与突破交互作用的辩证过程，既包含有进化式的量的积累，又包含有飞跃式的质的变革。

知识卡片

力的阶段性

在"力"的概念教学中，阶段性十分突出：初中阶段只讲力是物体对物体的作用，定性介绍弹力、摩擦力与哪些因素有关；高中阶段又分为力学中的重力、弹力、摩擦力、万有引力，热学中的分子力，电磁学中的电场力、磁场力，核物理中的核力。可见，对力的认识和理解是逐步深化的。

知识卡片

质量的发展性

质量的概念有5个发展阶段：质量（静质量）表示物体所含物质的多少；质量（惯性质量）是描述物体的惯性大小的物理量；由 $F=G\frac{m_1m_2}{r^2}$ 知，质量（引力质量）是量度引力作用大小的物理量；由 $F=ma$ 知，质量是加速度的度量；由 $E=mc^2$ 知，质量（动质量）是能量的度量。

4. 渐次衍生性

温馨提示

属概念亦称"上位概念""类概念"，反映事物中作为属的那类事物的概念，与"种概念"（下位概念）相对。

种差是待定义概念与其属概念下其他概念的本质差别。

物理概念常用的定义方法是属附种差，即先找出与待定义概念最邻近的属概念，然后在属概念的基础上附加待定义概念的种差，从而获得待定义概念的定义。总结成公式如下：

待定义概念＝邻近的属概念＋种差。

种差有两处来源：一是物理现象的发生条件，如重力产生条件为地球与物体之间的相互吸引，而滑动摩擦力的产生条件为物体接触面间的相对滑动；二是具体的物理量之比或之积，如“速度”，作为标志物体运动属性的概念，就是由属概念“时间”和“位移”衍生而来的，它在数值上等于运动物体在单位时间内通过的位移。类似地，“功量”概念是由属概念“力”和“位移”衍生而来的，数值上等于两者的乘积。以“力”作为属概念，用它加上不同的种差，就可以引出重力、摩擦力、弹力的概念等。

可见这种用属概念加种差定义物理概念的方法，使物理概念显示了它的衍生性和层次性。

四、物理概念分类

科学的分类是分析事物矛盾、掌握事物本质的一种重要手段。物理概念的分类是由物理概念自身的特点、规律，教学规律及学生学习心理而决定的。

(一) 按照概念特点分类

1. 具体概念

这类概念是以具体事物或现象的特性或作用为基础的，如直线运动、曲线运动、沸腾、凝固、电路、光的反射和折射等。这类概念具有直观性，大多数与日常经验相符合，所以学生容易直接感知。

2. 抽象概念

这类概念以理性认识为基础，其抽象性、概括性和系统性较强，大都有严格、准确的科学定义，而且定义中往往包括其他许多概念，如质点、光滑平面、刚体、速度、加速度、电动势、电磁波、光电效应等。

3. 特殊概念

物理学中有一些比较特殊的概念，它们是以科学推理的高度思维为依据，如相对论时空观、物质波、波粒二象性等。

(二) 按照概念属性分类

1. 定性概念

定性概念是定性地反映物理现象和物理过程的本质属性的概念。

2. 定量概念

定量概念是定量地反映物理现象的概念和物理过程的本质属性的概念。

知识卡片

定性概念与定量概念

定性概念：如凝固、升华、晶体、质点、参考系、机械运动、弹性、塑性、惯性、机械波、电磁场、电场线、磁感线、干涉、衍射等。

定量概念：如速度、质量、密度、比热容、压强、浮力、电流、电压、电阻、电功率、电场强度、磁感应强度、功、冲量、动量、热量等。

第二节　中学物理概念教学中的常见问题及对策

物理概念教学
教学视频

一、 学习物理概念中的常见问题

（一）前概念的干扰

可以说人类生活的每个方面都与物理学的发展息息相关。学生在正式学习物理课程之前，就已在生活中形成了一系列观念或概念，这些概念便称为前概念。由于知识储备、思维水平、感知范围的局限，学生感性获得的前概念往往是片面或者错误的①，而学生早已习惯使用这些概念来解释所遇到的现象，很难重新接受与之相冲突的科学的概念。即使在接受的情况下，也容易形成同时掺杂错误概念和科学概念的混合概念。这些前概念广泛地存在于学生头脑中并逐渐根深蒂固，对学生物理概念的学习具有很大的影响，严重地阻碍了物理概念的学习。

知识卡片

错误的前概念

物体受力才能运动；速度大的物体惯性大；速度等于零，加速度也等于零；铁球比木球密度大；串联电路电流越流越小；随水平传送带匀速运动的物体一定受静摩擦力的作用；摩擦力阻碍物体运动等。

（二）感性知识不足或抽象思维能力不强，难以理解

根据物理概念的特性，要学好物理概念，感性材料的积累是必要的，因为理性建立在感性基础之上。有些物理概念很抽象，如电场强度、磁感应强度、电动势、光的干涉、衍射等，学生在日常生活中很少接触过。而中学阶段处于认知发展的具体运算阶段和形式运算阶段②，学生虽具备一定的基本计算、假设演绎、组合推理等能力，但逻辑思维还处于发展阶段，已有的经验水平也有限。在学生的认知结构中找不到适当情境予以同化，就不可能通过分析、判断、推理、抽象、概括、类比等思维过程上升到物理概念，也不可能更好地掌握物理概念。

（三）数学负迁移

数学是一门基础学科，与物理存在着密不可分的关系，也是学习物理不可缺少的工具。物理概念和规律的定量表述离不开数学语言的表达。但是，数学表达式与物理内涵有本质差异，物理学更注重的是物理事实、物理本质和物理关系。

不少学生常用纯数学的观念理解物理概念、规律，思考和处理物理问题，而忽视了它们的物理本质和物理意义；以数学形式片面代替物理思维，把物理知识的数学表达形式绝对化。结果从纯数学推导中引出错误的结论，造成对物理概念的错误理解。具体表现在对公

---

① 错误的概念甚至能形成一定的理论体系，例如亚里士多德的力学理论。

② 皮亚杰将儿童和青少年的认知发展划分为四个阶段：感知运动阶段（0～2 岁）、前运算阶段（2～7 岁）、具体运算阶段（7～12 岁）和形式运算阶段（12～成年）。

式及公式变形后的物理意义理解不清。

本来作为物理语言和工具的数学，反而成了一种干扰，影响学生对物理实质的思考，形成对物理学习的障碍。此现象称为数学知识的负迁移。[①]

温馨提示

$R=\frac{U}{I}$是由欧姆定律$I=\frac{U}{R}$变形而来的，但它们的物理意义不同：前者反映导体对电流的阻碍作用，是表述导体的某一属性；而后者则表述了导体中的电流与导体两端的电压和导体电阻三者的关系。电场强度$E=\frac{F}{q}$、比热容$c=\frac{Q}{m\cdot\Delta t}$、热值$q=\frac{Q}{m}$等概念都容易引起数学负迁移。

（四）概念间的混淆

对丰富的感性材料加以思维的抽象，采用分析、综合、抽象、概括、归纳和演绎等科学方法加工思维，同时，也需要其他相关概念辨析，建立概念之间的联系和区别，才能形成正确的概念。学生在学习概念时，如果没有掌握科学的分析方法，就不可能对形式相似的物理概念、科学概念、日常概念、新概念和旧概念进行比较分析和精加工分析。如果对新概念停留于表面的认识，则达不到更深层次的理性认识。一旦理性认识未能达到，无论是前概念的负迁移，还是概念形式、意思相近，任何微小的缘由都可导致概念间的混淆。

温馨提示

学习电磁感应现象时，教师为学生演示了几种可以产生电磁感应现象的实验，学生往往总结出导体棒切割磁感线才能产生电磁感应现象，归纳的不全面造成感性认识不能达到理性认识。

学习热量时，学生如果没有对日常概念（内能、热量、热能、能量、温度）进行区别，就会产生某物体含有多少热量的错误认识，或产生某物体传递了多少内能的错误认识。

（五）错误教学方式

在实际的中学物理概念教学中，常常会出现一些不符合教学规律的做法，通常表现为缩短学生的认知过程，削平其思维坡度，加快教学进度。这些做法削弱了概念教学，影响物理教学的效果。

例如，将概念教学与做习题隔离，甚至对立起来。使用大量习题进行“题海战术”，占用了学生多数时间去做习题、背题型，而不是从深化、活化概念入手来逐渐培养学生。这种题海战术既削弱了概念教学，又没有很好地重视概念技能的应用。

又如，不注意概念形成的阶段性，没有采取循序渐进、逐步完善的方法，而是“一劳永逸”地传授给学生。面对太多的信息量，学生无法全部消化吸收，更难以形成透彻的理解。

---

① 负迁移一般是指一种学习对另一种学习起干扰或抑制作用。负迁移通常表现为一种学习使另一种学习所需的学习时间或所需的练习次数增加，或阻碍另一种学习的顺利进行以及知识的正确掌握。

二、 解决问题的对策

(一) 明确建立物理概念的事实依据和研究方法

常用建立物理概念的方法有三种。

1. 分析概括一类事物本质特征的方法

如机械运动、平动、刚体绕定轴转动等。把物质、运动的某种属性隔离出来,得到表征物质和运动某种性质的物理量,如密度、速度、比热容、电场强度、磁场强度等。此类概念的共同特点是用比值定义物理量的。

2. 用理想化进行科学抽象的方法

该方法把物理过程理想化,是一种突出对所研究事物起主要作用的性质或条件,而完全忽略其他性质或条件的科学抽象,如质点、刚体、理想气体、光滑平面等概念。

3. 抓住新旧概念的逻辑展开,建立物理概念的方法

具体方法有推导法和类比法:推导法是由一个已知概念推导出另一个概念,如由速度概念推导出加速度概念、向心加速度概念等;类比法则是通过类比引入和建立概念,如类比水压引入电压、类比电场线引入磁感线、类比电场强度引入磁感应强度。

(二) 消除数学负迁移

教学中要讲清楚物理概念的本质,区分概念的定义式和决定式,不能用数学表达式和概念的定义式代替物理意义。教师需注意引导学生从量度公式中理解它的物理过程与物理符号的真实内容。

温馨提示

通常情况下纯净的冰水混合物的温度为 0 ℃ ,不能说这时冰水混合物没有温度。甚至有的同学联想到这时物体内分子运动的速度为 0 ,停止了运动等。这就要求教师正确引导学生理解温度概念的内涵,弄清温度量度的规定。

(三) 强调概念与有关概念的区别与联系

1. 区别

为了深入理解某一概念,除了要理解其物理意义外,还应找出概念与构成它的要素或与它相近的另一概念的异同点,帮助学生掌握概念体系。只有当学生弄清了这些易混概念的区别与联系,才能正确理解概念,防止错用概念,提高运用概念的能力。

温馨提示

概念体系是指由相邻概念(如静电场与重力场、电力线与磁力线、库仑定律与万有引力定律等),相似概念(如质量与重量、动量与动能、电场强度与电场力、电压与电动势、线速度与角速度等),相反概念(如力的合成与力的分解、正功与负功等),并列概念(如电场强度与电势),从属概念(如电场强度与点电荷电场强度等)组成的系列概念。

2. 联系

概念之间既有区别又有联系。物理概念之所以有用,不仅在于它是具体的物理现象的

概括和抽象，还在于它与其他概念之间的联系。学生若不能把相关概念综合成一个相联、相容的概念网络，也就不能把它们应用于各种物理场合。因此教师应加强对概念规律内在联系的挖掘。

事实上，初中物理的许多概念前后都有联系，只要教师精心设计，就可收到“一石数鸟”之效。如学习电功和电功率，当学生比较电功和电热计算公式时，发现公式形式有时是相同的，这时就可以因势利导，引导学生分析：电流做功的实质是什么？两个物理量形式上达到统一，蕴藏着一条什么规律？学生联想到能的转化和守恒定律，并由此进行进一步的分析，何时 $Q=W$，使学生的知识得以系统化。

知识卡片

概念间的区别与联系

相互作用力与二力平衡，杯底压强与桌面压强，内能、热量与温度，动量与动能，声波、机械波与光波，电势与电势能，动量与冲量，线速度与角速度，自感与互感，交变电流的最大值、有效值和平均值等。

（四）学会运用概念

学生在运用所学的物理概念来解决问题的过程中，对概念的理解将会更深刻。物理本身就是一门实践性很强的自然学科，物理概念都是从实践中总结出来的，所以只有把物理概念应用于实践，才能体现出物理概念的价值与作用，才能提高学生学习物理的兴趣，使物理知识不再抽象、难懂。

运用概念就要用概念解释物理现象、解决具体问题。在此过程中要特别注意联系实际、联系生活，传授给学生解决问题的思路和方法。例如，学习机械运动的概念后，让学生分析竖直上抛的小球，在最高点处于静止状态还是运动状态；学习惯性概念后，让学生解释人行走中脚踩西瓜皮会向前倾倒的原因；学习比热容概念后，让学生解释谚语“早穿皮袄午穿纱，围着火炉吃西瓜”。

第三节　物理概念的教学过程

一、 概念的引入

在物理概念教学中，巧妙引入概念非常关键。教师要让学生意识到前概念的局限，了解需要解决什么问题，明确为什么要引入新的物理概念，使他们对新知识产生兴趣和探究欲望。在此过程中教师要注重使用合适、恰当的引入方法，以降低学生学习新概念的难度，缩短学生适应新概念的时间。下面介绍几种常用的方法。

（一）注重实验和科学探究，创设物理情境

遵循课程标准“提倡教学方式多样化，注重科学探究”的基本理念，在概念教学中，教师应提供丰富的实践资源，引导学生通过实验进行探究，使学生对所要学习的物理概念有生动具体的感性认识，亲历概念的形成过程，利用已有概念，准确地把握概念的本质属性。在建立正确概念的同时，培养学生动手能力和合作精神，调动学生的学习主动性、积极性和参与性。

同时，教师可创建物理情境。从教学内容上讲，创设的情境和显现的内容一定要和教学的重点内容相关联，但最好不是结论性的答案，而应在基本结论的一定范围内留有余地，以便充分发掘学生探索问题的能力。从教学结构上讲，教师可通过媒体显示或实物显现，激发学生学习的兴奋点。

教您一招

讲述超重时，可先让学生在弹簧秤下挂上钩码，当指针静止时，在指针下卡一张小纸片，并记下示数。接着提着弹簧秤加速上升，指针会把小纸片推到下方，此时弹簧秤示数增大，以此引入超重的概念。

（二）聚焦生活，构建开放的生活教学情境

皮亚杰指出教育即生活，陶行知先生也提出了生活即教育、社会即学校等教育观点。这些教育观点提示我们，教学情境不仅仅局限于课堂。现行的中学物理教材主要体现了“从生活走向物理，从物理走向科学”的教育理念，注重利用现实物理现象帮助学生获得物理知识，同时也重视物理知识在生活中的具体应用。

因为生活实践留在记忆中的形象（表象）容易让学生理解，所以可从学生熟悉的生活现象引入概念。这些感性材料为他们创造了一个良好的物理环境。教师利用这些生活素材指导学生观察或动手做实验，往往能起到事半功倍的效果，其开放性、综合性、参与性等特点有利于学生进行科学探究，可促进学生的个性和特长的发展。

教您一招

在简单机械的学习中，教师可在课前布置小任务，让学生找找生活中的杠杆、滑轮、轮轴的实例以及它们的作用。在电功率的学习中，让学生对家里的家用电器的功率做一个调查统计。在压强的教学中，课前布置学生完成两个实验：第一，一个体重较重的同学和一个体重较轻的同学同时站在沙坑中，观察脚陷入的情况；第二，观察女同学穿平底鞋和细高跟鞋站入沙坑中，脚陷入的情况。在机械振动概念引入中，从日常生活实例出发，选取弹簧、不倒翁、水中浮沉子、单摆等为振动体，启发学生抓住这些物体的振动特征，形成振动概念。

（三）类比法引入概念

类比法是指发现新事物的某些属性跟已知某事物的部分属性相同或相似，推导出它们在另外一些特性上也可能相似的思维方法。“类比”是一种重要的逻辑推理方法，在物理概念学习中，就是将未知的物理现象与已知相似的物理现象进行比较，从而得到物理现象的一些本质特性。

用类比法求解物理问题，可以用已知模型的物理规律，求解不熟悉的物理问题。它可以为要学习的新知识提供一个缓冲的区域或相似的情境，从而刺激学生大脑，抽取出已存在的经验或现象，以此为契机促进知识或经验的正迁移，降低学生接受这一概念的难度。

知识卡片

类比法引入概念

电场对放入其中的电荷有力的作用，将描述这一特征的物理量定义为电场强度，即 $E=\frac{F}{q}$，电场强度利用了比值方法。那么类比电场，磁场对放入其中的试探体有力的作用，描述这一特性的物理量是什么？同样，利用比值定义了描述磁场强弱的物理量——磁感应强度 $B=\frac{F}{IL}$，从而利用了类比电场强度来学习磁感应强度，两个概念都用了比值定义法。

同理，还有机械能与内能类比；用场的叠加类比波的叠加；用电势差、电势、电场力做功，电势能类比重力场中的高度、重力做功、重力势能；等势面类比等高线等。

（四）创设问题引入概念

概念教学中常用问题驱动策略来强化概念。课堂提问可以分为“徒劳的提问”和“有意义的疑问”两大类，两者的区分在于是否能发展学生的思维。在确保问题有意义的基础上，设疑应由浅入深，由具体到抽象，先感知后概括。创设问题引入概念可以用精心设计的问题立“疑”设“障”，有针对性地抓住具有普遍意义的典型错误，有意识地布置陷阱，引导学生上当、受挫，进而启发学生从矛盾中发现问题，提出质疑，进行争论和分析；或者给出物理概念的错误说法，引出问题，经过辨析，进一步揭示概念的内涵。采用问题驱动策略，不仅可以引入概念，创设一种充分激发学生进行积极思维的学习情境，同时通过递进式问题链还可以建立一定的知识结构，用归纳式问题群更可以突出重点和突破难点。

教您一招

创设问题引入概念

质量概念。从课本插图中提问：铁碗和铁船的区别和联系。

蒸发概念。从日常生活提问：人游泳结束后上岸时会觉得冷，为什么？怎样晾衣服更容易干？

光的反射。从各种俗语中提问：杯弓蛇影反映的物理原理。

压强概念。从实验现象中提问：压强与哪些因素有关？

平面镜成像。从自身经验出发，让学生学会提出问题：平面镜成像有什么特点？

在引入“密度”概念时，老师先提出问题：“有人说铁比木头重，这句话对吗？”让学生讨论，有的学生说铁比木头重，有的说不一定，但又讲不出道理；有的则没有办法肯定。在学生争论的基础上，老师归纳出物重除了与构成这种物体的物质有关外，还跟其体积有关。指出：体积相同的铁比木头重，据此引入“密度”概念。这种方法可引起学生争论，使课堂气氛活跃，消除学生思维定式的束缚。

对速度和加速度这两个概念，我们可以提出疑问：速度大的物体加速度就一定大吗？加速度大的物体速度就一定大吗？速度为零加速度就一定为零吗？加速度为零速度就一定为零吗？

在弹力和摩擦力这两个概念的学习中，我们可以提出疑问：物体相互接触就一定有弹力吗？摩擦力一定阻碍物体运动吗？

(五) 重现物理学史,引入科学概念

著名物理学家恩斯特·马赫(Ernst Mach)[①]认为:物理学史的教学是对学生进行富有成效的科学教学的一种辅助手段。在物理教学中渗透史学知识,学生可以清楚物理概念的来龙去脉,明确物理规律的形成过程,了解科学的发展历程。在物理教学中渗透史学知识,学生将更容易接受那些与前概念相冲突的科学概念,也能够学习科学家的思维方法和治学精神。因此,物理学史的渗透在中学物理教材中逐渐受到重视。

温馨提示

亚里士多德为人类历史的发展作出了巨大贡献,但他在物理学中的一些观点却和真理相距甚远,如他认为"凡运动的事物必然都有推动者在推着它运动"。后来,伽利略等人通过理想实验推翻了亚里士多德的观点,证明了"力不是维持物体运动的原因";而关于落体运动,亚里士多德的观点是"体积相等的两个物体,重的下落快",这一观点对后世影响颇大,直到16世纪末,斯蒂文和伽利略从理论与实验两个方面推翻了亚里士多德的错误观点。

二、 物理概念形成的教学

物理概念形成的教学,既涉及认识论,又涉及方法论;既关乎心理学,又关乎教育学。总之,物理概念形成的教学是一个复杂、多因素的系统问题。教师要不断创新、不断分散难点,采用多方法、多渠道、多角度讲解概念。在教学中,教师应充分重视中学生的认知特点,同时采取巩固和深化概念等必要措施。物理概念形成的教学过程应注意以下几个问题。

(一) 抓住前概念,形成初步概念

本章第二节我们对前概念进行了探讨,认识到学生在学习某个物理概念之前,已经在头脑中有了对这一概念的前概念,而这种对前概念的理解和认识是基于生活经验或者先前知识的。

学生的前概念是概念引入环节的启示,是概念转变环节中创设认知冲突的依据,也是概念反馈环节进行反馈讨论的主要内容。我们可以说,没有对学生前概念清楚认识的教学,是没有正确初始点的教学。

教师应更加有针对性地实施概念转变,其中尤为重要的是在授课之前对学生前概念情况进行调查,把握学生问题的根源所在;尽可能地有意制造认知过程中的障碍,如提供正反两方面的立论、故意误导等,从而使学生在迂回曲折、历经坎坷的多向思维之后,获取知识。在教学技巧上,教师要尊重持不同观点甚至错误观点的学生,要保护好学生的积极性。

---

① 奥地利-捷克物理学家、心理学家和哲学家。马赫数和马赫带效应因其得名。

教您一招

流体压强与流速的关系

在建构“流体压强与流速的关系”时，教师可以设计多个体验活动，如“平吹纸条”“从两纸片中间向下吹气”“向水面上两只纸船之间注水”等。让学生在操作前，凭借生活经验，写下头脑中能够预测的实验现象。教师通过这些信息寻获学生前概念的误区所在。在体验后出现非预想的结果产生认知冲突。当学生用已有认知无法解释时，会产生强烈的好奇心和求知欲，教师借此驱动引导学生进一步思考现象背后的本质，用现象和原理并行来纠正非正确的前概念。这里的各种体验活动都围绕着一个核心问题“流体压强和流速的关系”开展。有了核心问题，学生通过分析思考、交流讨论，能够逐层递进地自我建构知识。

（二）概念形成的情境教学

1989年，布朗(Brown)、科林斯(Collin)、杜吉穗(Duguid)在《情境认知与学习文化》论文中提出了情境教学。文中表示知识只有在具体的情境中应用才能体现其意义。知识绝不能从它本身所处的环境中孤立出来，获取知识的最好方法就是在情境中进行。情境教学法的核心是“创设情境”进行教学，主要包含情境的形象性、情感的渗透性、教学的趣味性以及学习的主动性四个方面。

物理情境教学的创设来源丰富，较常见的有多媒体创设、实验创设、生活经验创设等。无论何种情境，一般要求学生从观察入手。通过大量的观察，学生的表象储备愈加丰富，观察能力也得到有效的训练，也就能够更好地感知情境、发掘深意、深化概念。

教师应将学生带入情境，在探究的乐趣中激发学生的学习动机，又在连续的情境中，不断地强化动机。经过这个过程，学生就能够积极主动地参与探究，并逐渐形成知识的内化。

（三）利用概念的发展性

物理概念具有阶段性和发展性，在不同阶段，对概念的认识和理解的深度和广度都不相同。因此在概念教学中，要结合学生的认知能力，分阶段、循序渐进地深化物理概念。

知识卡片

概念的发展性

质量：质量是表示物体所含物质多少的量度，这是质量的本质。引入牛顿第二定律时，补充“质量是物体惯性大小的量度”。引入万有引力定律时，补充“质量是物体产生引力和受引力场作用能力大小的量度”。引入相对论质能关系时，补充“质量是作为物体所蕴藏的能量的量度”。

欧姆定律：初中阶段学习部分电路的欧姆定律，高中阶段学习含源电路的全电路欧姆定律。

力：力的概念是指物体与物体间的相互作用，这是力的本质。引入牛顿定律时，补充“力是改变物体运动状态的原因”。引入动能定理和动量定理时，补充“力在空间上的积累为功，在时间上的积累为冲量”。

加速度：变速直线运动部分引入“恒加速度”，圆周运动部分引入“变加速度”。

功和能：功和能的概念以及关系，不但贯穿在“机械能”整个单元，在“曲线运动”以及热学和电学的教学过程中也要有意识地运用，这样有助于学生对功能关系的全面掌握。内能和热力学第一定律的讲授，无疑将使学生对“能量的概念和能的转化与守恒”这一贯穿在整个物理学的重要线索，有更深的体会。

势能：势能经历了从重力势能到弹性势能、分子势能，再到电势能和核外电子势能这样一个发展过程。最初是从做功的特点讲解重力势能和弹性势能的。学了万有引力后，还要从保守力和非保守力的特点讲解势能，同时把保守力的概念从重力场推广到引力场。最后归纳出引力、分子间相互作用力、静电力均为保守力，故有势能；而摩擦力、磁力等是非保守力，故无势能。

（四）注意物理概念的科学性

对于物理概念教学，教师应保证所讲授概念的科学性，否则容易导致学生对物理概念学习产生偏差。这里的科学性同时包含物理概念内容上的科学性和方法上的科学性。如有些教师在阐述加速度的概念时，忽略了强调只有力才是改变物体速度的根本原因，加速度只是用来表示速度改变快慢而被引入的物理量。这就容易使学生错误地理解为物体的速度变化是由加速度造成的，甚至“见公式思意义”，进入“加速度与速度的改变量成正比，而与时间的改变量成反比”这样的误区。科学性还体现在抓住概念关键词，比如比热容的定义是“单位质量”的物质温度升高（或降低）“1°C”所吸收（或放出）的热量。

（五）运用分类教学法

分类教学法，就是将物理概念按照不同标准划分成不同类别，然后分门别类地进行学习和复习的教学法。分类教学法的实施程序如下。

1. 归类

把学过的不同物理概念，按照描述问题内容的不同、描述问题方式的不同等进行分类，将描述方式相同或描述内容相同的归为一类。

2. 寻同

找出同一类概念相同的地方，抽取出该类本质。

3. 求异

从不同描述角度、用不同描述方式描述不同类的概念或同一类问题的不同概念，以便更好地进行类间或类内的区分和比较。

4. 复习各个概念的联系

同一类概念中的不同概念，尽管描述的方式、角度不同，但它们之间有一定的联系，找出这一联系，用这一联系将这些概念“串”在一起，就能进一步理解这些概念。

教您一招

有关能的概念，按照分类教学策略：第一步，归类。按能的形式可分为声能、机械能、内能、化学能、电磁能、光能、核能等。第二步，寻同。动能和势能都属于机械能，电能和磁能都属于电磁能，化学能、原子能、太阳能都是由于原子或原子核变化而具有的能。第三步，求异。动能与势能描述的角度不同：动能是由于物体运动而具有的能，重力势能是由于物体被举高而具有的能，化学能是化学反应中释放的能，而原子能是核反应中放出的能量。第四步，复习各个概念的联系。所有的能量都可以相互转化，遵循能的转化和守恒定律。

三、 返回物理现实

学习概念是为了能运用概念辅助思维，运用概念解决问题。依据认识论的观点，一个完整的教学过程必须经过“由感性的具体发展到抽象的规定”“再由抽象的规定发展到思维中的具体”这两个科学抽象的阶段。每一次具体化都是概念被进一步丰富和深化的过程。运用物理概念进行分析、解决实际问题，既是深化认识的过程，又是检验学生对概念认识是否正确的主要标志，因而概念的运用阶段也是物理概念教学不可缺少的环节。当学生初步形成概念、建立起概念的图式后，必须及时为他们提供运用概念的机会，让他们将抽象的概念“返回”到具体的物理现实中去，使他们将所学的概念联系实际情境与具体问题，巩固、深化和活化概念，看到自己在学习中的收获，进一步激起学习的兴趣和主动性，这也是概念教学的应用阶段的根本目的所在。经过此步教学，学生对概念的理解产生由感性的认知到理性的建构，由理性的建构到具体的深化，真正完成了概念的内化过程。

练习有助于概念的延续。适度的训练和及时的反馈，可以使学生在反馈中纠正可能存在的对概念的错误认识，有助于学生在练习中更好地理解和掌握概念。但要注意，练习的目的在于巩固和深化概念，形成技能，培养分析问题、解决问题的能力。因此，选题要典型、灵活多样，对题目的挖掘、探讨要力求深入。

第四节　物理概念教学案例①

熔化和凝固参赛PPT

熔化和凝固参赛说课稿

熔化和凝固(30 分钟)

(选自人教版八年级上册　第三章第 2 节)

一、 教学目标

1. 知识与技能

(1) 知道什么是熔化和凝固现象。

(2) 理解晶体的熔点的物理意义。

(3) 知道晶体和非晶体的熔化、凝固的区别。

(4) 知道熔化吸热、凝固放热。

(5) 了解图像在学习物理学中的作用。

2. 过程与方法

(1) 通过观察固体的熔化过程，培养观察能力。

(2) 通过探究固体熔化时温度的变化规律，感知发生物态变化的条件，培养实验能力和分析概括能力。

(3) 通过探究活动，培养认识图像、利用图像的能力。

---

① 本案例为上饶师范学院物理与电子信息学院 11(1)班周婷的作品，该作品获 2014 年上饶师范学院教师基本功大赛试教组比赛二等奖。参赛 PPT 和说课稿可扫描二维码获取。

3. 情感、态度与价值观

(1) 通过教学活动，激发学生对自然现象的兴趣，产生乐于探索自然的情感。

(2) 通过实验培养善于实践和克服困难的良好意志、品质及相互协作、友好相处的健康心态。

二、 教学重点

探究晶体、非晶体的熔化过程，培养学生的观察能力、实验能力、概括能力。突破方法：让学生亲自动手做实验，获取感性知识。利用图像法可较为直观地分析得出熔化的特点。

三、 教学难点

指导学生通过对实验的观察、分析、概括，总结出固体熔化时温度的变化规律，并能用图像表示出来。突破方法：在实验中观察要细致认真，尽可能用纯净的碎冰，不用酒精灯加热，在常温下熔化。

四、 教学方法

讨论式、实验探究式、合作与交流。

五、 教学器材

铁架台、烧杯、温度计、酒精灯、铁圈及石棉网、火柴、蜡烛碎末、海波(硫代硫酸钠)、多媒体课件。

六、 教学程序设计

1. 新课引入

教师：我们在小学科学课中学习过物质存在的三种状态：固态、液态和气态。但是物质的状态不是一成不变的。当物体的温度发生变化时，物质的状态也往往发生改变，所以物质状态的变化也属于热现象。

2. 进行新课

熔化和凝固。

教师提问：你见过哪些物质由固态变成液态的现象？

(学生回答)

春天来了，湖面上的冰化成水，固态的铁、铝等金属块在高温下变成了液态等，这些都是物质由固态变成液态的现象。

教师提问：你见过哪些物质由液态变成固态的现象？

(学生回答)

冬天到了，气温下降，湖面上的水结成冰；工厂的铸造车间里，工人将铁水浇在模子里，冷却后，铁水变成了固态的铸件。

我们把物质由固态变成液态的过程叫熔化。物质由液态变成固态的过程叫凝固。刚才我们提到的冰化成水是熔(融)化，水结冰是凝固。铁、铝等金属块在高温下变成液态是熔化，铁水铸成工件是凝固。除此之外，蜡、松香、沥青、玻璃等物质也能发生熔化和凝固。

3．演示实验：观察海波和蜡烛碎末的熔化规律

(1) 讲述实验的做法。

在各组熔化实验仪器中放入少量的晶体物质海波。将搅拌器和温度计的玻璃泡插入试管里的海波粉中，注意温度计的玻璃泡不要接触试管壁和底，要埋在海波粉中。把试管放在大烧杯的水中，将烧杯放在铁架台的石棉网上，用酒精灯加热。等水温升至 30℃以上时，用搅拌器不停地搅动，每隔半分钟记录一次海波的温度，并观察海波的状态。最后根据记录的数据在坐标纸上画出海波的温度随时间变化的图线。用同样的实验方法熔化蜡烛碎末，实验装置如图 8-1 所示。

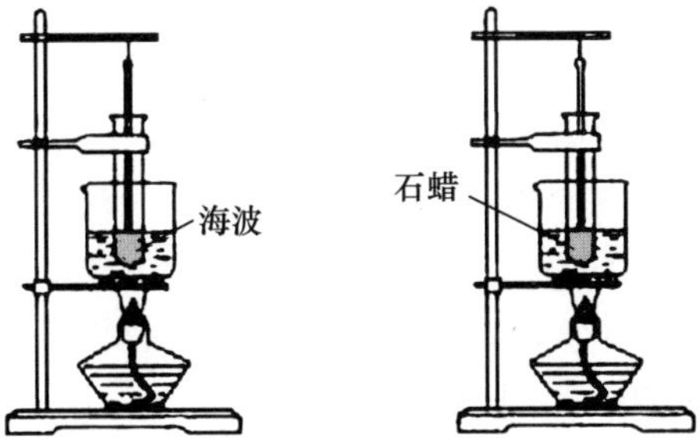

图 8-1　水浴法实验装置

(2) 注意事项。

为了做好实验，需要学生合作。一位同学搅动，一位同学读数，并观察海波的状态，第三位同学记录温度和状态。在实验中，搅动必须不停地进行，以保证海波或蜡烛碎末受热均匀。等各组学生的熔化过程完成后继续加热，继续进行教学活动。

(3) 海波、蜡烛碎末熔化时状态的变化及对熔化曲线的分析，如表 8-1、表 8-2 和图 8-2、图 8-3 所示。

表 8-1　海波熔化时状态的变化

熔化前	吸收热量	温度升高	固态
熔化时	吸收热量	温度不变	固液共存
溶化后	吸收热量	温度升高	液态

表 8-2　蜡烛碎末熔化时状态的变化

熔化前	吸收热量	温度升高	固态
熔化时	吸收热量	温度升高	固液共存
溶化后	吸收热量	温度升高	液态

(教师分别选择一个组的海波熔化曲线和蜡烛碎末熔化曲线进行分析)

教师：根据海波、蜡烛碎末熔化时状态变化的表格，我们可以知道熔化吸热和凝固放热。曲线大致形状如图 8-2 和图 8-3 所示。我们将图 8-2 中的曲线分为 AB、BC 和 CD 三段，请同学们结合实验，回答下列问题。

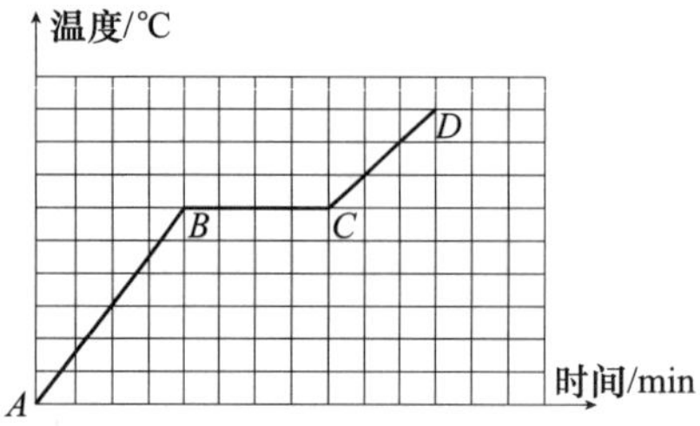

图 8-2 海波的熔化曲线

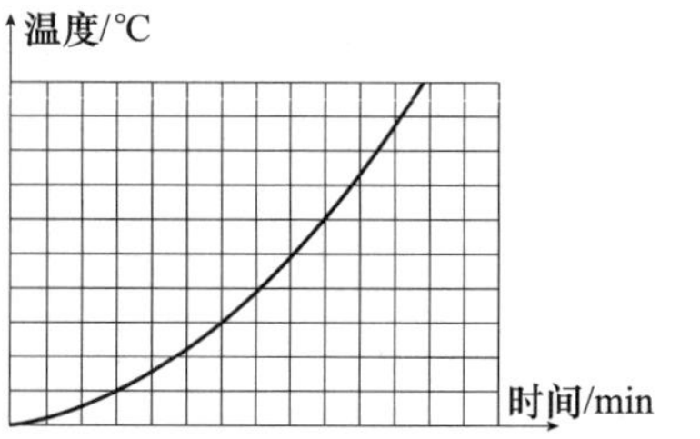

图 8-3 蜡烛碎末的熔化曲线

① 在图 8-2 的 AB 段对应的时间内海波是什么状态？温度怎样变化？（答：AB 段所对应的时间内海波是固态的，温度升高）

② 在 8-2 曲线上的哪一点海波开始熔化？（答：B 点）

③ 在 8-2 的 BC 段对应的时间内，海波的状态如何？温度是否变化？这段时间是否对海波加热？（答：BC 段所对应的时间内海波的状态是固态和液态共存。海波的温度保持在 48℃左右不变。此时仍在继续对海波加热，即海波仍在吸热）

④ 在 8-2 的 CD 段对应的时间内海波是什么状态？温度如何变化？（答：海波的状态是液态，海波已经完全熔化，继续加热，海波的温度升高）

⑤ 在图 8-3 的曲线中蜡烛碎末熔化曲线的特点是什么？（答：蜡烛碎末熔化的特点是持续吸收热量，温度一直上升）

（4）晶体与非晶体。

① 晶体：在熔化过程中尽管不断吸热，温度却保持不变的固体，例如海波、冰、食盐晶体、各种金属。

② 非晶体：在熔化过程中，只要不断地吸热，温度就不断地上升的固体，例如蜡、松香、玻璃、沥青。

（5）熔点。

教师：除了海波以外，其他晶体物质，如各种金属、冰、固态酒精等，它们的熔化曲线都与海波的熔化曲线形状相似，只是熔化时的温度高低不同而已。这条熔化曲线反映了晶体物质熔化的一个重要特征——晶体的熔化是在一定的温度下完成的，即晶体在熔化过程中，温度保持不变。晶体熔化时的温度叫熔点。纯海波的熔点是 48 ℃。我们实验用的海波不纯，熔点低于 48 ℃。

4. 学生巩固练习

（1）图 8-4 中表示非晶体凝固过程中温度随时间变化的图像是（　　）

图 8-4 非晶体凝固过程中温度随时间的变化

（2）在图 8-5 中能正确描述铁熔成铁水过程中温度变化情况的是（　　）

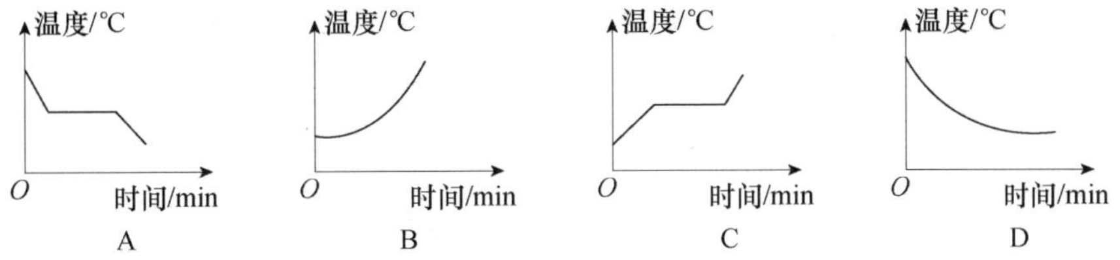

图 8-5　铁熔成铁水过程中温度变化的情况

5. 归纳总结

（1）物质由固态变成液态叫熔化。物质由液态变成固态叫凝固。

（2）晶体和非晶体的熔化、凝固有明显的区别：晶体的熔化和凝固是在一定的温度下完成的，这个温度分别叫熔点和凝固点。非晶体没有固定的熔点和凝固点。不论是晶体还是非晶体，熔化时都吸热，凝固时都放热。晶体实现熔化的条件可概括为两条：一是温度到达熔点，二是吸热。凝固的条件是温度到达凝固点，同时要放热。

6. 作业

完成一课一练的熔化与凝固单元练习。

7. 说明

（1）本节课内容丰富，知识有一定的难度。教学重点应是熔点和凝固点及熔化吸热和凝固放热。建议安排好学生实验，使学生充分认识晶体熔化和凝固时的特点。

（2）本节课的教学难点是当晶体熔化或凝固时，虽然伴随有热的得失，但是温度不变。受初中学生知识水平的限制，教师不必从理论上去讲解，只要通过实验，观察现象，从事实出发，让学生记住这一事实即可。

（3）突出重点、突破难点的有效方法是做好实验。实验应注意以下几点：① 海波的纯度尽可能高；② 对海波和蜡烛碎末开始加热时，不要用温水，温水会使试管内靠管壁的海波先熔化，而中央部分的海波的温度还没有达到 48 ℃；③ 搅拌要及时、不停顿。由于海波和蜡烛碎末是粉末状，导热性能差，只有不停搅拌实验才能成功。

【思考与讨论】

1. 什么是物理概念？论述形成概念的重要性。
2. 物理概念教学具有哪些特点？举例说明物理概念的内涵与外延？
3. 中学物理概念是如何分类的？对人教版八年级物理概念进行属性分类。
4. 如何理解物理概念的阶段性和发展性？
5. 在调查分析的基础上，讨论中学生在学习物理概念时存在的常见问题，并请举例说明。
6. 中学物理概念中常见问题的应对策略有哪些？请举例说明。
7. 在概念教学过程中，如何做到明确建立物理概念的事实依据和研究方法？
8. 在概念教学过程中，如何消除数学负迁移？
9. 在概念教学过程中，如何强调概念与有关概念的联系与区别？
10. 在概念教学过程中，如何引导学生学会运用概念？

11. 物理概念引入的常见方式有哪些？举例说明类比法引入的运用。

12. 举例说明如何保证物理概念教学中的科学性？

13. 举例说明在教学中应如何运用相关策略建立物理概念？

14. 运用分类教学法的概念教学程序是怎样的？

【技能训练】

1. 观摩一堂物理概念教学课，然后对这一堂课的教学进行评析。

2. 在下列课题中选择其一，编写概念教学微格教案，并在小组内试讲、讨论和评估。这些课题包括内能、热量、电压、并联电路、电功率、电场、磁感应强度、磁通量、安培力。

第九章

中学物理规律教学

知识框架

- 中学物理规律教学
  - 中学物理规律的特点和分类
    - 中学物理规律的特点
    - 中学物理规律的教学方法
  - 中学物理规律教学过程
    - 明确物理规律的事实依据、研究主题和研究方法
    - 弄清各规律之间，规律与概念之间的关系，加以区分
    - 深刻理解物理规律的物理意义
    - 明确物理规律的适用范围及条件
    - 弄清如何运用物理规律解决实际问题
  - 物理规律教学案例

物理规律是物理现象或过程在一定条件和范围内，变化、发展的必然趋势与规律性反映，包括物理法则、公式、定律、定理和原理等。

结合本书前面章节的内容，我们可知物理学科包括三大要素：物理概念，作为基石；物理规律，作为枢纽；物理方法，作为途径。由此可见，物理规律是物理学科基本结构的重要组成部分，在中学物理教学中具有核心地位。本章主要阐述中学物理规律教学的基本属性、规律，教学中应注意的问题和方法，最后给出凸透镜成像的规律教学案例，并对此具体案例进行分析。

第九章
中学物理规律教学课件

第一节　中学物理规律的特点和分类

一、中学物理规律的特点

（一）联系性

物理概念可表征物理现象或物理过程中的各个要素，而物理规律强调它们之间的联系，并将这种联系用语言文字、数学逻辑或直观图像表达出来。物理规律是在大量现象和过程的基础上总结出来的，它不依赖于人而存在，代表着物质结构和物质运动内在的、固有的、本质的、必然的、稳定的联系。

温馨提示

牛顿的三个运动定律是高中物理的核心知识，是力与运动的链接，三者组成了一个有机联系、完备自洽的整体。牛顿第一定律首先说明了物体在不受外力作用的情况下的运动情况，提出了静止和匀速直线运动是平衡状态，给出惯性的定义。同时衔接了力具有改变物体运动状态的作用效果这一知识内容。牛顿第二定律阐述了物体在受到外力作用的情况下的运动情况，定义了描述运动变化快慢的物理量——加速度。二者分别从不同的视角阐述了力与运动之间的关系。牛顿第三定律给出了力的相互性的定量关系，指出作用力和反作用力是大小相等、方向相反且性质相同的两个力。

楞次定律和法拉第电磁感应定律是电磁学的重要规律，它们都反映了磁生电现象，但是是从不同的维度来说明问题的：一个判断感应电流方向，一个计算感应电流大小。

（二）综合性

物理规律的发现取决于人类对客观世界的认识途径，主要有两种方法：实验归纳法和理论推理法（理论推理法又分归纳推理法和演绎推理法）。由于物理规律所表述的内在联系是客观世界中真实存在的，所以实验与观察是发现物理规律的基本前提；但是仅靠直观的实践不足以探究到本质，要“透过现象看本质”。可以说物理规律是观察与实验、抽象思维、数学推理以及想象等相结合的产物，具有综合性。

温馨提示

中学可用实验归纳法得出的物理规律，包括牛顿第二定律、牛顿第三定律、反射定律、折射定律、凸透镜成像规律、杠杆平衡原理、阿基米德原理、楞次定律、力的合成与分解等。

中学可用理论推理法得出的物理规律，包括动量定理、动能定理、串并联电路的电阻规律、阿基米德原理（由上下压力差和压强公式推出）、焦耳定律、法拉第电磁感应定律等。

（三）近似性和局限性

物理学一般都不是直接对处于自然状态下的实际客体和实际现象进行研究的，而是利用抽象的方法对其进行一定的简化，将建立的理想模型和理想过程作为研究对象。又由于物理学科基于实验，在观察和实验的过程中，存在着一些无法避免的误差。因此，物理规律只能在有限精确范围内近似地反映客观世界的本质关系，具有近似性。

此外，物理规律的发现、推理与获得总是局限于一定的范围和条件，且在有限的区域内进行检验。即物理规律并非在任何情况下都可以使用，有其使用的范围和条件，具有局限性。

知识卡片

动量守恒定律、牛顿第二定律及开普勒第一定律

动量守恒定律：当一个系统不受外力或合外力之和为零时，这个系统的动量保持不变。它适用于两种情况：① 系统受到的合外力为零；② 系统所受到的外力比相互作用力（内力）小很多以至于可以忽略外力的影响。其中，第二种情况忽略外力，实际等同于合外力为零，体现了物理规律的近似性。

牛顿第二定律 $F=ma$，它只适用于宏观物体（质点）的低速运动问题，并且只适用于惯性参考系，即静止或匀速运动的参考系。牛顿第二定律不适用于非惯性参考系，在解决微观问题时需使用量子力学的知识。所以牛顿第二定律在解决物体运动的有关问题上具有一定的局限性。

开普勒第一定律为轨道定律：所有行星绕太阳的轨道都是椭圆，太阳处在椭圆的一个焦点上。但是在中学物理实际运算过程中都把天体运动的轨道近似为圆形轨道。

二、中学物理规律的教学方法

在实际教学中，从物理规律的获得途径来看，我们将物理规律分为三种类型：实验规律、理论规律和理想规律。实验规律是在实验和观察的基础上，通过对有关现象和实验数据的分析，归纳总结出来的规律；理论规律分为从已有规律到更普遍规律的理论归纳，和从一般规律到特殊规律的理论演绎；理想规律是在物理事实的基础上，通过合理推理至理想情况而总结出的物理规律。

(一) 实验规律教学方法

实验规律教学方法包括探索实验法、验证实验法和演示实验法。

探索实验法是教师在对物理规律透彻了解后，设计实验让学生探索实践，通过观察分析有关现象和实验结果，引导学生总结出物理规律的教学方法。该方法强调学生探索规律。探索实验法的优势在于它易使学生达到物理规律理解与记忆的深层次，使得学生主动接近规律真相。

验证实验法的顺序与探索实验法相反，强调学生证明规律。教师先明确且直接地告诉学生要学习的物理规律是什么，然后引导学生设计相关实验方案来验证物理规律，最后和学生一起实施方案、进行实验。验证实验法的优势在于目标的明确性，可以极大地提高学习效率，同时因为学生已经清楚问题的答案，更加有解决问题的信心，因此能激发学生学习的积极性和主动性。

案例 9-1　探索实验法

在欧姆定律的教学中，教师通常给予学生不同阻值的电阻和可调直流电源，进行两个步骤的实验。第一步调节电源(电压改变)的同时控制导体不变(阻值不变)，观察电流表示数并记录数据；第二步变更导体的同时控制导体两端电压不变，其他细节同第一步。通过分析数据和实验现象，学生易得出通过导体的电流与该导体的阻值的关系，与该导体两端电压之间的关系，在此基础上得出欧姆定律。

案例 9-2　验证实验法

在力的合成方法的教学中，可以让多个学生共同提起某个重物，紧接着留下一个学生单独重复上述动作，可以看出多个学生施加的力的作用总效果跟一个学生产生的效果相同，从而引出合力与分力两者有何关系的问题。教师将平行四边形法则直接告诉学生，让学生通过实验验证平行四边形法则，在此基础上，进行理论探讨，得出合力的大小和方向。

演示实验法强调学生观察。该方法进行实验设计和实验演示的都是教师，学生在此过程中进行细致的观察，分析实验现象和得到的数据，归纳总结出实验所暗含的物理规律。

教您一招

在讲解阿基米德原理讨论浮力与哪些因素有关时，可以采用演示实验法。

1. 根据日常生活经验，可以得出物体所受浮力 $F_{浮}$ 与液体密度 $\rho_{液}$ 有关，与浸入液体的体积 $V_{排}$(即排开液体体积)有关。

2. 研究方法：控制变量法。

(1) 当液体密度 $\rho_{液}$ 一定，研究浮力 $F_{浮}$ 与体积 $V_{排}$ 的关系。

(2) 当体积 $V_{排}$ 一定，研究浮力 $F_{浮}$ 与密度 $\rho_{液}$ 的关系。

3. 通过演示实验法找出浮力 $F_{浮}$、密度 $\rho_{液}$、体积 $V_{排}$ 之间的关系。

由此得出结论：当液体密度 $\rho_{液}$ 一定，浮力 $F_{浮}$ 与体积 $V_{排}$ 成正比。当体积 $V_{排}$ 一定，浮力 $F_{浮}$ 与密度 $\rho_{液}$ 成正比。

4. 根据演示实验的结论，分析得出阿基米德原理。

(二) 理论规律教学方法

理论规律是指基于已知事实或已有规律，通过推导的方式得到的新规律，如万有引力定律的发现。当时已经有伽利略的运动定律、开普勒的行星运动定律和牛顿第二定律，牛顿在此基础上大胆猜测，经过科学推理和数学推导得到了著名的万有引力定律。

教师在理论规律教学中应采用“理论推导法”。在推导液体压强公式的教学中，教师应引导学生先建立物理模型——液柱，再结合固体压强公式得到液体压强公式。在动能定理“外力所做的功与动能变化的关系”这一部分内容的教学中，教师应引导学生根据牛顿第二定律和运动学规律来推出动能定理的数学表达式。

(三) 理想规律教学方法

理想规律指那些只存在于理想条件下，或在现实条件下不具备实验可能性，只能运用猜想、假说或合理推理至理想情况得到的物理规律。理想规律强调了现实生活中的不可实施性和想象推导的合理性。它们无法通过实验手段进行观察与证明，却有足够的理论做支撑，如牛顿第一定律、光电效应方程、真空不能传声等。

教师在理想规律教学中应采用“合理推理法”，如在牛顿第一定律的教学中，通过“小车沿斜面下滑”的实验，学生观察到小车在不同表面上滑行的距离不同，越光滑的平面摩擦力越小，小车相应也滑得越远。教师应以此为基础，引导学生推理出在没有摩擦力的理想情况下小车的运动状态，得出小车将永远做匀速直线运动这一结论，再进一步总结出牛顿第一定律。

第二节　中学物理规律教学过程

中学物理规律教学过程教学视频

物理规律教学在整个中学物理教学中处于主干地位，是决定教学成败的关键。如何有效地使学牛理解、掌握并应用相关规律，是规律教学的重点。因此，在具体的物理规律教学过程中，教师应注意以下五点。

一、 明确物理规律的事实依据、研究主题和研究方法

中学生的抽象思维和逻辑思维能力还在发展中，他们往往不能很好地理解纯理论。教师应注重运用物理规律本身基于一定事实依据的特点，引导学生认识、分析和研究有关的物理事实，通过事实获得感性材料，为进一步学习提供支持。

在有了感性认识的基础上，教师需引导学生经历科学探索过程。而科学探索始于问题，任何物理规律都应针对某个特定问题，物理规律的研究也应遵循相应的主题。教学过程中为了明确物理规律研究的科学主题和与之相关的科学问题，教师可根据相关的物理现象来创设物理情境，让学生在此情境下观察和思考，逐步意识到待解决的科学问题的存在。

确定了研究问题后，学生进入了对问题求解的环节，这相当于一个简化的探索与研究过

程。学生要认识并掌握物理规律，必须经历科学探究，而物理学研究的基本方法就是在这个过程中逐渐形成的。

（1）在物理规律教学中，教师要明确规律所属类型及其获得途径，如是从“实验归纳”获得的实验规律还是通过“理论推导”获得的理论规律，根据不同类型组织不同的探究活动。

（2）在物理规律教学中，教师要引导学生明确该问题有哪些可能的解决方法，根据实施条件、操作难度、探究要求等分析其可行性，选择最优方法或对可行方法进行合理组合，按这些方法的逻辑关系构思出操作步骤。

（3）在物理规律教学中，教师不应形式化地强求探索过程的步骤完整性，应强调探索的科学方法与科学思想，注重学生对物理规律的讨论过程：讨论规律（包括公式和图像）的物理意义，明确物理公式和图像的含义；讨论和明确规律的适用条件和范围；讨论规律与概念、规律、公式的关系，并尽可能地结合物理学史做一些拓展。

二、弄清各规律之间、规律与概念之间的关系，加以区分

根据物理规律的联系性可知，物理现象和物理过程中各因素的相互联系、因果关系和相关物理量之间严格的数量关系都可以在物理规律中得到反映。物理规律不仅与许多物理概念相联系，一些物理规律之间同样存在着相互关联。教师在物理规律的教学中，必须注重弄清各规律之间、规律与概念之间的关系，将那些原先分散的要素有机结合起来。只有用联系的观点来引导学生提出新问题并进行研究，才能激发其求知欲与钻研志趣，更好地掌握物理规律。

温馨提示

在规律教学过程中，要辨析清楚规律与规律、规律与概念之间的关系。例如，法拉第电磁感应定律与动生电动势、感生电动势这两个物理量之间的关系。法拉第电磁感应定律是磁通量的变化产生感应电动势，其公式为 $E=N\dfrac{\Delta\Phi}{\Delta t}$。感生电动势和动生电动势本质上都是感应电动势，但是两者产生的机理不同。感生电动势是指由变化的磁场产生感生电场，再由感生电场产生的电动势，其公式为 $E=N\dfrac{\Delta\Phi}{\Delta t}$。动生电动势是导体切割磁感线产生的电动势，与洛伦兹力有关，其公式为 $E=BLv$。

物理规律教学过程，要讲解透彻如下关系：动量定理与动量、冲量这两个物理量之间的关系，动量定理与动能定理的关系，牛顿第一定律与物体惯性之间的关系，电学中闭合电路欧姆定律与部分电路的欧姆定律的关系，能量转化与能量守恒定律之间的关系等。

三、深刻理解物理规律的物理意义

中学物理规律通常以语言文字、数学公式或图像的形式表述。教师不可让学生死记硬背这些现成的结论，强行通过这些形式向学生灌输知识，寄希望于通过逐字讲解达到教学目标。教师应遵循认识的规律和顺序，让学生弄清楚规律的“来龙去脉”，深刻理解物理规律的物理意义。

1. 抓住规律中的关键词

规律表述中的关键词对正确把握规律，挖掘规律本质含义有很大帮助。关键词是学生理解规律时重点关注的地方。如弹簧测力计原理是“在弹性限度内”，弹簧产生的“弹力”与

其“伸长量”成正比。在楞次定律中，感应电流的方向总是“阻碍”引起感应电流的磁通量的“变化”，其中的“阻碍”不代表“阻止”，“变化”代表磁通量在方向与大小上的改变，而与原来的大小无关。在机械能守恒定律中，“只有重力做功”的情形下，物体的动能和重力势能相互“转化”，但总的机械能保持不变，其中“只有重力做功”的本质含义有两点：一是物体只受重力作用；二是物体受其他力的作用，但其他力不做功。

2. 从理论上解释实验规律

在认识物理规律时，应做到理论与实验并重，以达到理论与实验相统一。如波义耳定律是实验定律，也可以用分子动理论来做微观解释。

3. 要从物理意义上去理解物理规律的数学表达式

如我们不能单纯用数学的方式解读公式 $R=U/I$，得到“导体的电阻跟它两端的电压成正比，跟通过它的电流成反比”的错误结论。$R=U/I$ 只是电阻的定义式，而导体的电阻的大小是由电阻定律 $R=\rho\frac{l}{S}$决定的。

4. 要从物理意义上去理解物理规律中的各个物理量

如 $F=ma$ 中的 F 指的是物体所受的合外力；在 $E=N\frac{\Delta\Phi}{\Delta t}$中，要区别 Φ、$\Delta\Phi$、$\Delta\Phi/\Delta t$ 的物理意义。在 $a=\frac{\Delta v}{\Delta t}$中，要区别 v、Δv、$\frac{\Delta v}{\Delta t}$的物理意义。

四、明确物理规律的适用范围及条件

通过前面的学习，我们知道物理规律具有局限性。超过这个局限，物理规律或者不准确或者不成立。学生在解决问题时，容易忽视这一点而盲目乱套物理规律，最终导致得出的结论是错误的。在物理规律教学中，教师需强调其使用范围与条件，使学生能够正确地加以运用，处理实际物理问题。

温馨提示

欧姆定律适用于线性电路(纯电阻电路)，且 I、U、R 必须是同一段电路上的三个物理量。

热力学三定律是理想气体的状态方程。

胡克定律的适用条件是在弹性限度内。

单摆振动周期公式的成立条件是摆角小于 5°。

牛顿定律的适用范围是可视为质点的宏观物体、常速和惯性系。

动量守恒定律只适用于合外力为零或系统内力远远大于外力的情况。

五、弄清如何运用物理规律解决实际问题

掌握物理规律的目的是能够运用物理规律去解决问题。在这个过程中，一方面可以巩固、深化、活化对规律的理解；另一方面可以培养学生将所学知识应用于实践的意识，使学生学到分析、处理实际问题的规律性或创新性的思路和方法，培养他们独立思考的科学品质，逐步提高其解决简单实际问题的能力，如图 9-1 所示。

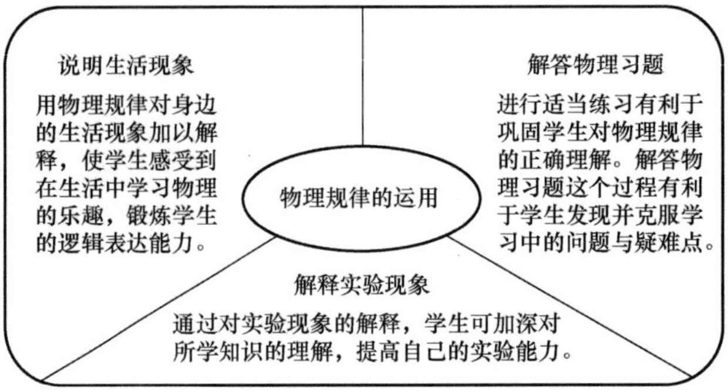

图 9-1 物理规律的运用

第三节 物理规律教学案例①

凸透镜成像的规律参赛教学设计

凸透镜成像的规律选自人教版八年级上册第五章第 3 节。

课　题	凸透镜成像的规律	课　型	新授课
章节	第五章第 3 节	授课人	何津雨
教材分析	本课题内容位于人教版物理八年级第五章第 3 节，是对前面生活中透镜知识的巩固，也是后面显微镜、望远镜学习的基础，起到承上启下的作用。它既是本章《透镜及其应用》的核心内容，也是整个初中物理光学部分的重要内容。		
学情分析	这是八年级学生第一次全过程的探究实验，刚接触物理不久的他们，存在思维不够严谨，设计实验的能力不足等问题。但是，在本章第 2 节《生活中的透镜》里已经介绍了光学仪器的成像实例，学生已建立起了凸透镜成像的概念，这为本节课的教学做好了知识上的储备。		
教学目标	1. 知识与技能 (1) 理解凸透镜的成像规律。 (2) 掌握凸透镜成放大、缩小、正立、倒立、实像和虚像的条件。 2. 过程与方法 (1) 亲自参与科学探究过程，培养探究方法与能力。 (2) 将实验探究所得的结论与生活实例相结合。 3. 情感、态度与价值观 (1) 培养学生对客观世界探索的热情和对科学的热爱。 (2) 通过成像规律的教学，使学生理解用照相机拍自然风景的原理，培养学生的审美情趣。		
教学重难点	1. 重点 (1) 使学生初步经历科学探究的全过程。 (2) 通过科学探究使学生掌握凸透镜成像规律。 2. 难点 (1) 根据猜想设计凸透镜成像规律的实验。 (2) 实验数据的分析能力。		

① 本案例为上饶师范学院物理与电子信息学院 15(1)班何津雨的作品，该作品获江西省 2018 年省级大学生物理教学技能比赛一等奖。参赛 PPT 和教案可扫描二维码获取。

续表

课　题	凸透镜成像的规律	课　型	新授课
教学方法	讲授法、实验法、问题驱动法		
实验器材	多媒体、手电筒、物屏、凸透镜 、光屏、皮尺和相关配件		
教学过程、环节	教师活动	学生活动	设计意图
创设情境，导入新课	活动一：在学生已有的经验里，用凸透镜看书会将书上的字放大。教师让学生将凸透镜置于正前方，先近距离观察书上的字，再适当增大距离。学生会先观察到放大的字，再观察到倒立、缩小的像，引发认知冲突。 活动二：并排放置两个焦距互不相同的凸透镜，观察课本文字。	通过对比，学生得出所观察到的像是不同的，继而产生疑问：为什么用凸透镜观察同一物体会产生不同的结果。	让学生在老师创设的情境中感悟到凸透镜成像是有规律的，物距和焦距都会影响所成的像，为下面的实验探究做铺垫。
实验探究，讲授新课	1. 提出问题 在之前的课程学习中，我们了解了放大镜本身就是一个凸透镜，在照相机、投影仪等仪器里也有相应的凸透镜部件。虽然它们都使用了凸透镜成像，但成像结果不尽相同。 照相机离物体距离较大，物体成倒立、缩小的实像；物体离投影仪的镜头和放大镜的距离较小，前者物体成倒立、放大的实像，后者物体成正立、放大的虚像。 对此学生能提出什么问题？ 2. 做出猜想 启发学生对提出的问题做出猜想。可以做出猜测：物距和焦距都会对凸透镜成像大小、正倒和虚实产生影响。 3. 设计实验 实验要研究的问题就是凸透镜所成像的大小、正倒和虚实与物距和焦距有怎样的关系。 实验应注意控制变量，即凸透镜成像的焦距和物距两者间，在改变一者时要保持另一者不变，在此前提下观察成像特点。 思考： (1) 怎样测量凸透镜的焦距？ (2) 在光具座上摆放手电筒、凸透镜、光屏这三个用具时，摆放顺序应如何？应满足怎样的位置关系？ (3) 怎样在光屏上得到一个清晰的像？ (4) 如何观察虚像？ 老师可以示范当物体由远及近靠近凸透镜时，光屏无论怎样移动都不成像，这时在光屏这一侧观察，透过凸透镜可观察到虚像，与放大镜观察物体相同。	引导学生提出问题：凸透镜所成像的大小、正倒和虚实跟物体的位置有什么关系？ 引导学生进行合理猜想。 学生思考并回答。 (1) 让凸透镜正对着手电筒，来回移动光屏，直到屏上的光斑最小、最亮，此时光斑到凸透镜中心的距离，即为该凸透镜的焦距。	培养学生提出问题的能力。 让学生有根据地进行猜想。 使学生明白通过该实验研究什么问题，怎样去研究这些问题。

续表

课　题	凸透镜成像的规律	课　型	新授课
实验探究，讲授新课	4.进行实验 要发现凸透镜成像的规律，必须进行实验。在凸透镜焦距不变时，不断改变物距，观察所成像的特点。 实验器材：手电筒、物屏、凸透镜、光屏等。在思考讨论的基础上，学生按以下步骤进行实验。 (1) 把凸透镜放在皮尺的中央，从透镜的位置开始在左右两边标上焦距和2倍焦距的位置。 (2) 按顺序放置其他实验器材，调整它们的高度，使手电筒、物屏、凸透镜、光屏的中心大致在同一高度(即共轴)。 (3) 把手电筒和物屏放在离凸透镜尽量远的位置上，调整光屏到透镜的距离，使屏上成一个清晰的像，观察像的大小、正倒。测出物屏与凸透镜、凸透镜与光屏间的距离，把数据记录在表格中。 (4) 继续把手电筒和物屏向凸透镜靠近，观察像的变化是放大还是缩小，是正立还是倒立。测出物屏与凸透镜、凸透镜与光屏的距离，将数据记录在表格中。 (5) 当手电筒和物屏移动到一定位置上时，光屏没有像，用眼睛直接对着凸透镜观察物屏的像，把数据填入表格中。 (同理，可以让学生分组实验，探究在物距不变时，换用焦距不同的凸透镜，观察所成的像是否改变。)	(2) 手电筒、凸透镜、光屏依次摆放在同一高度。 (3) 将光屏向左右两个方向稍加移动，像都比原来模糊，则原来那个位置的像就是最清晰的像，这时光屏到透镜的距离才是像距。 (4) 去掉光屏，人眼在光屏处观察。	为了顺利进行实验，这些问题必须弄清楚。 通过实践，掌握观察虚像的方法。
	5.得出结论——归纳规律 老师引导学生总结出凸透镜成像的规律：凸透镜既能成实像，也能成虚像；既能成放大的像，也能成缩小的像；既能成正立的像，也能成倒立像。 当物距大于2倍焦距时，成倒立、缩小的实像。 当物距等于2倍焦距时，成倒立、等大的实像。 当物距大于1倍焦距小于2倍焦距时，成倒立、放大的实像。 当物距等于焦距时，不成像。 当物距小于焦距时，成正立、放大的虚像。 (板书) 进一步总结升华： 师：通过实验我们能发现，1倍焦距和2倍焦距是成像的两个重要分界点，分别是成什么像的分界点？ 为了帮助大家记忆，老师编了一个口诀： 一焦分虚实，二焦分大小。 实像异侧倒，虚像同正大。	学生进行实验，把观察到的现象和测量的数据记入表格。 在分析实验数据的基础上，总结归纳。 生：1倍焦距为成倒立实像与正立虚像的分界点；2倍焦距为成放大实像与缩小实像的分界点。	得出凸透镜成像的规律。 进一步加深理解凸透镜的成像规律。

续表

<table>
<tr><th>课　题</th><th>凸透镜成像的规律</th><th>课　型</th><th>新授课</th></tr>
<tr><td>课堂游戏，巩固升华</td><td>应用规律
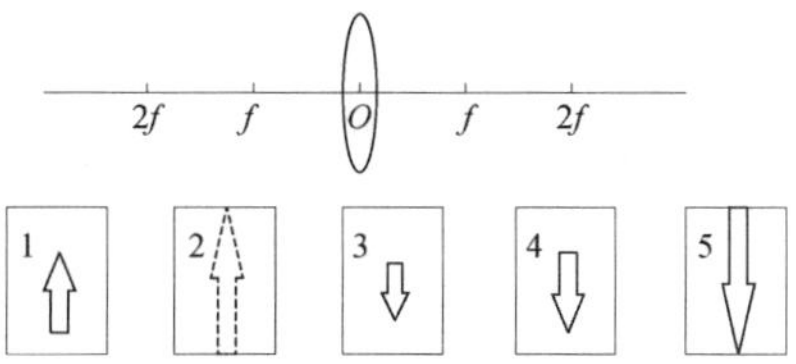
师：通过这节课你们学到了什么？以一个小游戏进行检验。
老师事先准备五张卡片，上面印有五种不同的图案，一张较大的，一张较小的，一张放大的虚像，两张等大像。在黑板上画出一个凸透镜、主光轴、焦点和 2 倍焦距。</td><td>一名学生拿着一张卡片，站在凸透镜一边的任意位置，再让一名学生找到合适的卡片，让他站在自己认为对应的位置，这样就完成了成像。让其他学生判断对错，说出他们所做的成像规律。</td><td>培养学生的学习兴趣，帮助学生记忆。</td></tr>
<tr><td>作业布置</td><td colspan="3">1.“圆柱玻璃瓶里的风景”：找一个圆柱形玻璃瓶，里面装满水，把一支铅笔水平地放在水瓶的一侧，透过水瓶，可以看到这支笔。把笔由靠近水瓶的位置向远处慢慢移动，透过水瓶可以看到一个有趣的现象，描述这个现象。与前面用凸透镜所做的实验相比，本实验有什么共同之处？有什么不同之处？
2.“小小实验片，正反大世界”：学生利用实验器材动手实验，观察到凸透镜成实像时，像与物体上下是颠倒的，思考此时像与物体左右是否相反呢？</td></tr>
<tr><td>板书设计</td><td colspan="3">5.3 凸透镜成像的规律
<table>
<tr><th rowspan="2">物距与焦距关系</th><th colspan="3">像的性质</th><th rowspan="2">像距与焦距的关系</th></tr>
<tr><th>正倒</th><th>大小</th><th>虚实</th></tr>
<tr><td>$u>2f$</td><td>倒</td><td>缩小</td><td>实</td><td>$2f>v>f$</td></tr>
<tr><td>$u=2f$</td><td>倒</td><td>等大</td><td>实</td><td>$v=2f$</td></tr>
<tr><td>$2f>u>f$</td><td>倒</td><td>放大</td><td>实</td><td>$v>2f$</td></tr>
<tr><td>$u=f$</td><td colspan="4">不成像</td></tr>
<tr><td>$u<f$</td><td>正</td><td>放大</td><td>虚</td><td>与物同侧</td></tr>
</table>
口诀：一焦分虚实，二焦分大小。实像异侧倒，虚像同正大。物近像远像变大，靠近焦点像最大。</td></tr>
<tr><td>教学反思</td><td colspan="3">这节课将重点放在培养学生的探究能力上，科学探究贯穿教学环节。学生在经历了完整的探究过程并掌握了物理规律之后，进一步设置应用性练习和作业，将对他们巩固知识点有所帮助。整节课在探究过程中进行，培养了学生的探究能力、交流与合作等能力。
在进行实验和归纳规律环节中，要让学生分析、总结实验结果，在概括实验规律的过程中学会求知。通过师生交流、同学之间交流，强化学生与实验环境的交互影响，产生教与学的协同与“共振”，从而提高教与学效率。在应用规律环节中，引导学生运用得出的规律解决具体问题，在实践中让规律得到验证，并逐步转化为学生的能力，这样可以使学生对物理规律的理解逐步巩固、加深、拓展、活化和升华，从而完成认识上的第二次“飞跃”。</td></tr>
</table>

【思考与讨论】

1. 什么是物理规律？中学物理规律有什么特点？

2. 从物理规律的获得途径来看，中学物理规律可以分为哪几类？举例来分析其相应的教学方法。

3. 在物理规律教学过程中，教师应该注意哪些事项？

4. 举例说明在物理规律教学中如何才能做到突出重点？

5. 讨论如何进行牛顿第二定律的教学？

6. 论述掌握物理规律的重要性。

7. 举例说明，在教学中应怎样运用实验归纳法和理论分析法建立物理规律？

8. 以气体实验定律为例，说明如何用公式和图像表达和讨论物理规律？

9. 在调查分析的基础上，讨论高中生在学习物理规律时常见的问题。

【技能训练】

1. 观摩一堂物理规律教学课，然后对这一堂课的教学进行具体分析。

2. 在下列课题中选择其一，编写规律教学微格教案，在小组内试讲、讨论和评估。这些课题包括反射定律、牛顿第一定律、欧姆定律、焦耳定律、法拉第电磁感应定律、动能定理、动量定理。

第十章

说课与微课设计

知识框架

- 说课与微课设计
  - 说课设计
    - 说课的概念
    - 说课的内容
    - 说课的基本要求
    - 说课培训大纲
    - 说课测试大纲
  - 微课设计
    - 了解微课的定义及作用
    - 选择教学内容
    - 选择合适的微课类型
    - 撰写微课教案
    - 制作微课教学课件

第一节　说课设计

说课是一项教学研究活动。由于说课能很好地反映一个教师的专业知识与教学技能，所以在教师招聘、竞赛、考核、竞聘等活动中都得到了广泛的开展。对于师范生来说，说课是必须要掌握的教师基本功。

第十章
说课与微课
设计课件

一、说课的概念

说课是教师口头表述具体课题的教学设想及其理论依据的过程，即教师在备课的基础上，向同行或教研人员系统阐述自己的教学设计及理论依据，由听者评价、交流，从而达到相互沟通、相互促进的目的。说课要求教师不仅能表达自己教什么、学生学什么，还需要从理论的角度去解释教师为什么这样教、学生为什么这样学，以及教师该如何教、学生该如何学。

二、说课的内容

说课一般是按说教材，说学情，说教法、学法，说媒体，说实验设计，说教学流程，板书以及说教学反思等几个内容来开展，如图 10-1 所示。

说课与微课设
计教学视频

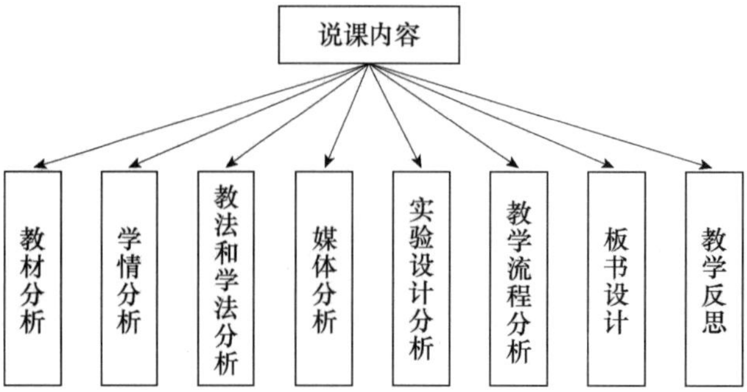

图 10-1　说课流程

(一) 教材分析

1. 教材地位

教师首先应从地位、结构、内容和教育意义等方面论述本课时内容在本门课中的地位和作用。由于每一种教材都有一定的知识体系,任何一个单元都不可能脱离这一知识体系单独存在,所以教师应阐明这一课时内容是出自哪本教材第几章的第几节,这部分教学内容和其他知识体系之间的关联,以及这部分教学内容所起的作用。

2. 教学目标

应根据新课程标准的要求;根据学生的年龄特点,生活经验,认识问题的层次、程度,学生发展的需要等方面制定出三维学习目标和 STS(科学、技术和社会)目标。

3. **教学重点、难点**

从教学内容、课程标准要求、学生实际、理论层次、对学生的作用等方面找出确立重点、难点的依据,并确定教学的重点和难点。

(二) 学情分析

只有将学生的情况了然于心,才能做到有的放矢,达到事半功倍的教学效果。在这一环节中,教师首先应从学生的一般特性出发,分析学生的认知特点、学习风格;再结合学生具体的初始能力,分析学生的预备知识与技能、目标知识与技能、学习态度与积极性;最后分析学生学习物理的障碍。

(三) 教法和学法分析

1. 教法选择

教师应依据物理课程标准、新理念、新教法等理论,具体说明将在课堂设计中运用哪些教法和方式,并说明选择这些教法和方式的理由,明确如何在课堂上有效地运用这些教法以及期望达到的效果目标。

教法多种多样,如参与式、互动式、体验式、讨论式、研究性学习、谈话、对话、辩论、调查、情境模拟、亲历体验、小活动等,这里可以从宏观上来介绍,具体细节可以放在下一个教学流程里说明。

2. 学法指导

这一环节要求教师从教材特点出发,结合学生的实际情况,分析学生掌握该教学内容所必须具备的学习技巧、学习新知识所必须具备的技能和态度,以及新知识将对其产生的影响。教师依据新的教学理念,促使学生学习方式的转变,倡导自主、合作、探究等方法,使学生得以在体验中感悟情感、态度与价值观,在活动中归纳知识,在参与中培养能力,在合作中学会学习。

(四) 媒体分析

这一环节介绍教师在课堂上需要用的教具、实验器材、设计的练习、教学课件和学习网站等。

(五) 实验设计分析

物理学是一门以实验为基础的学科。在物理教学中,物理实验处于至关重要的地位,因此实验也成为说课的重要环节。教师在陈述实验设计时,应分析实验与教学内容之间的联系,阐明实验的注意事项和目的,时刻保持与教学目标的相互呼应。

（六）教学流程分析

教学流程的主要内容包括教学总体思路和环节结构、知识点和重难点的处理、教与学的双边活动安排、运用的方法、教学手段、巩固新课教学的具体措施等。教学流程分析这一环节，应强调理性构思下的过程设计，突出重点与新颖的部分，突破难点，尽可能勾画出课堂教学的概貌。

（七）板书设计

板书是课堂教学内容的一个“脚手架”，是教师的“导游图”，它展示了所学内容的核心和实质所在，为学习者提供了学习要点和学习结构梗概。学生随教师的板书记录知识的重点和难点，了解知识框架，以便进一步对知识进行思考、体会、再加工，甚至能由此产生新的问题，开辟出新的领域，充分发挥自己的主体性作用。板书设计分析这一环节，教师要阐述这样设计的理由，如能体现知识结构、突出重点和难点、直观形象、利于巩固新知识、有审美价值等。

（八）教学反思

结合以往的实际教学过程，在教学反思这个环节，教师要阐述以上的教学方式存在哪些优点和不足。教学反思包括课前反思、课中反思和课后反思。说课稿中的教学反思通常指的是课后反思。教学反思作为反思型说课活动中的重要组成部分，需要进行特别的关注和探索。

三、 说课的基本要求

（一）说课要求明示教学操作的理论依据

说课应注重教育环节与教育目标的相互呼应，指明教学设计意图，明示教学操作的理论依据。

（二）说课要求内容简洁，重点突出

说课与课堂教学不同，时间长度最宜控制在 15 分钟左右，因此说课内容应将课堂内容浓缩，不应过于繁琐。在力求简洁的同时，还要求尽量详略有致、重点突出。教学的策略和方法应给予详细地介绍，同时不能忽略对课时重点的把握和对课时难点的突破。

（三）说课要求说出特色，说出创新

教师的教学特色是一种先进的、独特的、富有时代特征的和相对稳定的教学文化。它不仅体现了教师的教学水平，更表现出凝聚在教师身上的一种精神品质。教师在说课时应注重体现自身教学设计的教学特色，展示教师自身的教学特长，这也是说课的亮点与功效之一。同时，说课最好要具有创新性，教师可以选择在实验、方法、结构、手段等方面进行创新。

（四）说课要求语言、着装得体

说课同样是一门语言艺术。它要求语言表达简洁干练、内容紧凑、过渡自然、灵活多变、避免拘谨，力求达到有声有色、富有感染力。教师的衣着在一定程度上体现了教师的精神面貌，表达了对听课人的尊重。无论说课还是正式授课，教师都应规范自身着装，保证服装的整洁、干净、端庄。

四、 说课培训大纲

表 10-1 是上饶师范学院物理学课程师范生说课能力培训大纲，以此加强师范生说课训练，提高师范生的教学能力。

表 10-1　上饶师范学院物理学课程师范生说课能力培训大纲

<table>
<tr><td colspan="2">说课培训是提高师范生教育教学能力的重要途径。在培训过程中，应发挥老师的主导作用和学生的主体地位，深入新课改的教育理念，注重理论与实际相结合，使学生迅速成长为一个具有教育素质和教育水平的准教师。</td></tr>
<tr><td>1</td><td>专业知识的学习与研究，包括课程知识和教育教学理论知识（第四学期）。</td></tr>
<tr><td>2</td><td>制订说课培训计划。</td></tr>
<tr><td>3</td><td>制定师范生说课的鉴定评价标准。</td></tr>
<tr><td>4</td><td>播放优秀的说课视频，引导学生通过观摩、领悟，深刻理解理论对实践指导的重要作用。</td></tr>
<tr><td>5</td><td>撰写说课稿。</td></tr>
<tr><td>6</td><td>分组、分环节培训。</td></tr>
<tr><td>7</td><td>上好示范性说课，起到榜样和导向作用。</td></tr>
<tr><td>8</td><td>学生自主组成说课小组并建立“说课经验分享”QQ 讨论群，利用课后的充裕时间自主训练并相互进行评议、交流和总结。</td></tr>
<tr><td>9</td><td>汇报考核。</td></tr>
</table>

五、说课测试大纲

说课测试大纲应根据师范生教学能力测试标准、教师资格考试要求，基于教学大纲而制定。表 10-2 为上饶师范学院物理学课程师范生说课能力测试大纲。

表 10-2　上饶师范学院物理学课程师范生说课能力测试大纲

<table>
<tr><td>1</td><td colspan="2">测试名称、性质、方式。</td></tr>
<tr><td></td><td colspan="2">本测试定名为“物理学课程师范生说课能力测试大纲”，旨在提供物理学专业师范生说课能力测试要领，促进师范生说课能力的提高。制定本标准的理念是：细化评价指标，追求可测性；明晰测试对象，具有适宜性；突出主导技能，强化教学性；发挥激励功能，体现引领性。说课能力测试以第六学期的说课方式进行。</td></tr>
<tr><td>2</td><td colspan="2">测试内容和范围。</td></tr>
<tr><td></td><td colspan="2">物理学课程师范生说课能力测试包括课程标准解读、学情分析、教材分析、教学方法分析、教学媒体分析、教学设计分析和个人素质展示。</td></tr>
<tr><td>3</td><td colspan="2">说课能力测试评分标准。</td></tr>
<tr><td rowspan="6"></td><td colspan="2">目的：说“准”教材，说“明”教法，说“会”学法，说“清”教学意图，说“清”教学层次。
要求：15 分钟内完成测试的 7 项内容。</td></tr>
<tr><td rowspan="2">课程标准解读（7 分）</td><td>总目标：培养和提升学生的信息素养。</td></tr>
<tr><td>理念渗透：体现物理学课程理念、原理的灵活运用。</td></tr>
<tr><td rowspan="3">学情分析（7 分）</td><td>学习需求：准确陈述说课的课型并陈述学习需要，着重陈述学习者起点分析和学习者的终点认识。</td></tr>
<tr><td>思维认知：对学生思维认知特征进行分析。</td></tr>
<tr><td>困难预期：对学生学习困难进行预测。</td></tr>
</table>

续表

	教材分析(15 分)	教材的地位：本节内容在整个知识系统中的地位；本节内容在整个教材中的地位；学生的知识基础是否符合；前后知识点联系等。
		教学目标及依据：从新课改的三维目标出发，学习目标分析准确透彻。
		教学重点和难点：准确陈述教学内容的范围、深度和重点、难点。
	教学方法分析(15 分)	教学策略：详细解说教学策略，制定面向全体学生、体现情感化和技术化的教学策略。
		学习策略：详细解说如何创造多样化的学习方法，提供自主探索的途径。
	教学媒体分析(6 分)	准确描述教学环境，准确陈述教学媒体的选择。
	教学设计分析(40 分)	流程设计：准确陈述教学结构和教学环节，各环节衔接过渡自然。
		活动设计：注意体现教学活动的交互性。
		板书设计：准确陈述板书设计，板书设计合理、科学和美观。
		创新设计：教学设计过程体现创新性。
	个人素质展示(10 分)	说课语态：语言要清晰、简练、确切，语速要适中。
		说课仪态：说课时教态自然、亲切、大方，动作协调。
		说课板书：说课时的板书字要醒目，字迹工整、美观、大方，设计合理，格式规范，简明扼要。
4	说课能力等级的确定。	
	共设五个等级：90～100 分为优，80～90 分为良，70～80 分为中，60～70 分为及格，<60 分为不及格。	

案例 10-1　说课案例

以下案例均为学生作品，可供读者观察、研究、评析、批判、提炼。

上饶师范学院物理与电子信息学院 11 级(1)班 周婷

熔化和凝固说课稿

——获 2014 年上饶师范学院校级教学设计一等奖

熔化和凝固说课稿

上饶师范学院物理与电子信息学院 13 级(1)班 朱书瑶

液体压强说课稿

——获 2016 年江西省省级物理教学技能(大学生说课比赛)一等奖

液体压强说课稿

上饶师范学院物理与电子信息学院 15 级(1)班 江淑媛

弹力说课稿

——获 2018 年江西省全省大学生物理教学技能比赛二等奖

弹力说课稿

案例 10-2　“3.2 弹力”说课稿

各位评委老师，大家好！我是来自上饶师范学院的江淑媛。今天我说课的内容是弹力，我将从以下五个方面进行今天的说课。

一、说教材

本节是人教版高中物理必修一第三章第 2 节的内容，它以初中力学知识为基础，加入了力的矢量性，是重力、摩擦力之外最重要的一种性质力，是以后正确进行受力分析的基础。高中物理课程标准要求学生知道常见的形变，通过实验了解物体的弹性，知道胡克定律。通过对教材、课程标准的分析，我确立了以下三维教学目标。

1. 知识与技能

- 了解形变的概念，知道弹力产生的条件。
- 判断有无弹力的方法和弹力方向。
- 知道并会运用胡克定律。

2. 过程与方法

- 通过课堂演示生活实例，培养学生的观察能力。
- 在探究弹力方向过程中，引导学生探究物理规律的一般方法。
- 通过演示微小形变的实例，让学生初步接触放大方法。

3. 情感、态度与价值观

- 运用生活中的几个实例，激发学生的学习兴趣、求知欲和探索动机。
- 通过实例分析，建立具体问题具体分析的科学观念。

二、说学生

通过前面对“重力及相互作用”的学习，学生已经对力的三要素及作用效果等有了一定的了解。在初中阶段的学习过程中，学生对弹力和形变也有了一定的认识，但不知道弹簧弹力和形变之间有什么变量关系；知道支持力、压力都是弹力，但是不能概括其产生的原因。

通过对教材和学生的分析并结合新课标的要求，我确立了以下教学重难点。

- 教学重点：弹力产生的条件和方向的确定。
- 教学难点：弹力有无的判断和方向的确定。

三、说教法

物理教学以实验探究为基础，重在启发思维，教会方法。因此本节课我会采用演示法、讲授法、实验法和问题驱动法相结合的教法。在本节课的教学过程中，我会通过观察生活中的常见形变，巧用引导性提问，激发学生的积极性，培养学生观察思考、自主探究、合作学习的能力，体现以教师为主导、学生为主体的教学原则。

四、说实验

因为高中学生的好奇心和求知欲强，所以我将通过隔空升棍魔术来引入新课。让学生动手按压海绵和橡皮泥来感受不同物质发生的形变；让学生通过按压玻璃瓶实验和杠杆放大原理实验来探究微小形变；运用演示替代法实验，探究弹力方向；引导学生自主设计探究胡克定律的实验。

五、说教学程序设计

根据以上的思考，我确立了以下教学过程。

1. 情境导入

在这里我将给学生表演隔空升棍魔术，告诉学生这是根普通的木棍。我将抓住棍子的最上端，通过隔空推木棍下端，使木棍上升，以此调动学生的学习热情。接着我将揭晓魔术的奥秘。这是由于木棍中含有一根橡皮筋，橡皮筋拉伸产生弹力，当放开按住木棍的手指，木棍就会因为力的作用往上升。从而使学生初步认识弹力与形变的关系，并引导学生进入今天弹力课程的学习。

2. 新课教学

(1) 引出形变的定义。

我将结合魔术中橡皮筋的拉伸情况，并通过图片演示，介绍压缩、弯曲和扭转形变的例子引导学生得出形变的定义，进而引出弹性形变和塑性形变的概念。

通过让学生自己动手按压海绵和橡皮泥等活动，让学生充分接触弹力，从而引出弹性形变和塑性形变的概念，并让学生举在日常生活中所发现或观察到的一些形变的例子，分辨哪些是弹性形变，哪些是塑性形变。接下来，我将运用把气球吹到一定限度就会爆炸的例子来讲解弹性限度。根据以上过程引出本节课的重点，即弹力概念和其产生的条件。

(2) 感受微小形变，知道所有物体都可以发生形变。

物理学是一门以实验为基础的学科，微小形变可以通过实验“放大”。

实验一：玻璃瓶微小形变放大实验。将细玻璃管通过塞子插入椭圆形玻璃瓶的水中，手沿不同方向用力挤压玻璃瓶，细玻璃管内的水面会升高或下降。玻璃瓶受到压力时产生的微小形变被放大。

实验二：桌子微小形变实验。利用光的反射原理，放大桌子受力后的微小形变，让学生感受桌子的微小形变，从而引导学生得出一切物体都可以发生形变的结论。

运用以上探究性实验，构建学生的新知识框架，培养学生独立思考解决问题的能力。

(3) 探究弹力的方向。

对于探究弹力的方向部分，我将用水气球和硬纸板代替书中书本和桌子接触的例子来进行讲解。通过变形的水气球和压弯的纸板这些直观的形变现象，让学生更加真切地感受到支持力和压力的存在，并进一步引导学生得出支持力和压力的方向。

另外，当电线挂着电灯时，电线的形变也十分微小。我将用橡皮筋代替电线来讲解弹力，让学生观察拉伸变形的橡皮筋，从而感受到弹力的存在，并进一步引导学生得出绳的拉力方向。

结合以上探究，培养学生主动思考和学习的能力，使学生感受到物理的实用性，调动学生学习物理的兴趣。

(4) 判断弹力的有无。

我会让学生到黑板前画出物体所受弹力的示意图，并设下陷阱让学生出错。在不断出错、知错、改错中通过“消除法”和“假设法”，判断物体运动的情况，从而判断物体是否存在弹力。结合 PPT 上的相关习题，巩固加深对这两种方法的理解和运用。

(5) 探究胡克定律。

对于胡克定律的探究，我将通过弓拉得越满、箭射得越远的例子，让学生举出生活中其他形变量不同，弹力不同的例子，启发学生去猜想弹簧的弹力与弹簧伸长量之间的关系。

① 让学生用提供的器材设计实验步骤和实验表格,并进行分组实验探究。

② 引导学生做出 $F-x$ 图像,算出弹簧弹力与其伸长量的比值并得出如下结论。

第一,$F-x$ 图像的斜率,从数值上等于弹簧的劲度系数。

第二,同一组所得比值相等,说明弹簧弹力与其伸长量的比值成正比。

第三,不同组所得比值不同,说明不同规格的弹簧劲度系数不同。

进而引导学生得出胡克定律的表达式,劲度系数的单位、符号及物理意义。通过亲身经历探究性实验,学生成为学习的主体,他们合作学习的意识和能力都得到了提高。

在完成本小结的教学后,我将会通过三道习题帮助学生巩固新知,并引导学生在小组分析讨论的基础上进行总结,帮助他们形成知识纲要,提高学习的水平,以此培养学生的总结概括能力。

以上就是我说课的全部内容,感谢大家。

第二节 微课设计

微课是指以视频为主要载体,记录教师在课堂内外教育教学过程中围绕某个知识点或教学环节而开展的精彩教与学活动的全过程。在网络时代,随着信息与通信技术的快速发展,特别是随着移动数码产品和无线网络的普及,基于微课的移动学习、远程学习、在线学习将会越来越普及,微课必将成为一种新型的教学模式和学习方式。那么,如何设计一堂好的微课呢?

一、 了解微课的定义及作用

1. 微课的定义

微课是指利用 10 分钟左右的时间讲解一个非常碎片化的知识点、考点、例题、作业题或教学经验的一种微视频。

2. 微课的作用

微课具有教学时间较短、教学内容较少、资源容量较小、资源使用方便等特点。对教师而言,微课将革新传统的教学与教研方式,突破教师传统的听评课模式,是教师专业成长的重要途径之一。对学生而言,微课能更好地满足学生对不同学科知识点的个性化学习、按需选择学习,既可查缺补漏又能强化巩固知识,是传统课堂学习的一种重要补充和拓展资源。

二、 选择教学内容

在设计微课时,教师应慎重选择教学内容,并对相关的知识点进行科学的分析和处理,令其符合教学的规律、学生的认知规律,使学习达到事半功倍的效果。以下是选择教学内容时的注意事项。

(1) 教学内容应选择课程标准里重要的知识点、教学重点和教学难点。

(2) 教学内容的选择要细,短时间就能够讲解透彻。

(3) 教学内容要具有逻辑性、科学性,避免文字、语言、图片上有误导性的描述,甚至是知识性的错误。

(4) 要按照课堂模式对教学内容进行分解,要有相应的导入、讲解、巩固、拓展环节。

三、选择合适的微课类型

设计微课前，要根据所要讲解的教学内容选择适当的微课类型，微课的常见类型有以下几种。

1. 讲授类

讲授类以学科知识点及重点、难点、考点的讲授为主。这是最常见、最主要的一种微课类型。

2. 问答类

问答类围绕学科的疑难问题进行分析与解答。教师按一定的教学要求向学生提出问题，要求学生回答，并通过问答的形式来引导学生获取、巩固、检查知识。

3. 讨论类

在教师指导下，全班或小组围绕某一个中心问题通过发表各自意见和看法，共同研讨、相互启发、集思广益地进行学习。

4. 演示类

在课堂教学时，教师通过把实物、直观教具展示给学生观察，做示范性实验，利用现代教学手段的方式，使学生获得感性知识。

5. 练习类

练习类针对典型例题、习题、试题进行讲解分析与推理演算，重在解题思路的分析与过程，或者学生在教师的指导下，依靠反馈和校正，反复地完成一定的动作或活动，借以形成技能、技巧或行为习惯。

6. 实验类

实验类针对教学实验进行设计、操作与演示，适用于学生在教师的指导下，观察实验对象的某些变化，从中获取新知识或验证知识。

其他，还有自主学习类、合作学习类、探究学习类等微课类型。

四、撰写微课教案

微课教案与普通教案基本形式上没有太多区别，只是微课教案更加简洁短小。微课教案有论文和表格两种形式，其基本形式如下。

1. 课题

课题也就是本节课的名称。

2. 课型

课型是指本节课是复习课、新课还是练习课等。

3. 教学目的要求

教学目的要求指的是我们所说的三维目标，即知识与技能，过程与方法，情感、态度与价值观。

4. 教学重点和难点

教学重点是指本节课所要解决的关键问题，它可以因课时和教育对象而改变。教学难点是指在本节课教学时易产生的学生理解困难或存在障碍的知识点。

5. 教学方法

教学方法是指教师把知识传授给学生的手段和方法，一般有讲授法、实验法等。

6. 课时安排

课时安排是指用多少课时把本节课内容讲授完。

7. 教具

教具是指教学时使用的材料和设备,例如实验仪器、多媒体等。

8. 教学过程

教学过程是教案的主要部分,具体包括以下内容。

(1) 新课导入。是指设计采用哪种方法引入新课,以及具体引入的过程。学生的实际情况和教材编排的特点、知识的前后联系和特点以及教师自身的素质等,是我们设计新课导入的重要依据。

(2) 讲授新课。是指针对不同的教学内容采用的不同教学方法和手段。具体包括:提出哪些问题?如何逐步启发、引导?怎样突出重点和难点?如何制定详细步骤?如何预计时间?

(3) 巩固复习。是指设计典型性练习,由浅到深逐步加深学生对新知识的理解和掌握。

(4) 归纳小结。是指设计如何进行小结,是由学生自己归纳还是由教师归纳,或者如何在归纳中拓展新旧知识的练习。

(5) 作业布置。是指设计一定的题量作业,除了理论作业,还应该理论联系实际,布置一些实践环节的作业。

9. 板书设计

板书设计是基于一节课的主要内容纲要和学习思路,上课时老师准备在黑板上写下的内容。板书设计是本节内容的核心知识。良好的板书设计能让学生思路清晰,记忆深刻。

10. 课后反思

课后反思是教学实施后对教学过程的总结,包括:教学目标的要求是否达到?重点是否突出?难点是否突破?教学环节学生的反应如何?学习效果如何?对今后的教学建议等。

五、 制作微课教学课件

由于微课的教学时间短,要在短时间内高效完成相应的教学任务,在设计微课的过程中,制作实用、有效的课件就显得尤其重要。在选择知识点、完成微课教案后,就要制作微课课件。制作微课课件应遵循以下要求。

1. 要具有美感

一个好的微课课件不仅能激发学生的学习兴趣,取得良好的教学效果,还能使人赏心悦目,获得美的享受。优质的微课课件是内容精良与形式优美的完美统一。

2. 动静结合

动态画面能使课件精彩动人,静态画面能给人更多的思索空间,因此在设计微课课件时要注意让动态画面和静态画面有机结合起来,这样才能增强微课的教学效果。

3. 合理安排信息量

在制作微课课件时,充分利用认知学习和教学设计理论,根据教学内容和教学目的的需求,有效组织信息资源,提供适度的信息量,有利于突破教学重点和难点、扩大学生视野,使学生通过多个感觉器官来获取相关信息。

4. 容易操作

为了方便教学,微课课件的操作要尽量简便、灵活、可靠,便于教师和学生控制操作。在课件的操作界面上设置明确的菜单、按钮和图标,最好支持鼠标操作,尽量避免复杂的键盘操作,避免层次太多的交互操作,尽量设置好各部分内容之间的转移控制,可以方便地前翻、后翻、跳跃。

在微课中使用课件能使教师的教和学生的学如虎添翼,使学习获得事半功倍的效果。因此,在设计每一节微课时,要注重课件的制作。

实践证明，在教学中，认真把握好“了解微课的定义及作用”“选择教学内容”“选择合适的微课类型”“撰写微课教案”“制作微课教学课件”这五个环节，巧妙地设计微课教学活动，是微课成功和学生有效学习的保障。

案例 10-3　微课案例

● 上饶师范学院物理与电子信息学院 14 级(1)班 兰迎坤

“11.3 功率”微课教案

——获 2017 年上饶师范学院校级教学设计一等奖

课　题	功　率		
教材	人教版八年级下册	课时	1 课时
授课人	兰迎坤	课型	新授课
教学目标	1. 知识与技能 (1) 了解做功有快慢之分，并知道功率的表达式及物理意义。 (2) 学会用功率一般表达式 $P=\frac{W}{t}$ 导出 $P=F\cdot v$，且明确使用情况。 (3) 知道功率的换算及生活中基本机械的功率。 2. 过程与方法 (1) 观察动画及图片，让学生提出快慢一词。 (2) 通过小组比赛，理解功率的物理意义，并学会如何比较做功的快慢。 (3) 类比学习功的表达式，明确功率的使用条件。 3. 情感、态度与价值观 (1) 通过让学生观察动画及图片，培养学生的观察能力。 (2) 通过课内游戏，增加学生的求知欲，激发学生的学习兴趣。		
	科学、技术、社会 引导学生将所学知识运用于生活，从而发扬学生对物理的探究精神，提高学生对自然科学的探究能力，以达到从物理走向生活，从生活走向社会的目的。		
教学 重点和难点	1. 重点 比较做功的快慢，功率的表达式及导出式。 2. 难点 功率表达式的物理意义及适用条件。		
教学媒体	多媒体、课件		

环节时间	教师活动	学生活动	设计意图
一、新课导入(3min)	1. PPT 播放动画 起重机和人分别运送相同重量的沙子到楼顶，起重机运送沙子的时间更短。 2. 教师描述，让学生亲身体会 两个小孩爬楼梯回家，相同的距离，比较他们所需的时间。 3. 问答 师：在比谁写作业快的时候，同学们是如何比较的？ 4. 引入“功率”的概念及其表达式，让学生知道力学中的功包括两个必要因素。	学生观察并发现做相同的功，时间短的做功快。 学生描述，速度快的，做功快。 思考并回答：相同时间，比较写的多少。相同内容，比较时间长短。	让学生通过动画及自身体会发现：在相同条件下，时间短的做功快；速度大的做功快。 复习功的公式，便于类比速度公式的推导，得出功率表达式及功率的导出式。

续表

课　题	功　　率		
二、新课教学(10min)	1. 功率 定义：功与做功所用时间之比。 物理意义：表示做功快慢的物理量。 表达式：$P=\frac{W}{t}$ W:某个力做的功。单位：焦[耳]J。 t:做功所用时间。单位：秒 s。 P:功率。单位：瓦 W。 $1\ J/s=1W$ 注意：运用时确定是否满足功的条件。 2. 生活中的功率 在生活中我们常用 kW 和 W,二者关系为： $1kW=10^3 W$ 3. 比较做功的快慢 (1) 相同时间 t,比较做功多少 W; (2) 相同的功 W,比较时间的长短 t。 4. 功率的推导：$P=\frac{W}{t}$ 其中,$W=F\cdot s$。 所以,$P=\frac{W}{t}=\frac{F\cdot s}{t}=F\cdot v$。 注意：运用 $P=F\cdot v$ 时，是物体在力的方向运动。	作用在物体上的力，并在力的方向移动了距离；表达式 $W=F\cdot s$ 要求学生进行交流，交流时，可以相互交换各自不同意见。	
三、课堂小结(板书设计)(2min)	1、功率 定义：功与做功所用时间之比。 物理意义：表示做功快慢的物理量。 表达式：$P=\frac{W}{t}$ 单位：J/s、W、kW 换算关系：1J/s=1W 2. 比较做功的快慢 (1) 相同时间 t,比较做功多少 W。 (2) 相同的功 W,比较时间的长短 t。 3. $P=\frac{W}{t}=\frac{F\cdot s}{t}=F\cdot v$		
四、巩固拓展(2min)	某建筑工地上一台升降机的箱体连同货物的质量为 1.2t,在 10s 内从 2 层上升到 5 层。如果每层楼高 3m,升降机电动机的功率至少是多大？		
五、作业布置(1min)	完成相应的配套一课一练。 预习下一节：动能和势能。		

【思考与讨论】

1. 说课的概念与意义是什么？
2. 说课的流程包括哪些？

3. 说课的注意事项是什么？

4. 微课的概念与意义是什么？

5. 微课的流程有哪些？

6. 微课的注意事项有哪些？

【技能训练】

1. 请根据以下提供的课题(人教版),任选一个进行说课设计,并在小组内讨论和评估。供选择的课题：初中九年级全册或高中必修二的某一课时。

2. 请根据以下提供的课题(人教版),任选一个进行微课设计,并在小组内讨论和评估。供选择的课题：初中八年级下册或高中必修一的某一课时。

第十一章

物理教学测量与评价

知识框架

- 物理教学测量与评价
  - 中学物理教学测量与评价的概述
    - 中学物理教学测量与评价的概述
    - 教学测量与教学评价的作用
  - 有效教学测验的基本要求
    - 测验的效度
    - 测验的信度
    - 数理统计的几个基本概念
    - 物理测验的评价
  - 教学测验的类型与应用
    - 教学测验的类型
    - 物理测验的编制
  - 物理课堂教学质量的评价
    - 教学目的
    - 教学内容
    - 教学方法
    - 教学效果

物理教学测量与评价，是运用各种手段和统计方法对学生学习的成就和教师完成教学目标的程度，给予数量或等级的描述，并做出科学的判断。它不仅具备检查教学效果、鉴定物理教学质量、调整和改进教师的教学工作的功能，还能够控制和激发学生的学习行为，具有导向作用。

第十一章
物理教学测量
与评价课件

第一节　中学物理教学测量与评价的概述

一、中学物理教学测量与评价的概述

（一）教学测量

教学测量是考核教学成效的一种方法。教学测量借助心理量表及对心理量表的操作，对学生的学习效果进行探察，并将学习量化。教学测量的目标应以教学目标为依据，确保与教学目标协调一致，不可与其偏离。对此，我们应注意以下几点。

第一，教学测量的对象是学生内在知识与能力的形成状况，它不可能像具体事物测量那样直接进行，只能借助一定的量表及其操作间接测量。因此，测验量表的科学性是有效教学测量的必要前提。

第二，教学成效是通过量化学习成绩进行考察的。也就是说，教学成效是以学生的学习成绩为直接考察依据的，而学习成绩是以一定的数量来表示的。因此，命题的合理性与评分的客观性是有效教学测量的一个重要影响因素。学习成绩测验是教学测量的工具和手段，教学测量是对学习成绩测验所得结果的客观描述。

（二）教学评价

教学评价就是依据教学目标，对教学测量结果进行分析及解释的过程。它主要包含以下两个方面的工作。

第一,教学评价必须对教学成效做出确切的诊断。诊断教学成效即依据教学目标,运用学习成绩测验数据,判明学生知识、技能、规范的掌握程度及能力与品德的形成状况。

第二,教学评价必须对教学成败的原因进行分析,并对今后教学工作的改进方面做出明确的规定。教学评价不仅需要了解学生能力与品德的形成状况,更重要的是要找出以往学习中的断裂点和断裂带,并提出改进措施。

(三) 教学测量与教学评价的关系

教学测量与教学评价既有区别又有密切的联系。一方面,教学测量是对学习成绩测验所得结果的客观描述(将结果予以数量化),并不考虑结果的实际意义;而教学评价则是对学习成绩测验所得结果的主观判断(对结果进行分析解释),以了解结果的实际意义。另一方面,虽然教学评价是一种主观判断,但是这种主观判断必须以教学测量所得的客观描述为依据。同样,教学测量也不能脱离教学评价,因为教学测量只是对学习成绩测验结果的客观描述,只有通过教学评价,才能判断这种客观描述的实际意义。

(四) 物理教学测量的特点

第一,物理教学测量是一种具有明确目的的测量,以课程标准和教材内容为依据来制定。整个测量过程包括教学内容、难度、程序等各方面。

第二,物理教学测量是一种间接测量,测量工具有不可消除的系统误差。

第三,物理教学测量过程存在多种偶然因素,因而具有不可避免的随机误差。

二、 教学测量与教学评价的作用

教学测量与教学评价是检验教学成效、确定学生学习结果和教师教学效果的有效手段,是有效教学不可缺少的环节。虽然通过日常调查和观察可以得到有关教学成效的某些信息,但是这些信息往往是表面的、粗糙的,有的甚至是虚假的。要想确切地检验教学成效,确定教学双方的水平,改进教师的教学和学生的学习效果,就必须进行科学的教学测量与评价。这也是教学测量与教学评价最普遍和最一般的功能。

(一) 反馈-调节功能

对教师而言,通过教学测量与评价所提供的反馈信息,不仅能够了解学生能力与品格的形成状况,还可以了解影响学生学习的各种因素,从而更明确地调整教学目标、教学内容和教学方法,以提高学生的学习成效,加速学生心理结构的形成。对学生而言,反馈信息能使他们明确自己对有关知识、技能的掌握情况,找出学习中的薄弱环节,从而调节自己的学习行为,把时间和精力集中在需要加强的那些方面,以构建完整的能力与品格结构。

(二) 激励-动机功能

教学测量与评价所提供的反馈信息不仅能够调节教学活动,还可以激励学生的学习,起到进一步激发学习动机的作用。当学生知道自己的学习效果是好的,则可以满足其“获得成功”的需要,从而带来愉快的情绪体验,进一步增强其学习动机;如果反馈的结果说明学习效果不好,往往会引起不愉快的情绪体验,为了“避免失败”,也可以促使学生把压力变成动力,从反面来增进学生的学习动机。

第二节　有效教学测验的基本要求

有效教学测验的基本要求教学视频

既然教学测量与教学评价是有效教学活动的必要环节，并且教学测量以科学的教学测验为工具施行。那么，有效教学测验有哪些基本要求呢？

一、 测验的效度

(一) 效度的含义

测验的效度指的是测量的正确性和有效性，即它能够测出所要测量的心理特质与行为特征的程度。换言之，效度指测验能在多大程度上达到测量目的，是科学测量工具最重要的质量指标。因此，在编制教学测验时首先须考虑其效度。当然，效度也不是绝对的，而是相对的。任何一种测验只对一定的目的有效，对其他目的和用途不一定有效。另外，由于测验是根据行为样本对所要测量的目标做间接推断，因此效度只能达到某种程度有效。

(二) 效度的类型

1. 内容效度

内容效度指测验题目对有关内容或行为范围取样的适当性，也就是测验所选的项目是否符合所要测量的东西，其代表性是否适当。

2. 构想效度

构想效度指测验对某种理论的符合程度。其目的在于用心理学的理论观点对测验的结果加以解释及探讨。当测验的目的是用来测量能力、创造力、人格等抽象而带有假定性的特质或结构时，我们就应重点考虑测验的构想效度。

二、 测验的信度

(一) 信度与信度系数

测验的信度又叫测验的可靠性，指的是测量的一致性程度。一个好的测量工具必须稳定可靠，即多次测量结果要保持一致，否则便不可信。但是，高信度并不是测验追求的最终目的，它只是使测验有效的一个必要条件。

信度指标通常以相关系数表示，即用同一被试样本所得的两组资料的相关系数作为测量一致性的指标，该指标即称为信度系数。估计信度系数的方法很多，常见的有以下几种。

1. 再测法

再测法是指用同一种测验前后两次施测同一组被试时，以测验得分的相关系数表示信度的方法。它反映测验分数的稳定程度，其相关系数又称稳定性系数。

2. 复本法

复本法是指用两个等值(复本)测验施测同一组被试时，以测验得分的相关系数表示信度的方法。这种相关系数反映两个复本测验的等值程度，所以又叫等值性系数。

3. 分半法

分半法是指将同一测验分成对等的两半并施测同一组被试，用得到的测验分数的相关系数表示信度的方法。它是复本法的特例，还可用来估计测验内部的一致性。这种相关系数又叫内部一致性系数。

4. 同质法

同质法是指用测验内部(测量同一特质或属性)不同分测验(异质而有关联的测验题目)时,以其之间的得分的相关系数表示信度的方法。它估计的是测验题目的同质性或普遍性,其相关系数也叫普遍性系数。

对于教学测验而言,由于两次测验之间的学习和遗忘不同,所以用稳定性系数来估计其信度是不适当的。除了成套测验的分测验外,一般学习成绩测验所测量的均不止一种能力,因此用同质性来估计信度也不适当。估计学习成绩测验的信度最常用的是复本法,如果没有复本,也可用分半法。

(二) 信度的影响因素

1. 测题数量

由于测验是测量的一个样本,因此取样的适当性必将影响测验的信度。如果测题数量太少,不能代表学习内容的全域,这样的测试必然带有偶然性,其信度不可能很高。要提高信度,一般来说,增加测题数量是一个有效的方法。但必须注意,只有当新增加的题目和原来的题目取自同一总体,即与原题目具有同质性时,增加题目数量才能提高信度。

2. 测题难度

测题的难度和信度没有直接的关系。然而,如果测题对某团体过难或过易,则分数范围将缩小,信度也将降低。这表明,要使信度达到高水平,应以能产生最广分数分布的难度水平方为合适。

3. 施测对象

即使一个测验经过精心编制,题目取样具有代表性,受测者动机和焦虑的变化也会给测验信度带来影响。这是最难控制的因素。

4. 施测过程

测验的环境条件,如通风、室温、采光等都会影响测验的稳定性。室内燥热、考场周围嘈杂、座位拥挤、考试秩序混乱等都会导致测验信度下降。主试人员错误理解指导语,不按规定严格施测,或故意制造紧张气氛等也会影响测验的信度。

应该说明的是,虽然信度和效度都是鉴定测验质量的指标,但两者并不是完全一致的。一般而言,效度高的测验,其信度也一定高;信度高的测验,其效度却不一定高。也就是说,高信度是高效度的必要但非充分条件。

三、数理统计的几个基本概念

(一) 样本的选取和数据的采集

样本为按一定程序从总体中抽取的一组个体。在样本的选择上,选取的样本尽量要有较高的代表性,越有代表性的样本,被试总体的性质就越准确。代表性是选取样本的基本准则,也是判断被试者是否合格的主要根据,取样常用的三种方法是随机抽样、分层随机抽样、整群抽样法。

数据的采集主要是对抽取的样本试卷进行分数采集,把每道题的得分进行详细登记,一般以采分表进行,如表 11-1 所示。

表 11-1 ______考试______科目采分表

题号 学号	1	2	3	4	5	6	…	合　计
1								
2								
3								
4								
…								
合　计								

(二) 试卷分析

试卷分析即根据数据、计算、图、表分析所得出的结果，形成该门课程考试的试卷质量统计分析报告，供教师参考，以期能够改善教学及命题中的不足之处。以下是试卷分析报告的一个基本样式表，如表 11-2 所示。

表 11-2　试卷质量统计分析报告

<table>
<tr><td>授课教师</td><td colspan="2"></td><td>班级名称</td><td colspan="3"></td><td>学　期</td><td></td></tr>
<tr><td>课程名称</td><td colspan="2"></td><td>班级编号</td><td colspan="3"></td><td colspan="2"></td></tr>
<tr><td colspan="2">教师所属部门</td><td colspan="2"></td><td>授课时数</td><td colspan="2"></td><td>授课周数</td><td></td></tr>
<tr><td colspan="2">班级所属院系</td><td colspan="2"></td><td colspan="3">制表日期、时间</td><td></td><td></td></tr>
<tr><td>阅卷教师</td><td>阅卷方式</td><td>课程类别</td><td>考核方式</td><td>应考人数</td><td colspan="2">实考人数</td><td>缺考人数</td><td>不及格数</td></tr>
<tr><td></td><td></td><td></td><td></td><td></td><td colspan="2"></td><td></td><td></td></tr>
<tr><td>试题来源</td><td>平均分</td><td>标准差</td><td>极差</td><td>最高分</td><td colspan="2">最低分</td><td>中位数</td><td>众数</td></tr>
<tr><td></td><td></td><td></td><td></td><td></td><td colspan="2"></td><td></td><td></td></tr>
<tr><td colspan="5" rowspan="11">试卷分数在不同区间段的频数、频率饼图</td><td colspan="4">期末成绩(试卷分数)在不同区间段的分布频数与频率</td></tr>
<tr><td colspan="2">分布区间</td><td>频数</td><td>频率</td></tr>
<tr><td colspan="2">[0,60)</td><td></td><td></td></tr>
<tr><td colspan="2">[60,65)</td><td></td><td></td></tr>
<tr><td colspan="2">[65,70)</td><td></td><td></td></tr>
<tr><td colspan="2">[70,75)</td><td></td><td></td></tr>
<tr><td colspan="2">[75,80)</td><td></td><td></td></tr>
<tr><td colspan="2">[80,85)</td><td></td><td></td></tr>
<tr><td colspan="2">[85,90)</td><td></td><td></td></tr>
<tr><td colspan="2">[90,95)</td><td></td><td></td></tr>
<tr><td colspan="2">[95,100]</td><td></td><td></td></tr>
<tr><td colspan="5">选课课号</td><td>满分</td><td>题号</td><td>区分度</td><td>难度</td></tr>
<tr><td colspan="5" rowspan="9">直方图(直方图与正态分布曲线具有相同的参数)</td><td></td><td>一题</td><td></td><td></td></tr>
<tr><td></td><td>二题</td><td></td><td></td></tr>
<tr><td></td><td>三题</td><td></td><td></td></tr>
<tr><td></td><td>四题</td><td></td><td></td></tr>
<tr><td></td><td>五题</td><td></td><td></td></tr>
<tr><td></td><td>六题</td><td></td><td></td></tr>
<tr><td>100</td><td>试卷</td><td></td><td></td></tr>
<tr><td colspan="2">偏斜度</td><td colspan="2">峰值/度</td></tr>
<tr><td colspan="2"></td><td colspan="2"></td></tr>
<tr><td>备注</td><td colspan="8"></td></tr>
</table>

（三）分数分布表

分数分布表即科目采分表。

（四）平均数

分别对各部分试题计算平均分，最后计算整个样本的平均分。

$$\overline{X}=\frac{\sum_{i=1}^{N}X_i}{N}。$$

（五）差异量数

差异量数就是对一组数据的变异性（离中趋势）进行度量和描述的统计量。它反映了分数分布中数据彼此分散的程度。常用的差异量数有全距 R，平均差 x，标准差 S，标准分数 Z。

1. 全距

全距是一组数据中最大值与最小值之差，用 R 表示。全距概念清楚，意义明确，计算简单，但它仅由最大值与最小值而求得，易受两极端数值影响。全距不考虑中间数值的差异，反应不灵敏，因此，它只是一种低效的差异量数。全距一般只用于研究的预备阶段，用它检查数据的大概散布范围，以便确定如何进行统计分组。

2. 平均差

平均差是指次数分布中所有原始数据与平均数绝对离差的平均值。平均差意义明确，计算容易，反应灵敏，较好地代表了数据分布的离散程度。

$$x=\frac{\sum(X_i-\overline{X})}{N}$$

3. 标准差

标准差是方差的算术平方根，用 S 表示。方差与标准差是表示一组数据离散程度的最好指标。标准差的值越大，表明这组数据的离散程度越大，数据越参差不齐，分布范围越广；标准差的值越小，表明这组数据的离散程度越小，即数据越集中、整齐，分布范围越小。

$$S=\sqrt{\frac{\sum x^2}{N}}=\sqrt{\frac{\sum X^2}{N}-\left(\frac{\sum X}{N}\right)^2}。$$

4. 标准分数

标准分数（Z 分数）无实际单位，是以平均数为参照点，以标准差为单位的一个相对量。一组原始分数转换得到的 Z 分数可以是正值，也可以是负值。一组原始分数中，各个 Z 分数的标准差为 1，即若原始分数呈正态分布，则转换得到的所有 Z 分数值的均值为 0，标准差为 1 的标准呈正态分布。即将原始分数标准化后不改变原来数据的分布。

$$Z=\frac{X-\overline{X}}{S}=\frac{x}{S}。$$

5. 相关系数

相关系数是测定变量之间关系密切程度的量。对两个变量之间的线性相关程度的度量称为单相关系数。通常以 r 表示样本的相关系数。计算该相关系数时，假定两个变量之间是线性关系，而且两个变量都是随机变量。此外，样本数据中不应有极端值，否则会对相关系数的值有较大影响。设两列变量为 X 和 Y，它们的相关程度用相关系数 r 表示。相关系数的计算公式为：

$$r=\frac{\sum xy}{NS_XS_Y}$$

$$=\frac{N\sum XY-\sum X\sum Y}{\sqrt{N\sum X^2-\left(\sum X\right)^2}\cdot\sqrt{N\sum Y^2-\left(\sum Y\right)^2}}。$$

式中 $x=X-\overline{X}$，$y=Y-\overline{Y}$，S_X 是变量 X 的标准差，S_Y 是变量 Y 的标准差。

四、物理测验的评价

科学地评价考试质量，主要反映在四项指标上。

（一）信度

信度是测验结果的可靠性指标。它反映测量的稳定性程度。在测量对象不变的情况下，如果几次测量的结果一致，就说明测验是可靠的。具体地说，信度是指两次测验关联的程度，用相关系数大小表示信度高低。信度在 0.8 以上为基本合格。

信度公式为：

$$r_{xx}=\frac{2r}{1+r}。$$

式中 r 是两个变量的相关系数，r_{xx} 的数值就是信度的数值。

（二）效度

效度是测验准确度的指标。要保证测验具有较高的内容效度，首先编制测验应当遵循科学的程序。可以根据试卷的双向细目表分析试卷的内容效度。

第一，试卷内容的覆盖面如何？

第二，各级行为目标所占的分数比例是否恰当？

第三，各个题目的内容是否合理？是否与要求相符？

（三）难度

难度是指每道试题的难易程度。难度计算公式：

选择题：

$$P=\frac{R}{N},\ H=1-\frac{R}{N}。$$

非选择题：

$$P=\frac{\overline{X}}{X_{满}},\ H=1-\frac{\overline{X}}{X_{满}}。$$

式中 N 为被测总人数，R 为答对人数，$\overline{X}$ 为被测的某道题所得的平均分，$X_{满}$ 为被测的该题的满分。P 值越小，H 值越大，难度就越大。H 值在 0.3～0.7 为合适。

（四）区分度

区分度指每道试题将考生水平区分开来的程度。首先，将被测者的试卷按总成绩由高到低依次排列；其次，取出 27%的高分试卷作为高分 H 组；再次，取出 27%的低分试卷作为低分 L 组；最后，分析每道试题的区分度。

区分度计算公式如下。

选择题：$D=\frac{(R_{H}-R_{L})}{n}$ 。

非选择题：$D=\frac{(\overline{X}_{H}-\overline{X}_{L})}{X_{满}}$。

式中 R_H 和 R_L 分别为高分组和低分组中答对某道题目的人数，$n=27\%\cdot N$ 为高分组和低分组的人数。$\overline{X}_H$ 和 $\overline{X}_L$ 分别是高分组和低分组某道题目的平均分，$X_{满}$ 是该题目的满分。

区分度在 0.4 以上的试题为优秀。

第三节 教学测验的类型与应用

常用的教学测量方法有观察法、问卷法和测验法。观察法是观察学生行为表现，如实做好记录，判断学生达到何种等级水平的方法。问卷法是通过书面提出问题，调查所要了解的情况，从而取得资料和数据，判断某种行为的等级水平的方法。测验法是通过选择具有代表性的一组试题对学生施测，然后根据解答结果评定分数、确定等级水平的方法。测验是教学测量最常用的一种手段，试卷是测量的工具。

一、教学测验的类型

（一）按评价参照的标准分类

按评价参照标准，教学测验可分为常模参照测验和目标参照测验。所谓"常模"，是指某一学生团体在该测验的平均成绩。常模参照测验以常模为参照点，确定学生在团体中的相对等第（优劣名次），衡量学生相对水平。所谓"目标"，是指某门课程预先确定的目标。目标参照测验以目标为参照点，衡量学生实际水平。

（二）按评价的阶段分类

按评价的阶段分类，教学测验可分为准备性测验、形成性测验和终结性测验。

测量与评价贯穿于教学过程的始终，从教学开始至教学结束。教师必须根据教学过程的不同阶段，灵活选用不同的测验形式。然而，准备性测验、形成性测验和终结性测验三者之间并没有绝对界限。某一教学单元的终结性测验，往往可以作为下一教学单元的准备性测验；某一小的教学单元的终结性测验，往往是某一大的教学单元的形成性测验。在实际教学中，我们应该综合运用三种测验形式。

二、物理测验的编制

为了提高测验的信度、效度和区分度，教师在自行编制测验试题时，应该遵循以下步骤。

（一）确定测验目标

测验目标是测验编制的出发点与归宿，具有导向和制约功能。它以教学目标为根据，通过结合不同的测试目的、内容范围、时间限制来确定。测验目标应具备对应性、可测性、排他性、可行性。

（二）确定试题的形式

根据测验目标选择相应的试题形式，明确不同试题形式所考察的认知行为。表 11-3 为试题形式与其考查的认知行为。

表 11-3　试题形式与其考查的认知行为

试题的形式	考察的认知行为
填空题	记忆、理解、简单应用
选择题	判断、理解、简单应用
推理论证题	理解、综合应用
设计题	理解、简单应用、综合应用
计算题	理解、简单应用、综合应用

(三) 制订编题计划(测验的双向细目表)

教师应根据测验目标、制订编题计划，即列出测验的双向细目表。测验的双向细目表包括取样范围(说明在什么知识内容范围内取样)、行为目标(说明考察什么认知行为目标)、试题形式和难易程度四方面内容。表 11-4 为初中内能知识测验的双向细目。

表 11-4　初中内能知识测验的双向细目

取样范围	行为目标				
	了解	理解	一般应用	综合应用	$\sum$
	试题形式难易程度				
一、分子热运动 1. 分子动理论 2. 分子运动快慢与温度的关系	A(E)	A(E) B(E)	B(M)		13%
二、内能 1. 内能的概念 2. 决定内能的因素 3. 改变内能的两种方式	A(E)	A(E) B(E)	C(M) D(M)	D(M)	18%
三、比热容 1. 比热容的概念 2. $Q=cm\Delta t$		A(M) B(M)	C(M) D(M)	D(M)	20%
四、热机 1.热机的构造 2. 热机冲程与工作循环	A(E)	B(E)	B(M)		18%
五、热机效率 1. 热值 2. 热机效率			B(M)	D(H)	26%
六、能量转化与守恒定律	A(E)	B(E)			5%
$\sum$	14%	35%	31%	20%	100%
说明：A 填空题、B 选择题、C 实验题、D 综合题，E 难度较小、M 难度适中、H 难度较大。					

(四)编选题目

根据所制订的编题计划编选题目。编选题目的数量应该超过所需题量的 2～3 倍，以供筛选。具体的题目可以自己编写，也可以在成题中选择。测试面要包含基础题、典型题和提高题。

(五) 集合成测验试卷

编排试卷的顺序要合理，一般应由易到难，这样可以减小被测者的精神压力，从而提高测验的可靠性。编制的几份测验试卷应当等价，为此，可先将经过试用和分析确定合格的题目，按范围、项目、难度排序号。如果把合格的题目分成三份，其分配顺序可如表 11-5 所示。

表 11-5 集合成测试试卷

第一份试卷	1、6、7、12……
第二份试卷	2、5、8、11……
第三份试卷	3、4、9、10……

(六) 科学化、标准化测验

良好、规范的测验要求测试过程科学化、标准化，具体要求如下。

(1) 在内容上，必须对受试者施测相同的或等价的题目。

(2) 在施测时，要求测验条件、物理环境相同，要有统一的时间限制。无论对被测者还是对监试者，必须要有统一的指导语，防止任何启发、提示性的动作。

(3) 在评分上，尽量做到客观评分。要排除主观因素的干扰，必须提前准备好试题的标准答案或可能解答的参考答案，并标明评分的标准。

(4) 测验流程科学化、标准化。

第四节 物理课堂教学质量的评价

课堂教学质量的评价以课堂教学为对象，主要对教师完成课堂教学目标的情况做出科学的判断。也就是说，对教师的教学思想、教学内容、教学能力和教学效果做出科学的判断。

课堂教学质量的评价目标，主要包括以下内容。

一、 教学目的

根据课程中规定的要求，考察教学目的是否全面、明确、具体，是否体现了正确的教学思想。

二、 教学内容

在保证教学内容科学性、思想性的前提下，考察对教学内容的处理情况。如重点是否突出，主次是否分明；选择的材料是否有代表性、启发性和成果性；深度和广度是否能让多数学生接受。

三、 教学方法

考察采用的教学手段、方法是否合理，是否有针对性；考察能否体现师生双方密切配合；考察实验操作是否熟练、准确；考察板书安排是否清晰；考察语言表达是否清晰、富有感染力和启发性。

四、教学效果

教学效果为考察大多数学生是否取得最大限度的学习效果；在学生负担合理的前提下，是否有助于学生思想素质、文化素质的提高。表 11-6 为中学物理课堂教学质量评价量表。

表 11-6　课堂教学质量评价量表

一级指标	二级指标	内　涵	A	B	C	D
教学设计技能	课标解读	深刻理解物理课程性质，准确把握课程理念。 充分解读课程目标内涵，体现三维目标的整体性。 准确把握课程内容标准，理解活动建议中的活动。 深刻领会实施建议，强调学习方式变革。 充分体会评价方式改革，巧妙运用多种评价手段。				
	学情分析	系统分析教学设备、教学仪器、教学资源等教学条件。 分析学生已掌握的物理知识情况、对物理知识的认知态度。 准确把握学生的实际水平与期望值的差距。 充分了解学习者的一般特征和个体差异。				
	教材分析	清楚教学内容在教材中的地位。 透彻分析教学内容的重点和难点。 充分把握教学内容的范围，明确组成学习内容的各项先决知识、技能的联系。 设计出切实可行的课程资源开发架构，为教学做好准备。				
	教学设计	教学目标设计完整，用语科学，操作性强，能够激发学生主动学习的积极性。 学科特色鲜明，教案要素完整。 过程设计突出重点和难点，紧密联系生活，体现出教师的创新性。 过程设计运用多种教学策略，区别个体差异，突出学生的主体地位。 多种媒体辅助课堂教学，设计得当，学生参与度高。				
教学共通技能	教学语言	发音规范，吐字清晰，普通话标准。 声音洪亮，语速、节奏适当，抑扬顿挫，富有激情。 词汇使用规范、准确、形象，语言具有教育性、科学性，对学生有激励作用，能熟练、准确地运用物理学科专业术语。				
	教学“三板”	板书文字内容、版图绘画科学准确。 内容层次分明，有条理性。 文字书写规范，具有示范性。 板书重点突出，有助于学生的理解。 板书布局合理，版图美观，能引起学生的兴趣。 板书形式多样，设计合理，具有启发作用。				
	教学仪态	教学态度平易近人，尊重每个学生。 教学时精神饱满，举止文雅，注意眼神交流。 教学手势适宜，位移幅度和频率适中。				

续表

一级指标	二级指标	内　涵	A	B	C	D
学科教学技能	导入技能	导入目的明确，紧扣主题。 导入方法新颖，能针对学生特点进行设计。 导入内容具启发性，能激发学生的学习兴趣。 导入效果明显，能创设物理学习情境。 导入时间适宜，充分而不喧宾夺主。				
	讲解技能	普通话标准，讲解准确、清晰，能熟练运用物理学学科术语。 讲解的目的具体、明确，讲解紧紧围绕主题进行。 讲解的阶段合理，形式多样，讲解时间控制合理，注意语速。 讲解的重点突出，抓住关键，讲解有条理，繁简得当。 注重讲解的艺术性，富于情感，课堂风趣幽默，能创设良好的教学情境。				
	提问技能	提问目标明确，紧扣教学内容。 问题表述清晰，简明扼要。 问题面向全体学生，难易程度适合学生的认知水平。 问题具有启发性和趣味性，能激发学生的思考兴趣。 提问有层次性，循序渐进，善于启发诱导。 提问时机把握恰当，能及时给予学生鼓励性的评价反馈。				
	交流技能	课堂交流能够紧扣教学目标。 课堂交流主体多样，充分体现师生平等，能够关注全体学生，注重师生、生生互动。 课堂交流气氛活跃、热烈、和谐，交流效果显著。				
	演示技能	演示目的明确，解决教学重点和难点。 演示程序步骤有条不紊，演示过程中指导学生观察，强调关键。 演示操作规范，示范性好。 演示、讲解相结合，具有启发性。				
	结课技能	回顾教学内容，整理思路，强调重点，巩固和强化学习。 有目的地将新旧知识和多学科知识相联系，形成知识体系。 时间控制得当，语言精练并能激发学生的兴趣。				
教学管理技能	课堂组织	教学结构组织合理，教学时间分配科学。 合理安排教学环节，张弛相间、节奏分明。 教学环节过渡自然，衔接紧密，符合学生的认知水平。 高效组织教学活动，学生参与积极主动。 富有教学智慧，能恰当处理突发事件，及时洞察学生行为和心理，营造和谐的课堂教学气氛。 关注全体学生，注重情感交流。				
实验教学技能	实验演示	教师操作准确、规范。 演示内容符合教学要求。 演示的实验现象直观，有足够的可见度，面向全体学生。 在演示实验过程中，引导学生对实验现象进行有目的的观察。 演示过程确保安全，杜绝伤害事故。 演示完成后，及时总结，明确观察结果，引导学生积极思考。				

【思考与讨论】

1. 你认为客观公正的评价方法是什么？

2. 一节优质课的标准是什么？有没有绝对的优质课？

3. 什么是测量、直接测量、间接测量、教学测量？它们都有何特点？随机误差如何消除？

4. 试对分数分布表、平均数、差异量数(全距、平均差、标准差、标准分数)相关系数进行相关运算。

5. 在物理测验评价中，信度、效度、难度、区分度是如何定义的？

6. 常用的教学测量法有哪几种？各自有什么特点？

7. 编制物理测验分哪几步？各步怎样进行？

【技能训练】

1. 出一份人教版必修一“牛顿运动定律”的单元检测卷，并列出双向细目表。

2. 就一份试卷结果，进行试卷分析。

第十二章

物理教学与前沿科学

知识框架

- 物理教学与前沿科学
  - 物理与技术的关系
    - 物理推动技术的发展
    - 技术推动物理的研究
  - 大数据与物理教学同频共振
    - 大数据教育
    - 大数据在物理教学中的应用
    - 大数据教育存在阻力
  - 人工智能与物理教学携手同行
    - 智能教育
    - 智能教育的应用

物理教学除了要“理论与实践相结合”，还应“基础与前沿并举”。目前，众多高等学院纷纷开设了大数据和人工智能的课程，许多中学物理实验室也正向数字化和网络化转变，这都体现了教育对前沿科学的重视。这些前沿科学引领着学术热点，带来了新兴技术，划分了学生发展的未来趋势，在物理教学中逐渐得到普及。

前沿科学对教育变革的影响毋庸置疑，它们对深化课程改革、践行素质教育起到了积极的促进作用，为中学物理教学开拓了新的突破口。

本章从物理教学的视角梳理人工智能和大数据对教育的影响，结合大数据和人工智能技术的研究热点，展望未来“新兴技术＋教育”的发展方向。

第一节 物理与技术的关系

第十二章
物理教学与前
沿科学课件

一、 物理推动技术的发展

当今社会许多科技日新月异，如智能手机、智能机器人、无人驾驶、个性化医疗等，这些技术都依靠于应用物理学的发展。但是从另一层面看，它们虽然频繁地更新换代，但是实质的变化却不大，只是在一个已被划分好的领域里不断探索更多应用的可能性。将领域的边界向外拓宽，需要依靠基础物理学的突破。这是众多科学家在创新中不断摸索的、艰难的、意义重大的事情。

在物理教学中，向学生明确学习物理、研究物理的意义所在，能够使他们的目光不再局限于眼前的分数和升学，使物理的学习不再拘泥于一本教材或一次课堂。而这种更广阔、更高远自我价值的寻求，是学生学习物理的“永动机”。

二、 技术推动物理的研究

前沿科学大大提高了数据计算、模型搭建、信息传输的速度和便利性，如利用机器学习[1]来分析大型强子对撞机的数据。今天的物理学家应该能在 14 个月里完成一个世纪前需要

---

① 人工智能研究分支。

花 40 年才能做到的事情。[1]

正是因为这些技术带来了极大的便利，提供了广阔的空间和前景，也约定了教学发展的必要性。将物理教学与新兴技术结合，能提高物理教学质量与效果，同时培养学生的信息素养与意识，将其运用到未来的学习与研究中。

第二节 大数据与物理教学同频共振

一、大数据教育

2012 年，美国发布的《通过教育数据挖掘和学习分析促进教与学》中提出“数据驱动学校，分析变革教育”，标志着教育大数据时代的到来。所谓教育大数据，我们不能单单从数据的大规模与数据处理的高速度来进行理解，它代表着以大数据技术进入中学教育，以学生学习环境的主观因素与客观因素为背景进行分析所得到的一个整体趋势结论，是过程性和综合性的分析。

二、大数据在物理教学中的应用

由于物理学是以实验为基础的科学，物理实验教学是实施教育大数据的最佳突破口。数字化物理实验通过使用传感器生成大量数据、使用数据采集器代替学生手动记录数据、使用计算机完成繁琐而耗时的计算等，将徒劳无益或意义不大的步骤释放出来，将时间更多地放在对实验现象细致的观察与实验数据精确的分析中，推动了学生对数据更深层次的认识与理解，引导学生得出实验结论。同时，教师可将分析的结果与建议同步到个人学习数据库中，真正意义上实现以人为本、个性化教学的素质教育。

综上所述，大数据教育能实现实验设计的“专注化”、实验过程的“可视化”、实验数据的“智能化”、教学方式的“研究化、创新化”和实验教学的“个性化”，促进物理教学质量与物理学习效果等方面的层次提升。随着大数据改革在中学教育的逐步深入，还可以将教育大数据进一步应用在教学的其他方面，在此不多做赘述。

三、大数据教育存在阻力

尽管大数据教育拥有着十分美好的应用前景，但也伴随着许多难题与挑战。如由于大数据技术产生的时间不长，技术支持的教学产品紧缺且不稳定，要使之具备实验教学全过程的数据采集和储存功能，对实验装备建设与创新都提出了新的要求。

第三节 人工智能与物理教学携手同行

在机器都能思考、都会考试的今天，如果教育还试图将学生培养成“考试的机器”，将是何等荒谬。

---

① 根据萨拜因·霍森菲尔德(Sabine Hossenfelder)统计。他是德国法兰克福高等研究所的理论物理学家，其研究领域涉及标准模型、量子引力现象和广义相对论的改进。

一、智能教育

智能教育的简称为EDAI，代表着“教育（Education）＋人工智能（AI）”。

人工智能是未来教育的驱动力。人工智能的研发初衷是把人从简单、机械、烦琐的工作中解放出来，然后从事更具创造性的工作。将人工智能初衷延伸到教育，人工智能的使命是让教师从重复的、单调的、简单的教学任务中解放出来，将时间与精力放在机器所难以完成的、更加有意义的教学活动上来，如创新教育内容、改革教学方法。

同时，教育是维持人工智能良性作用的重要保障。教育必须跟上科技的发展，甚至需要比科技的进步更前卫，才能为人工智能的不断研究与发展提供新的血脉。

2017年国务院颁发《新一代人工智能发展规划》，明确提出完善人工智能教育体系，并指出通过人工智能技术来辅助日常教学，实现日常教育和终身教育的定制化，推动新型教育体系的构建。在新时代教育模式与国家政策的呼吁下，中学物理教师应努力跟进科技的进步，做到人工智能与物理教学携手同行，实现智能教育。

二、智能教育的应用

就目前的人工智能在教育领域的应用来看，可将其分为智能教师助理、专家系统、智能学习过程支持、商业智能化、智能教育评价和个性化学习等六方面。如图12-1所示。

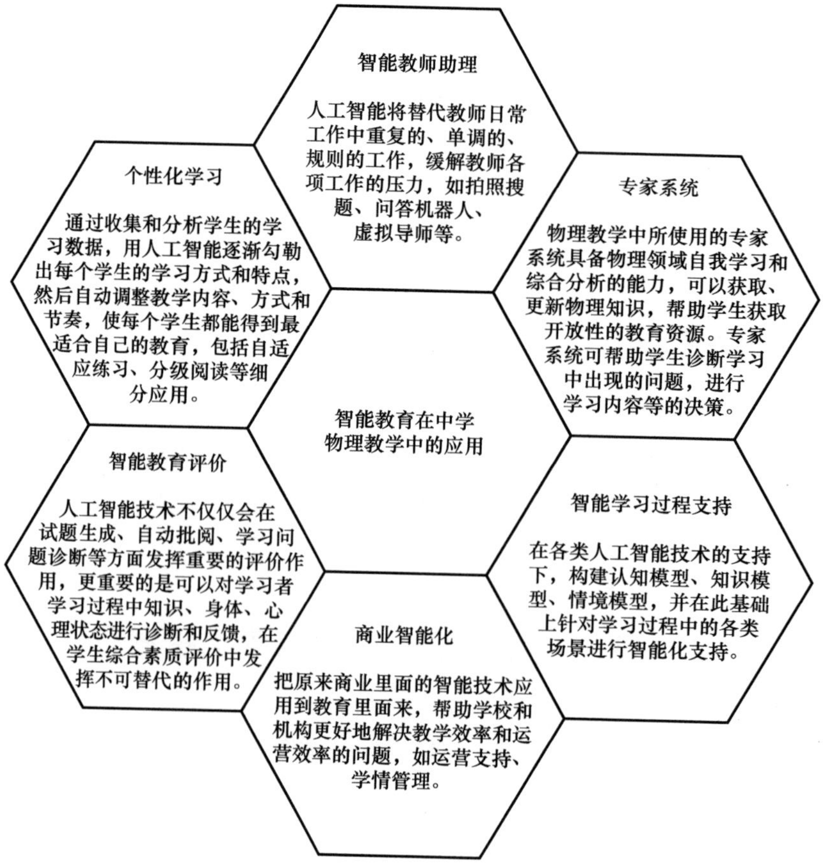

图12-1 智能教育在中学物理教学中的应用

人工智能在以上六个中学物理教学应用领域都还处于早期探索的阶段，但是潜力都是巨大的。相信通过研究者的努力、教育工作者的实践和整个社会的支持，不断深化“科技创新”+“教研创新”，人工智能一定会为教育带来一轮变革，让中学物理教学更加“与时俱进”，拥有更多的“智慧”。

【思考与讨论】

1. 简述物理与技术的关系，谈谈个人的看法。
2. 怎么理解大数据教育？大数据教育在物理教学中有哪些应用？
3. 怎么理解智能教育？智能教育在物理教学中有哪些应用？

参考书目

[1] 罗质华，高洁. 物理课程与教学论[M]. 广州：广东高等教育出版社，2013.

[2] 郭玉英. 中学物理教学设计[M]. 北京：高等教育出版社，2016.

[3] 冯杰. 中学物理课程与教学论[M]. 北京：北京大学出版社，2011.

[4] 刘力. 新课程理念下的物理教学论[M]. 北京：科学出版社，2007.

[5] 阎金铎，郭玉英. 中学物理教学概论[M]. 3 版. 北京：高等教育出版社，2009.

[6] 方贤忠. 教师专业发展的 4 项基本技能[M]. 上海：华东师范大学出版社，2013.

[7] 李荣党 . 高中物理概念教学方法策略与案例研究[M]. 广州：广东高等教育出版社，2016.

[8] 王其超，高守宝. 物理规律教学方法与案例[M]. 北京：北京师范大学出版社，2015.

[9] 中华人民共和国教育部. 普通高中物理课程标准(2017 年版)[M]. 北京：人民教育出版社，2018.

[10] 教育部基础教育课程教材专家工作委员会. 义务教育物理课程标准(2011 年版)解读[M]. 北京：高等教育出版社，2012.

[11] 教育部基础教育课程教材专家工作委员会，等. 普通高中物理课程标准(2017 年版)解读[M]. 北京：高等教育出版社，2018.

[12] 中公教育教师资格考试研究院. 2019 中公版国家教师资格考试专用教材：物理学科知识与教学能力(高级中学)[M]. 北京：世界图书出版公司，2019.

[13] 中公教育教师资格考试研究院. 2019 中公版国家教师资格考试专用教材：物理学科知识与教学能力(初级中学)[M]. 北京：世界图书出版公司，2019.

[14] 王建中. 中学物理教学设计与案例研究[M]. 北京：科学出版社，2012.

[15] 宋金璠，侯晨霞，等. 基于精品资源共享课建设的思考——以《中学物理教学技能与教学设计》为例[J]. 物理通报，2014(09).

[16] 周波，许江勇，王传坤，张维鸣. 教师资格证“国考”下物理师范生教学法课程改革的探讨——以兴义民族师范学院为例[J]. 课程教育研究，2019(11).

[17] 高洁，潘苏东，陈刚. 指向核心素养的物理教学目标设计理念[J]. 课程·教材·教法，2018(12).

[18] 张飞. 指向物理核心素养的教学目标分析与设计[J]. 中学物理教学参考，2018(10).

[19] 王歌. 基于高中物理核心素养的教学目标设计的案例研究[D]. 上海：上海师范大学数理学院，2019.

[20] 徐云鹤，林景波. 基于核心素养导向的中学物理教学设计研究[J]. 中学物理教学参考，2019(03) .

[21] 许帮正. 指向物理核心素养的单元设计[J]. 江苏教育，2019(35).

[22] 徐小红. 基于翻转课堂的中学物理教学设计及实效研究[D]. 西安：陕西师范大学物理学与信息技术学院，2017.

[23] 王超.高中物理教材中教师演示实验与前概念教学[J].湖南中学物理,2019(12).

[24] 申亚琴,贾泽皓,张萍.物理概念教学的有效方法——架桥类比策略[J].物理通报,2020(01).

[25] 肖亚男.高中物理规律学案教学中的自主学习研究[D].济南：山东师范大学物理与电子科学学院,2014.

[26] 杨翠勤.中学物理规律课教学设计的初步研究[D].石家庄：河北师范大学物理科学与信息工程学院,2007.

[27] 张艳英.高中物理规律课堂有效教学策略探讨[D].石家庄：河北师范大学物理科学与信息工程学院,2011.

[28] 于雅楠. 中学物理说课评价体系的构建[D].济南：山东师范大学物理与电子科学学院,2019.

[29] 宋世学,吴齐.大学生说课实践与存在的问题分析[J].物理通报,2017(05).